Integração normativa
O direito em um contexto multicultural e multilíngue

L'intégration normative
Le droit dans un contexte multiculturel et multilingue

Integração normativa
O direito em um contexto multicultural e multilíngue

L'intégration normative
Le droit dans un contexte multiculturel et multilingue

DIREITO RIO

Editado por | Sous la direction de
**EVANDRO MENEZES DE CARVALHO
ROSALIND GREENSTEIN**

Copyright © 2013 Evandro Menezes de Carvalho; Rosalind Greenstein

Direitos desta edição reservados à
EDITORA FGV
Rua Jornalista Orlando Dantas, 37
22231-010 | Rio de Janeiro, RJ | Brasil
Tels.: 0800-021-7777 | 21-3799-4427
Fax: 21-3799-4430
editora@fgv.br | pedidoseditora@fgv.br
www.fgv.br/editora

Impresso no Brasil | *Printed in Brazil*

Os conceitos emitidos neste livro são de inteira responsabilidade dos autores.

Le Conseil scientifique de l'Université Paris 1 Panthéon-Sorbonne est remercié d'avoir participé au financement du livre par une subvention.

Preparação de originais dos textos em português: Ronald Polito
Editoração eletrônica: Cristiana Ribas
Revisão dos textos em português: Sandro Gomes dos Santos
Revisão dos textos em inglês e em francês: Paulo Telles Ferreira
Projeto gráfico de capa: 2abad

Ficha catalográfica elaborada pela
Biblioteca Mario Henrique Simonsen

Integração normativa: o direito em um contexto multicultural e multilíngue / Editado por Evandro Menezes de Carvalho & Rosalind Greenstein = L'Intégration normative: le droit dans un contexte multiculturel et multilingue / Sous la direction de Evandro Menezes de Carvalho & Rosalind Greenstein. — Rio de Janeiro: Editora FGV, 2013.

292 p.
Inclui bibliografia.
ISBN: 978-85-225-1295-9

1. Direito internacional público. 2. Integração internacional. 3. Direito — Unificação internacional. 4. Direito — Linguagem. 5. Semântica (Direito). I. Carvalho, Evandro Menezes de. II. Greenstein, Rosalind. III. Fundação Getulio Vargas.

CDD — 341.1

Sumário / Table des matières

Apresentação	7
Avant-propos	9
Os desvios de Babel: a tradução como paradigma François Ost	11
Integração normativa e a tradução das tradições jurídicas: compreender o mundo para regulá-lo, traduzir o mundo para compreendê-lo Evandro Menezes de Carvalho	75
The 'European Constitution': a question of language Rosalind Greenstein	123
L'OHADA, un exemple d'intégration communautaire : défis méthodologiques et linguistiques dans un espace multiculturel et multilingue Eva Tsalpatouros	177
A contribuição do direito comparado para a efetividade da regulação transnacional uniforme Renata Fialho de Oliveira	217

**Une culture de droit mixte face à la mondialisation :
de l'impact de la multiplicité des langues et des traditions
juridiques en droit québécois**   **257**
  Jean-François Gaudreault-DesBiens

**O transjudicialismo e as cortes brasileiras:
sinalizações dogmáticas e preocupações zetéticas**   **273**
  André Lipp Pinto Basto Lupi

Apresentação

O processo de integração entre os Estados pressupõe uma aproximação entre as ordens jurídicas nacionais. Para isto, é imprescindível a análise do grau de compatibilidade existente entre estas ordens. São as semelhanças e diferenças entre os direitos nacionais, tanto quanto as escolhas políticas e os objetivos visados, que determinam a abordagem que será adotada para se alcançar uma integração, isto é, será uma harmonização, uniformização ou unificação dos sistemas jurídicos. Mas, independentemente da escolha de uma ou outra destas abordagens, um princípio se impõe como condição do sucesso da integração: o da "traduzibilidade" dos direitos.

O ponto de partida desta obra é a hipótese segundo a qual o déficit de legitimidade e de eficácia de um processo de integração normativa está relacionado, dentre outras razões, à ausência de compreensão das culturas jurídicas envolvidas. Nascido da confluência de diferentes percepções do mundo, o direito da integração é um verdadeiro "código de Babel" de conteúdo normativo. Segue-se daí que a rigidez formal na produção da norma jurídica não é suficiente para garantir a aceitação e a eficácia deste novo "direito comum"; é preciso que este direito da integração *fale as línguas* e tenha como referência as *experiências jurídicas* dos povos e dos governos. Assim, a integração normativa exige dos juristas a compreensão tanto deste novo direito quanto das culturas jurídicas com as quais ele interage, diretamente ou indiretamente. Esta obra tem, como objetivo, reunir uma série de reflexões sobre os desafios do direito à luz do contexto multicultural e multilíngue que o envolve.

Avant-propos

Le processus d'intégration entre les États suppose une approximation entre les ordres juridiques nationaux. Pour ce faire, une analyse du degré de compatibilité existante entre ces derniers ainsi qu'une réflexion sur les objectifs visés par l'intégration sont nécessaires. Ce sont les ressemblances et différences entre les droits nationaux, de même que les choix politiques, qui détermineront les démarches et les modes d'approche à adopter afin de tendre vers une intégration normative : harmonisation, uniformisation ou unification des systèmes juridiques. Mais, indépendamment du choix de l'une ou l'autre de ces approches, un principe s'impose comme condition du succès de l'intégration : celui de la « traduisibilité » des droits.

Le point de départ de cet ouvrage est l'hypothèse selon laquelle le déficit de légitimité et d'efficacité du droit de l'intégration est lié, entre autres, à l'absence de compréhension des cultures juridiques concernées. En effet, né de la confluence de différentes perceptions du monde, le droit de l'intégration est un véritable « code de Babel » de contenu normatif. Il s'ensuit que la rigidité formelle dans la production de la norme juridique ne suffit pas pour garantir l'acceptation et l'efficacité de ce nouveau « droit en commun » ; il faut que ce droit de l'intégration *parle les langues* et ait comme référence les *expériences juridiques* des peuples et des gouvernements. Ainsi, l'intégration normative exige de la part des juristes de comprendre aussi bien ce nouveau droit que les cultures juridiques avec lesquelles il interagit, directement ou indirectement. Cet ouvrage a, pour objectif, de réunir une série de réflexions sur les défis du droit de l'intégration à la lumière du contexte multiculturel et multilingue qui l'entoure.

Os desvios de Babel:
a tradução como paradigma*

*François Ost**

> *Na ausência de qualquer superlíngua, não estamos completamente desmunidos: resta-nos o recurso da tradução.*
> RICOEUR, Paul. *L'universel et l'historique*. In:
> _____. *Le juste 2*. Paris: Esprit, 2001. p. 282.

Por que, então, estaríamos desmunidos, na ausência de qualquer superlíngua? Porque nunca nos abandonou — e hoje certamente não, na era da globalização — a surda aspiração à unidade do saber, a unanimidade na ação e a uniformidade de nossas linguagens. Imaginamos que somos universais e despertamos múltiplos, divididos, dispersados e confusos. Resta então, segundo Ricœur, o recurso da tradução. Este breve estudo tem por objeto aprofundar esta proposta e lançar as primeiras linhas de sua verificação em algumas direções essenciais da cultura.

Resta que, apesar dos anos, continuamos a viver na nostalgia suscitada pela catástrofe de Babel. Quando se trata de língua, e a *fortiori* de tradução, tudo se passa como se ficássemos fascinados pela língua

---
* Trad. Nilse Salla e Evandro Menezes de Carvalho.
** Vice-reitor e professor (Facultés Universitaires Saint-Louis, Bruxelas).

Integração normativa

adâmica anterior à dispersão, e agora inconsoláveis por estarmos condenados à tradução. É verdade que, no *Gênese*, 11, a dramatização é máxima: uma falta enorme seguida de castigo exemplar. Enquanto "todos se serviam das mesmas palavras", os homens conceberam o projeto de construir uma torre que chegaria aos céus: "Escolhamos um nome", pensavam, e não sejamos mais dispersados pela terra. Mas Deus desconfia desse projeto ao qual põe fim da maneira mais clara: a torre é destruída, os homens dispersados, as linhagens interrompidas, e a confusão introduzida na linguagem: Babel-confusão. Como uma segunda queda: após o banimento do paraíso, agora o exílio da fala; em terra bárbara, os homens são destinados à algaravia, por terem consumado o pecado original linguístico.

Todas as civilizações conhecem um mito desse gênero, explica Georges Steiner: ou um erro monstruoso foi cometido (o homem que, por inadvertência, abre alguma caixa de Pandora e libera um Caos linguístico), ou, como aqui, a punição de uma falta.[1] Mas, em todos os casos, o relato traduz a fascinação para com uma língua original única, *Ursprache* — aquela mesma que Deus e Adão falavam no Paraíso. A língua sagrada que assegurava uma comunicação transparente e livre, o mesmo verbo que Deus proferira para nomear cada coisa conforme sua essência, dando-lhe assim vida.

Desse relato fundador — fascinação e nostalgia confundidas — derivam muitas representações que, reunidas, formam o que se poderia chamar "senso comum linguístico", espécie de vulgata entulhada de ideologia e metafísica ruim, responsável por inúmeras interpretações erradas relativas à linguagem, à escrita e à tradução.

Nossa proposta — após ter evocado brevemente os campos do saber e da ação que ficam "à espera de tradução" (1. De alguns domínios de aplicação possível do paradigma da tradução) — é fornecer um breve resumo desse sistema de ideias, falsas e solidárias, verdadeiramente endurecidas em nosso "pronto-para-pensar" linguístico (2. De certa vulgata

---
[1] STEINER, G. *Après Babel*: une poétique du dire et de la traduction. Trad. L. Lotringer. Paris: Albin Michel, 1978. p. 65.

linguística). Em seguida, graças a uma reformulação do mito de babel (3. Babel: um relato desviado), vamos procurar questioná-las e propor-lhes alternativas mais convincentes (4. Retorno à vulgata). Estaremos, então, em condição de retomar a problemática da tradução em bases mais sólidas e de sugerir o que poderiam ser os traços de um paradigma tradutório suscetível de constituir o recurso para tempos plurais na ausência de qualquer superlíngua (5. Fidelidade ou mais-valia? Conservar ou investir nos talentos recebidos?).

De alguns domínios de aplicação possível do paradigma da tradução

Partamos deste fato de experiência: "O fenômeno maciço de que a linguagem não existe em parte alguma sob forma universal, mas apenas na fragmentação do universo linguístico".[2] Por muito tempo os homens puderam viver na relativa ignorância — ou pelo menos no recalque eficaz — dessa realidade. Protegido pelas fronteiras, no seio de sua comunidade, protegido pela língua, a religião, a justiça, o homem podia alimentar o sentimento tranquilizador de viver num mundo unitário e estável — um mundo sobre o qual pairava a sombra das figuras do terceiro tutelar, fiador da ordem das coisas.

Esse universo hoje se foi pelos ares, não há um domínio da experiência humana que não esteja atravessado pela consciência de uma diversidade profunda — talvez incomensurável —, ao mesmo tempo que parece dissipar-se a garantia do terceiro superior que paira acima de todos. Ora, é preciso entender-se bem, ainda que um pouco, se quisermos viver juntos — ao que de resto nos força o estreitamento do mundo e a multiplicação das trocas que chamamos "globalização".

Teria soado a hora da tradução? De fato, é possível pensar isso. Operação a um só tempo modesta e obstinada, ela de imediato se inscreve

---

[2] RICOEUR, P. L'universel et l'historique. In: _____. *Le juste 2*. Paris: Esprit, 2001. p. 282.

no espaço do plural — fala e escrita fragmentadas — e aceita a ausência de toda metalinguagem superficial. Pacientemente, constrói comparáveis aproximativos sobre os abismos do incomensurável e oferece, assim, a antecipação de uma ética, modesta, porém imperativa, da hospitalidade (convidamo-nos em língua estrangeira e, em troca, acolhemos o outro em nossa casa) — gesto elementar de reconhecimento mútuo, sem o qual não se pode construir nada de sólido.

Minha tese é que inúmeras áreas hoje estão à espera de tradução: campos do saber, da ação e da cultura, divididos entre a irrecusável constatação da fragmentação e a aspiração igualmente desarraigável a algo como que universal. Evocarei aqui cinco dessas áreas, mas seria possível citar também cinco ou dez outras, tanto é verdade, como observa J.-R. Ladmiral, que "é permitido se perguntar se, pouco a pouco, não seria toda a experiência humana que seria passível de uma interpretação nos termos do paradigma filosófico da tradução".[3]

O primeiro desses setores à espera de tradução é o do comparatismo jurídico. Achamos que a globalização das trocas exige uma aproximação das legislações estatais. Por um momento, esta havia tomado a direção, curta e prematura, do acerto das leis ditas "uniformes". Essa opção hoje progride lentamente, talvez porque não fazia muito caso das especificidades das ordens jurídicas presentes, nem tampouco das tradições diferenciadas que as inspiram. Talvez, também, porque ela negligenciava o fenômeno crescente do pluralismo jurídico, uma vez que o direito não se reduzia mais evidentemente apenas ao direito de origem estatal e tomava cada vez mais a forma de uma rede internormativa a combinar normatividades públicas e privadas, gerais e setoriais, estatais, supra e infraestatais.

Assim, é a via mais realista e provavelmente a mais fecunda do comparatismo jurídico que é privilegiada, já que a convergência desejada não pode dispensar trabalhos prévios de abordagem, reconhecimento e compreensão mútua. No centro da operação, a tradução linguística aparece como o modelo de uma etapa mais profunda ainda: com efeito, o domínio, pelo jurista

---

[3] LADMIRAL, J.-R. Pour une philosophie de la traduction. *Revue de Métaphysique et de Morale*, p. 22, jan./mar. 1989.

comparatista, de duas ou mais línguas entre as quais ele constrói pontes, progressivamente o conduz a apreender situações de bi- ou de multijuridismo: é preciso então estabelecer equivalências entre soluções trazidas a problemas presumidos — mas somente presumidos —, comparáveis do ponto de vista de duas ou várias ordens jurídicas distintas. Por exemplo, ao se formar na redação da norma em duas línguas, o francês e o inglês, mas também, para além das línguas, em duas tradições jurídicas distintas (a tradução francesa de "direito civil" e a inglesa da "*common law*"), o jurista canadense constrói "equivalências funcionais" no ponto de encontro entre as duas ordens jurídicas. Trata-se menos ainda de estabelecer, de modo estático, uma improvável identidade entre dois códigos ou dois léxicos; logo será no modo dinâmico, no diálogo que se instaurará entre as duas visões, que as soluções novas surgirão — o bijuridismo terá se tornado dialógico. Assim se desenha, no horizonte dessa prática, a apreensão de uma juridicidade metapositiva, que se deixa entender entre as práticas linguísticas diversas e as codificações diferenciadas — uma normatividade implícita, visada, ao modo delas, por cada uma dessas tradições, sem nunca se esgotar, cuja metodologia da tradução comparatista, num incessante vaivém dialógico, parece fornecer a antecipação mais satisfatória.[4]

O segundo terreno de aplicação possível da iniciativa tradutora é representado pelo diálogo das ciências — a interdisciplinaridade —, cuja pertinência hoje ninguém mais contesta, contra o movimento de hiperespecialização acadêmica, embora até as questões mais fundamentais, especialmente em ciências sociais, continuem a apresentar um caráter transversal, desprezando os cortes disciplinares. Ainda é preciso entender-se quanto às condições desse diálogo das disciplinas. Para isso, tive a oportunidade de distinguir, em trabalhos anteriores, três modelos, dos quais somente o terceiro me parece satisfatório: a pluri ou multidisciplinaridade, a transdisciplinaridade e a interdisciplinaridade.

---

[4] Sobre tudo isso, ver JUTRAS, D. Énoncer l'indicible: le droit entre langues et traditions. *Revue Internationale de Droit Comparé*, n. 4, p. 781 e segs., 2000. Para um ponto de vista muito cético sobre essa posição, ver LEGRAND, P. Sens et non-sens d'un Code civil européen. *Revue Internationale de Droit Comparé*, p. 779 e segs., 1996.

Integração normativa

A pluridisciplinaridade, ou multidisciplinaridade, consiste em justapor, a respeito de um objeto de estudo considerado comum, um conjunto de disciplinas diferentes a desenvolver seus pontos de vista específicos. Dessa justaposição de saberes sobressaem evidentemente tantos objetos diferentes quanto perspectivas postas em prática. Com efeito, só uma concepção mágica do trabalho científico poderia fazer pensar que da simples soma de disciplinas poderia surgir uma problemática comum.[5] Seria possível dizer, nesse caso, que estamos às voltas com uma simples coexistência de linguagens diferentes, que produzem uma espécie de Babel científica — uma adição de monólogos, um diálogo de surdos. O projeto tem poucas pretensões, fica infradialógico.

Quanto à transdisciplinaridade, ela implica que todas as disciplinas presentes abandonem seu ponto de vista particular para produzir um saber autônomo, de onde deveriam resultar novos objetos e novos métodos. Dessa vez, trata-se da integração de disciplinas.[6] Para retomar a metáfora linguageira, pode-se dizer que o objetivo aqui é a construção de uma língua nova e comum, uma forma de esperanto científico. Dessa vez, a ambição do projeto é maior: não fazendo muito caso das especificidades das disciplinas presentes, ele fracassa no projeto de criar um campo comum de discussão, ou, pior ainda, impõe às disciplinas vizinhas o ponto de vista de uma ciência dominante.

Enfim, no campo da interdisciplinaridade, a pesquisa se opera, pelo menos num primeiro momento, a partir do campo teórico de uma das disciplinas presentes que desenvolve problemáticas que ela oferece à discussão de outras disciplinas, cujas interrogações cruzam com as suas, ainda que parcialmente. Nesse caso, trata-se de uma verdadeira articulação dos saberes, que ocasiona, através de abordagens sucessivas, ensaios e erros, ajustes parciais, como num diálogo, reorganizações parciais dos campos teóricos presentes. Seria possível dizer que aqui se procede à tradução de

---
[5] Nesse sentido, ver GUSDORF, G. Interdisciplinaire. In: ENCYCLOPEDIA Universalis. Paris. t. 8, p. 1089.
[6] RESWEBER, J.-P. *Le pari de la transdisciplinarité*: vers une intégration des savoirs. Paris; Montréal: L'Harmattan, 2000. p. 39-40.

um jogo de linguagem dentro de outro, sem, no entanto, negar as dificuldades inerentes ao exercício, principalmente ligadas à necessidade de respeitar o "gênio próprio" e os pontos de intraduzibilidade de cada língua.[7] Ou, ainda, os perigos de "supercodificação" ou de superdeterminação teórica no caso em que a disciplina, sob a prova do questionamento, seria finalmente conduzida a fazer a um só tempo as perguntas e as respostas. Contra esse risco, com muita frequência sentido pelos cientistas engajados no exercício, pode-se sugerir a solução — também inspirada na tradução dialógica — que consiste na permutação sistemática das posições: cada disciplina presente ocupando sucessivamente o lugar daquele que questiona e daquele que responde.

Do diálogo dos saberes passamos, então, a um terceiro terreno de aplicação presuntiva do paradigma da tradução: a articulação das ciências, das técnicas, dos interesses socioeconômicos e das escolhas políticas que está no centro dos processos de regulação e de governança, que são os novos nomes dados, num mundo plural e complexo, à regulamentação e ao governo. Aqui, ainda, o conceito de tradução opera na linha de frente dos trabalhos com autoridade reconhecida: após Michel Serres, que dedicava o terceiro tomo de sua série dos *Hermes à tradução*,[8] Bruno Latour faz dela uma categoria central de sua sociologia das ciências,[9] enquanto que M. Callon, P. Lascoumes e Y. Barthe tiram dela um uso muito produtivo para pensar as relações — que ainda estão amplamente por ser inventadas — entre um universo da tecnociência que invadiu todos os domínios de nossa atividade e um mundo cidadão e político que tenta recuperar o controle de seu futuro pela discussão das grandes orientações tecnológicas.[10]

---

[7] OST, F.; KERCHOVE, M. van de. *De la pyramide au réseau? Pour une théorie dialectique du droit*. Bruxelas: Facultés Universitaires Saint-Louis, 2002. p. 468; MORIN, E. Les défis de la complexité. In: _____. *Le défi du XXIe siècle*: relier les connaissances. Paris: Seuil, 1999. p. 453.
[8] SERRES, M. *Hermès III. La traduction*. Paris: Minuit, 1974.
[9] LATOUR, B. *La science en action*: introduction à la sociologie des sciences. Paris: La Découverte, 2005 (1989). p. 260 e segs. (Poche).
[10] CALLON, M.; LASCOUMES, P.; BARTHE, Y. *Agir dans un monde incertain*: essai sur la démocratie technique. Paris: Seuil, 2001. p. 75-104.

Integração normativa

Se o diálogo entre os especialistas, porta-voz dos estados das coisas estabelecidas pelas ciências, financistas, empresários e comerciantes, com interesses econômicos, os cidadãos e suas associações, com interesses individuais ou coletivos, e os políticos destinados a arbitrar os debates e a identificar prioridades, tornou-se uma urgência democrática, a tradução das linguagens presentes, amplamente heterogêneas, será o método obrigatório.

Se pensarmos em questões centrais para a governança contemporânea, como o controle dos riscos industriais e ambientais, a política da cidade, a luta contra o desemprego, a integração dos imigrantes, em todos esses casos em que as implicações são múltiplas e emaranhadas, os autores heterogêneos, as políticas públicas necessariamente intersetoriais, é preciso proceder a delicadas operações de traduções — P. Lascoumes falará de "transcodificação"[11] — que consistem em ajustar saberes às vezes muito distantes uns dos outros, em definir novas questões favorecidas por discussões com grupos emergentes, em tecer redes e mobilizar novos aliados, em reorientar prioridades e reformular programas de ação ao termo de novos compromissos — enfim, reinventar um quadro cognitivo suscetível de, ao mesmo tempo, orientar as escolhas sociais, legitimar as opções tomadas e avaliar-lhes os resultados. Método de ajuste progressivo, *learning process* que aqui procede novamente por tentativas e erros, sem plano preestabelecido nem discurso predeterminado: exatamente a situação incômoda e sempre arriscada que é a do tradutor.

Da governança passamos naturalmente à filosofia política e à teoria da justiça — quarto campo problemático à espera de uma metodologia tradutora.

No mundo pluralista e pluricultural que é o nosso, é possível formular princípios de justiça e regras de discussão válidos universalmente, independentemente da diversidade das pessoas, das comunidades e das culturas e sem limitação quanto a suas circunstâncias particulares de aplicação? É, respondem J. Rawls e J. Habermas reformulando, cada um a

---

[11] LASCOUMES, P. Rendre gouvernable: de la traduction au transcodage. In: CHEVALLIER, J. (Dir.). *La gouvernementalité*. Paris: PUF-Curapp, 1996. p. 325 e segs.

sua maneira, o formalismo de Kant. Uma "posição original", caracterizada por um "véu de ignorância", garantia de imparcialidade, constitui, para Rawls, o quadro contratual, capaz de levar à definição de princípios de justiça válidos em todos os tempos e em todos os lugares. Para Habermas e Apel, uma "situação ideal de fala", regulada pelos princípios de uma "ética comunicacional", deveria conduzir à elaboração de regras suscetíveis de um consenso racional com base em interesses universalizáveis.

Como se sabe, essas teorias suscitam inúmeros debates e objeções, principalmente no campo dos autores "comunitaristas" mais sensíveis aos enraizamentos sócio-históricos dos princípios éticos, e bem mais conscientes do fosso que se abre, do ponto de vista do juízo moral em situação, entre a afirmação abstrata de um princípio e sua aplicação nas circunstâncias sempre particulares da espécie. O formalismo, o caráter a-histórico dessas teorias, assim como a indiferença que manifestam para com a incomensurabilidade dos interesses a serem arbitrados, estão no centro das controvérsias. M. Walzer, por exemplo, insiste de modo convincente na heterogeneidade dos bens a serem partilhados, atendendo a princípios de juízo específicos a comunidades particulares e constitutivos daquilo que ele chama "esferas de justiça"; entre estas (a esfera religiosa e a mercantil, por exemplo), não só não há harmonia, como também é perigoso operar deslizes.[12] Da mesma forma, os sociólogos L. Boltanski e L. Thévenot puderam fazer a descrição de seis "cidades" (a cidade doméstica, a cívica, a industrial...) constitutivas, cada uma, de princípios próprios de avaliação e julgamento, e entre as quais o político poderia, na melhor das hipóteses, apenas negociar compromissos frágeis e provisórios.[13]

Assim, depois do esperanto formalista, estaríamos condenados à dispersão babélica das cidades e das esferas de justiça? Não, como sugere Ricœur, se tomarmos a via da tradução, precondição do reconhecimento mútuo. Talvez precisemos, então, inventar uma sétima cidade, a cidade

---

[12] WALZER, M. *Sphères de justice*: une défense du pluralism et de l'égalité. Trad. S. Engel. Paris: Seuil, 1997 (1983). p. 41.
[13] BOLTANSKI, L.; THEVENOT, L. *De la justification*: les économies de la grandeur. Paris: Gallimard, 1991.

da tradução — exatamente como se pôde dizer que a língua da Europa era a tradução. Não renunciar aos ideais reguladores que exigem dos valores presentes uma capacidade de justificação e de generalização numa cena virtualmente universal, fazendo ao mesmo tempo absoluta justiça ao enraizamento sócio-histórico das reivindicações presentes e dos grupos humanos que as fazem (frequentemente em condições muito diferenciadas de acesso ao debate argumentado), é a única via de saída para o debate que opõe os comunitaristas aos defensores do liberalismo processual. Uma via que toma emprestado diretamente da tradução seus métodos e sua ética ao assumir os riscos e as críticas recorrentes que ela suscita.[14] E também, ainda, quando se tratar de passar da clareza do princípio ao claro-escuro do caso particular a ser analisado, quando se tratar de descer das alturas etéreas da posição original para o duro terreno da vida real, é de tradutores que vamos precisar para acomodar o rigor da regra às complexidades da situação particular. Seria esta exatamente a situação do juiz quando decide sobre o indivíduo que é "julgado por um tribunal"[15] e pesa sua sentença na balança da justiça, exatamente como Valéry Larbaud explica sobre o que faz o tradutor, dividido entre a generalidade da definição do dicionário de língua e a singularidade da fala viva do autor a ser traduzido.[16]

Meu quinto terreno de aplicação potencial do paradigma da tradução diz respeito ao diálogo das religiões, assim como ao lugar das confissões

---

[14] A noção de "consenso por recorte" à qual Rawls chega em seus escritos mais recentes apresenta a esse respeito analogias significativas com os compromissos negociados pela tradução na fronteira entre as línguas (RAWLS, J. L'idée d'un consensus par recoupement. In: _____. *Justice et démocratie*. Paris: Seuil, 1993. p. 245 e segs.).

[15] No original em francês, encontramos a expressão "*traduit en justice*", aqui traduzido como "julgado por um tribunal". Sem dúvida, essa tradução para o português perde a força do sentido duplo que a expressão em francês nos oferece no contexto do artigo. (N.T.)

[16] Todo o debate metodológico sobre a escolha oferecida ao juiz entre *ad hoc balancing* (pesagem dos interesses operada *in concreto*, do ponto de vista das particularidades da espécie) e *definitional balancing* (pesagem dos interesses feita com a medida dos princípios gerais em conflito) mereceria ser reexaminado sob esse ângulo (ver RIGAUX, F. *La loi des juges*. Paris: Odile Jacob, 1997. p. 224-225). J.-B. White, líder do movimento *Law and literature*, desenvolve de modo bem amplo a analogia do juiz e do tradutor (WHITE, J.-B. *From expectation to experience*: essays on law and legal education. Ann Arbor: The University of Michigan Press, 2003. p. 107).

num espaço público secularizado. No primeiro caso, a sugestão é feita por P. Ricœur, no segundo, por Habermas. Ricœur: "As religiões não são como línguas estrangeiras entre si, com seu léxico, sua gramática, sua retórica, sua estilística, que é necessário aprender para penetrá-las? E a hospitalidade eucarística não deve ser assumida com os mesmos riscos de tradução-traição, mas também com a mesma renúncia à tradução perfeita?".[17]

O nosso espaço público parece ser amplamente secularizado; nem por isso precisaria deixar de ser atravessado por uma "pluralidade de vozes".[18] É o que observa Habermas a respeito do debate, opondo crentes e não crentes, quanto à utilização de embriões humanos. Não é aceitável, observa ele, que o estado de direito constitucional externalize apenas sobre os crentes o conflito permanente a respeito da autocompreensão da sociedade secularizada. Por que só eles deveriam reformular seus argumentos numa linguagem secularizada para que tenham uma chance de obter a adesão da maioria? Seria mais justo repartir a carga da tradução entre as duas partes, num diálogo cooperativo no decorrer do qual cada um seria sucessivamente conduzido a "adotar a perspectiva do outro". E Habermas conclui: "Uma secularização que não procura se aniquilar procede no modo da tradução".[19]

De certa vulgata linguística

Duas precisões liminares antes de iniciar o trabalho de reconhecimento do sistema de ideias geralmente aceitas a respeito da tradução. A primeira refere-se a sua definição, a segunda a seu emprego. Quanto à definição da tradução, propomos reter, seguindo Schleiermacher e Jakobson principal-

---

[17] RICOEUR, P. Le paradigme de la traduction. In: _____. *Le juste 2*, 2001. p. 135. Sobre o conceito de "hospitalidade", ver a conclusão deste estudo.
[18] HABERMAS, J. Foi et savoir. In: _____. *L'avenir de la nature humaine*: vers un eugénisme libéral? Paris: Gallimard, 2002. p. 159.
[19] Ibid., p. 165.

mente, uma dupla acepção, ampla e estrita. No sentido estrito, a tradução é entendida como transferência de uma mensagem verbal de uma língua a outra (o que Schleiermacher chamava "tradução restrita" e Jakobson, "tradução propriamente dita"); no sentido amplo, a tradução, desta vez, é entendida como sinônimo da interpretação de todo conjunto significante no interior de uma mesma comunidade linguística (a "tradução generalizada" de Schleiermacher, a "reformulação" de Jakobson).[20] De imediato, a problemática da tradução aparece assim como uma questão de fundo duplo, de modo que os dois níveis distintos nunca deixem de referenciar um ao outro, e todo problema que ela levanta, longe de poder ser comodamente recalcado para os confins do discurso, nas zonas perigosas das fronteiras interlínguas, acarreta ressonâncias no próprio coração da língua materna. O "paradigma" da tradução, que procuramos identificar, só tem sentido completo se for entendido nesse nível de radicalismo, e nesse jogo incessante de envio do mesmo e do outro, do próprio e do estrangeiro.

A segunda observação liminar trata da execução da tradução; ela visa apontar suas passagens ao limite que também são suas Caribde e Cila, seus lugares de perigo extremo, justamente onde se fecham sobre o tradutor as mandíbulas do dilema da tradução. Numa das extremidades, está o ponto da não traduzibilidade: ou a interdição envolvendo o sagrado de um texto que deve escapar à profanação da transmissão (na tradição judia, a tradução da Lei foi por muito tempo objeto dessa interdição), ou a invocação em razão da incomensurabilidade das línguas usuais; na outra extremidade, está a onitraduzibilidade: a tradução é reduzida a uma simples operação de troca linguística, os textos não apresentam mais nenhuma profundeza específica, não oferecem mais nenhuma resistência a sua reformulação no espaço neutro e como que asséptico da circulação generalizada dos significados.[21] Daí este dilema, em forma de armadilha

---

[20] Ricœur, "Le paradigme de la traduction", 2001, p. 125; Schleiermacher, citado por BERMAN, A. *L'épreuve de l'étranger*. Paris: Gallimard, 1984. p. 232. (Tel); R. Jakobson, citado por STEINER, G. *Après Babel*, 1978, p. 244. A primeira abordagem (tradução no sentido estrito) é privilegiada por Berman (*L'épreuve de l'étranger*; *La traduction et la lettre ou l'auberge du lointain*. Paris: Seuil, 1999 (1985)); a segunda é seguida por G. Steiner em seu livro fundador, Après Babel, 1978.

[21] Nesse sentido, ver Berman, *L'épreuve de l'étranger*, 1984, p. 298 e segs.

ou de "alternativa ruinosa", como explica P. Ricœur: "Ou bem a diversidade das línguas exprime uma heterogeneidade radical — e, então, a tradução é teoricamente impossível, as línguas são *a priori* intraduzíveis entre si. Ou bem a tradução, tomada como um fato, se explica por um fundo comum que torna possível o fato da tradução".[22] Nesse caso, deve ser possível identificar, na diversidade das línguas, "estruturas ocultas que ou trazem o rastro da língua original perdida que devem ser encontrados, ou consistem em códigos *a priori*, em estruturas universais ou transcendentais que possam ser reconstruídas".[23]

Tudo se passa, então, como se a história da tradução e das ideias que a acompanham oscilasse incessantemente de um polo a outro, entre o recôndito frio de si e o sonho de uma língua universal que tornaria a questão do outro irrelevante. Nos dois casos, seria "a prova do estrangeiro", para falar como Berman, que seria falha, ou ainda a diferenciação interna à própria língua materna, que seria denegada (os efeitos de estranheza que a palavra não deixa de ali produzir).

Várias "ideias-forças" estruturam a vulgata linguística que está na fonte desses recalques e resistências.

Na base desse "senso linguístico comum", há a ideia de que a linguagem se reduz, no essencial, e pelo menos no ideal, a um imenso léxico, vasta nomenclatura de termos, a um só tempo exaustiva, exata e adequada — a cada coisa correspondendo um nome e só um. Esse léxico seria apenas a herança daquele que prevalecia no Jardim do Éden, onde Deus havia nomeado todas as realidades conforme a natureza que tinham, sem ambiguidade, sem lacuna, nem redundância. Essa enciclopédia seria dada *a priori*, intemporal e universal. Deve supostamente refletir a verdade do mundo.

É verdade que, desde a intervenção da ruptura babélica, estamos condenados a não mais nos entender diretamente, de modo que é preciso passar pela tradução. Mas, longe de valorizar essa atividade da qual nossa condição de filhos de Babel deveria, no entanto, nos convencer

---
[22] Ricœur, "Le paradigme de la traduction", 2001, p. 127.
[23] Ibid., p. 129.

de sua importância sem igual, a vulgata se empenha em subestimá-la, em desqualificá-la e, diremos, em "subpensá-la". Daí uma nova série de concepções reducionistas. Por exemplo, a ideia de que a tradução consiste em dizer "a mesma coisa" em outras palavras. O que corresponde a postular novamente, mas desta vez em escala universal, a existência de um superléxico bilíngue (e até multilíngue) que forneceria um equivalente adequado de qualquer termo da língua-fonte para qualquer língua-alvo, conforme uma relação biunívoca e, portanto, exclusiva. Na qual se encontra a imagem do corte adâmico do mundo em átomos de significações atemporais e virtualmente universais. Assim, a tradução se reduziria à decodificação-transcodificação de uma mensagem redigida num sistema de signos que terá sido apenas provisoriamente opaca e estranha. Na base dessa concepção "pronta-para-pensar" avista-se a sombra dessa famosa terceira língua universal, ou em sua versão de língua santa original da qual todas as outras derivariam, ou em sua forma mais moderna de língua racional formada por estruturas elementares universais que poderiam ser reconstruídas e que de fato poderia conduzir a processos de tradução automática. Igualmente subjacente a essa prática asséptica da tradução, a ação de certo platonismo sempre bem vivo que, sobre o fundo de distinção radical entre o sensível e o inteligível,[24] postula a circulação sem entrave de conteúdos de sentidos idealizados e devidamente livres de seu envelope material significante — o som e a letra abandonados sem tristeza ao localismo e sacrificados no altar da onitraduzibilidade.

Vários outros postulados ainda alimentam a vulgata linguística que nos interessa.

Dois: o axioma segundo o qual a tradução teria como objetivo restaurar a comunicação momentaneamente interrompida. Apela-se, então, para a tradução como que para um serviço técnico destinado a "restabelecer a linha", de modo a poder ser de novo ouvido "perfeitamente". Subjacente a essa ideia, a convicção de que falar é uma atividade que consiste em transmitir informações. A fala seria uma soma de enunciados que teriam

---

[24] Nesse sentido, Berman, *La traduction et la lettre ou l'auberge du lointain*, 1999, p. 33 e segs.

vocação para dizer a verdade, para levar em conta a realidade, dada e *a priori*, do estado de coisas visado pelo locutor.

Três: a ideia-força segundo a qual a interpretação, embora infelizmente necessária desde Babel, é uma operação instrumental, ancilar, secundária, derivada e pontual: ela se limita a pôr uma diante da outra duas ou várias línguas estrangeiras. Enquanto o escritor é um escriba soberano que vai do real ao livro, o tradutor é um trabalhador das sombras que se contenta em passar do livro ao livro, simples cambista de divisas textuais. Logo, radical distinção entre essa atividade subordinada, condenada ao esquecimento, e o trabalho do autor a produzir textos que refletem, sem perda e sem resto, sua intenção. Nesses textos para traduzir, haveria adequação evidente entre o enunciado e a intenção, como há pouco havia correspondência entre as palavras e as coisas. O trabalho do tradutor consistiria em restituir essa transparência por um instante embaralhada e em assim fazer justiça ao "querer dizer" do autor.

Quarto postulado: do ponto de vista da vulgata que nos ocupa, essa operação de tradução, em suma modesta, em princípio não deve causar outros problemas a não ser técnicos (problemas de "execução") e está, portanto, fadada a dar certo. No entanto, uma notável exceção: a escrita literária, e *a fortiori* poética, que opõe uma resistência à decifração — como uma moeda que só teria valor legal em seu solo de emissão. Aqui, a vulgata veste com prazer um vocabulário mais especializado: sustentaremos, por exemplo, que nesse registro literário de escrita a denotação é não reproduzível por estar excessivamente onerada com conotações (associações pessoais inconscientes, linguagem privada), de modo que o sentido aqui estaria irremediavelmente parasitado pelo estilo, o conteúdo demasiadamente obscurecido pela forma. Daí o mito da não traduzibilidade da poesia.

Eis, então, alguns dos axiomas do sentido linguístico comum herdado de Babel. Teremos notado, exceto em relação à última observação, o caráter amplamente idealista, como a recusa de tirar conclusões do desmoronamento da torre. Como se a torre linguística estivesse sempre de pé, a assegurar a livre comunicação das coisas (a terra) às ideias (o céu), e a circulação sem entraves da fala entre os homens.

Resta, como frequentemente acontece na hipótese de um ideal submetido a um excessivo questionamento e afinal frustrado, que a fantasia de transparência e de completude adâmica às vezes acaba invertendo-se brutalmente. Chega-se, então, em alguns meios e em algumas escolas de pensamento, a professar um nominalismo linguístico radical (uma vez que a linguagem perdeu todo o contato com a realidade); do mesmo modo, não se acredita mais na possibilidade de comunicar realmente (fadado ao solipsismo, o homem está exposto à incompreensão sistemática da linguagem que o outro lhe dirige). Finalmente, daí se deduz logicamente que toda tradução (e não só a tradução literária) é impossível: os enunciados são incomensuráveis, uma vez que provêm de línguas cujas estruturas são estranhas umas às outras (B. Lee Whorf, E. Sapir).

Do Caribde da "onitraduzibilidade" somos assim reduzidos ao Cila da impossibilidade da tradução. Mas, não duvidemos, o movimento do pêndulo não vai parar tão cedo, segundo a famosa lei da "bipolaridade dos erros" de que falava Gaston Bachelard, de tal modo que essas constatações da não sobreposição dos recortes linguísticos rapidamente relançaram as pesquisas em vista do aperfeiçoamento da língua que enfim daria o "código universal" suscetível de substituir qualquer mensagem de uma língua para outra — longa busca cuja história U. Eco contou com brio.[25] Hoje sonhamos com tradução automática que nos livraria de uma vez por todas da vergonhosa deficiência da "compreensibilidade reduzida", como ontem sonhávamos, com Lulle, Wilkins e Leibniz, com uma combinatória formal que teria banido de seu léxico toda ambiguidade e toda flutuação de sua sintaxe — uma *ars signorum* "que nos daria novamente acesso à verdade das coisas".

É este, muito brevemente evocado, o mito linguístico babélico: sua versão padrão em forma de vulgata, seus surtos de rejeição raivosa e as violentas ressurgências de sua fantasia unitária. É esse mito que gostaríamos de interrogar agora, persuadidos que estamos de que, das

---

[25] ECO, U. *La recherche de la langue parfaite*. Trad. J.-P. Manganaro. Paris: Seuil, 1994.

pedras esparsas do edifício, há bem outras coisas a fazer que um campo de ruínas, como construir uma torre nova idêntica. Outras obras se abrem ao animal falante que somos, em que a tradução não seria mais um "quebra-galho" ou um "mal necessário", mas sim o próprio método de construção do edifício — um edifício que teria, enfim, renunciado à torre ilusória em troca dessa "casa de habitação na planície da experiência", citada por Kant em a *Crítica da razão pura*.[26]

Babel: um relato desviado

Antes de tudo, as coisas se passaram exatamente como sustenta a vulgata? Uma sondagem mesmo bem parcial na longa história do mito e da iconografia de Babel já é suficiente para levantar dúvidas a esse respeito.[27] Não que saibamos o que realmente aconteceu: desmoronamento de um zigurate babilônico, querela intestina, cólera divina... pouco importa, a questão não é, evidentemente, de ordem factual uma vez que refletimos sobre um mito fundador. Basta notar que, desde sempre, as interpretações mais diversas prosperaram sobre a grande torre transformada em nada — suficientemente para contestar os dogmas linguísticos dominantes. Que se julgue este simples inventário sem nenhuma pretensão de exaustividade.

Poderemos dizer que Babel é um drama da arrogância linguística? Steiner evoca uma realidade bem diferente. Ele explica que é possível que a proliferação linguística existisse antes da construção da torre, incomodando os homens em seu empreendimento. Por isso, ao começarem a construir o grande edifício, os homens experimentaram outra coisa: o silêncio. Puseram-se a construir sem uma palavra, registrando progressos fulminantes, pois, segundo Steiner, "a compreensão verdadeira só existe

---

[26] KANT, E. *Critique de la raison pure*. Trad. A. Tremesaygues e B. Pacaud. Paris: PUF, 1971. p. 491.
[27] BOST, H. *Babel, du texte au symbole*. Genebra: Labor et Fides, 1985. Sobre a iconografia de Babel, ver SCHEFER, J.-L. La tour de Babel. In: BOURETZ, P.; LAUNAY, M. de; SCHEFER, J.-L. *La tour de Babel*. Paris: Desclée de Brouwer, 2003. p. 131 e segs.

com o silêncio". Logo, era ela, a linguagem silenciosa, o grande segredo e a verdadeira ameaça que levou à reação divina.[28]

Outra interpretação: dizem que Babel é a história da multiplicação das línguas e da condenação ao mal necessário que são as traduções. Entretanto, a Cabala nutriu uma ideia bem mais radical, e nisso certamente herética. A catástrofe seria grata às próprias palavras; palavras que se teriam revoltado contra o homem e que, de uma vez por todas, teriam cessado de significar. Palavras que teriam rejeitado o jugo da significação e rompido suas cadeias semânticas. Palavras como seixos, lisos e inquebráveis, que não seriam mais resgatados em nenhum mercado linguístico.[29]

A condição pós-babélica é penosa, costuma-se dizer. Que seja. Mas imaginemos, por um instante, o que seria o mundo babélico. Borges se dedicou a esse exercício em sua célebre novela intitulada "A biblioteca de Babel". Nela, o universo tomou a forma de uma biblioteca infinita a unir a totalidade dos livros escritos e imagináveis: inúmeros andares de galerias intermináveis que uma vida inteira não basta para percorrer. Tudo o que é possível expressar em todas as línguas aqui se encontra consignado; tudo o que foi concebido, ou até simplesmente concebível, é ali desenvolvido, traduzido, extrapolado, refutado. Conta-se até que um último livro, guardado numa estante qualquer, resume todo esse saber. Mas jamais um homem totalizará essa experiência, pois na biblioteca de Babel prevalece uma combinação infinita de signos alfabéticos dos quais só uma ínfima parte lhe é acessível — seria possível, por exemplo, que a palavra "biblioteca" significasse outra coisa em outros idiomas. E Borges interpela seu leitor: "Tu que me lês, tens certeza que compreendes minha língua?".[30] Com efeito, essa prodigiosa *mise en abîme* desafia a compreensão, e o leitor de Borges, assim como o leitor da biblioteca infinita, é tomado de vertigem — fantasma sonambúlico a errar entre as linhas de um texto sem começo nem fim. Nessa prisão de palavras onde tudo, absolutamente tudo,

---

[28] Steiner, *Après Babel*, 1978, p. 267-268.
[29] Ibid., p. 435.
[30] BORGES, J.-L. La bibliothèque de Babel. In: _____. *Fictions*. Trad. P. Verdevoye, N. Ibarra e R. Caillois. Paris: Gallimard, 1983. p. 71 e segs. (Folio).

está escrito de antemão, o ar torna-se rarefeito e a humanidade parece ter renunciado até à esperança de um dia identificar-lhe o sentido. Como se Deus, em vez de dispersar e destruir sua torre, nesta tivesse trancado a humanidade, condenando-a a percorrer, sem fim, as inúmeras galerias desse saber total ao qual ela loucamente quisera pretender.

Para Kafka, que durante a vida não cessou de meditar nas lições de Babel, as coisas ainda se apresentam de modo bem diferente. Numa de suas novelas mais enigmáticas, intitulada "As armas da cidade", ele deixa entender que o erro dos homens não consistiu no fato de que queriam alcançar o céu, mas, bem ao contrário, no fato de cedo demais terem se cansado desse projeto.[31] Com efeito, muito rápido as preocupações com a intendência prevaleceram sobre a preocupação com a transcendência: as pessoas não queriam parar de embelezar a cidade operária ao pé da torre, estavam mergulhadas em ciúmes e em guerras intestinas, tanto e tão bem que acabaram perdendo de vista o objetivo final da construção. Logo, o erro consistia na falta de perseverança e não na própria ambição. Os outros textos de Kafka, como "A muralha da China", dando a entender que esta poderia representar uma parte das fundações da fabulosa torre, também evocam o abandono do empreendimento — um empreendimento que sozinho talvez pudesse ter aberto o caminho da salvação.

Multiplicidade babélica das interpretações! Existe saída para esse labirinto? Derrida volta ao próprio texto e coloca judiciosamente a questão: "Em que língua a torre de Babel foi construída e desconstruída?".[32] Em hebraico, evidentemente; uma língua na qual Babel significa precisamente "confusão". Com certeza; mas o que em geral se sabe menos, já que com demasiada frequência o trabalho é feito em cima de traduções assépticas, é que o próprio Javé dá seu nome à cidade: "Com o que Ele clama seu nome: Bavel, Confusão, porque ali Javé confunde o lábio [a língua] de toda a terra, e dali Javé a dispersa sobre a face de toda a terra" (tradução

---

[31] KAFKA, F. Les armes de la ville. In: _____. Œuvres complètes. Trad. A. Vialatte. Paris: Gallimard, 1976. t. II, p. 550. (Pléiade).
[32] DERRIDA, J. Des tours de Babel. In: _____. Psychè: inventions de l'autre. Paris: Galilée, 1987. p. 204.

Chouraqui). Logo, o nome de Deus significaria confusão? Derrida deixa entender isso:[33] a um só tempo a origem das línguas e sua multiplicação-confusão; o original e a tradução, o nome próprio e o nome comum, o conflito interno à linguagem, a um só tempo construção e desconstrução de si mesmo.

Logo, seria possível que o relato de Babel pedisse uma mudança de signo, uma valorização positiva? Se Babel é a própria marca de Deus, e se a desconstrução é seu signo, o desmoronamento da torre poderia definitivamente ser interpretado como um acontecimento feliz?

Georges Steiner, seguindo outros,[34] foi além. Longe de ter sido aniquilado pela fragmentação linguística, ele explica, o gênero humano pôde ali encontrar a chance de sua sobrevivência. Ele sustenta que o florescimento extraordinário dos idiomas pelo mundo não procede de um luxo gratuito, mas se explica pelas necessidades de luta pela vida, cada clã, cada grupo, mantendo sua linguagem como a cidade fortificada onde ele encontrava refúgio. Tesouros de imaginação foram empregados para impor a essas linguagens as mais diversas formas e cores, a exemplo dos ornamentos e camuflagens de animais, no intuito de diferenciar e de proteger os grupos rivais em competição.[35] Uma vez que a virtude da linguagem cabe mais em sua criatividade, em sua capacidade de inventar mundos novos, que em sua capacidade de refletir a situação do mundo presente, então, efetivamente, a fragmentação dos elementos da torre poderia bem ser vista mais como uma oportunidade que como uma maldição. De resto, não seria sacrilégio imaginar que Deus tivesse condenado os homens a um castigo sem remissão?[36]

Começamos então a abrir de novo o *Gênese*, uma vez mais; não mais no capítulo 11, que relata o episódio da torre, mas no capítulo 10, que evoca a descendência dos filhos de Noé. O relato conta em detalhes a longa

---

[33] Ibid., p. 204-207.
[34] Ver especialmente Ricœur, "Le paradigme de la traduction", 2001, p. 126: "Sugerirei uma interpretação mais benevolente para com a condição comum dos humanos".
[35] Steiner, *Après Babel*, 1978, p. 220.
[36] Ibid., p. 290.

e prolífica genealogia de Sem, Cam e Jafé, os três filhos de Noé. Encontramos, três vezes, a seguinte fórmula: "Foram estes os filhos de Jafé [de Sem, de Cam], de acordo com seus países e cada um *segundo sua língua*, segundo seus clãs e de acordo com suas nações". E o capítulo se conclui com estas palavras: "Foi a partir deles que os povos se dispersaram sobre a terra depois do dilúvio". Logo, aprendemos com certeza que a multiplicidade das línguas e a dispersão geográfica *precediam* o desmoronamento da torre.[37] Mas tudo se passa como se a memória coletiva tivesse esquecido ou tivesse recalcado essa passagem, guardando apenas o capítulo 11 e sua maldição, bem mais dramática que a diferenciação natural dos falares.

Assim, não faltam autores que, ao longo da história, se tenham dedicado a revalorizar esse primeiro relato e a apresentar o episódio babélico como uma *felix culpa*. Entre outros, Charles Nodier, linguista francês do século XIX, que acreditava na dispersão originária das línguas e ressaltava, contrariamente ao mito da catástrofe babélica, sua perfeição, pelo menos futura, de acordo até com sua multiplicidade. Pois a verdade é múltipla, explica Gérard Genette, e é a "impressão única" que aqui seria um tipo de mentira: "A verdade da linguagem, a justeza dos nomes estaria nessa confusão, nessa pluralidade das línguas da qual Babel, *felix culpa*, é o símbolo mal compreendido".[38]

Umberto Eco também se precipita na via assim traçada, concluindo sua obra *Em busca da língua perfeita* pelo relato narrado no século XI pelo árabe Ibn Hazm — relato que conduz a revisitar, antes de Babel, o episódio adâmico.[39] No Paraíso, explica o cronista, Deus fez dom da linguagem a Adão, atribuindo a cada coisa um nome. Para ser mais preciso, nomes, pois — revelação suprema — a língua original continha virtualmente todas as línguas. De modo que a divisão linguística que naturalmente interveio posteriormente não procedeu de um fenômeno de invenção, mas da difração da língua, já plural, da origem. Daí que cada homem, qualquer que seja sua língua, está em condições de compreender

---

[37] Eco, *La recherche de la langue parfaite*, 1994, p. 23 e segs., p. 382 e segs.
[38] GENETTE, G. *Mimologiques*: voyage en Cratylie. Paris; Seuil, 1976. p. 161.
[39] Eco, *La recherche de la langue parfaite*, 1994, p. 396-397.

a revelação corânica. Assim, Eco conclui numa nota de esperança voluntarista: "A herança que Adão deixou aos filhos foi a tarefa de conquistar o domínio, pleno e reconciliado, da torre de Babel".[40] Um domínio que agora passa pela tradução, enfim reabilitada, uma vez que o que deve ser reconquistado não é um idioma único, mas, bem ao contrário, o reflexo infinito de uma língua de imediato diferenciada.

Daí a alegria encontrada no clã dos tradutores; assim essas observações, cuja leveza dissimula a profundidade, de Françoise Wuilmart, diretora do Centro europeu de tradução literária: "A maldição de Babel fez a felicidade de nós tradutores, Deus é, pois, nosso mais antigo e nosso maior fornecedor de emprego". E ainda: "Deus sabia perfeitamente o que estava fazendo ao nos diferenciar assim de Babel: ele forçava o homem a se desviar de seu umbigo para aceitar o estrangeiro em sua diferença".[41]

Também podemos nos lançar no jogo das interpretações? Afinal, por que não, já que nossa condição é precisamente babélica? Proporíamos, então, as seguintes conjeturas. No Paraíso, Deus de fato nomeou as coisas e, ao nomeá-las, fez com que existissem. É o verbo divino que é verdadeiramente criador: ele chama os elementos à vida ("Deus *disse*: que haja um firmamento...") e, em seguida, instala estes na existência pela virtude da nomeação: "E Deus *chamou* o firmamento de 'céu'". No entanto, só o homem, também criado pelo verbo de Deus, não recebe nome. É que, feito à imagem e à semelhança de Deus, ele recebe algo melhor que o nome: a própria faculdade de nomeação.[42] De resto, no segundo relato da criação, está dito que "Ele as levou [as criaturas] até o homem para ver como este as chamaria: cada um devia usar o nome que o homem lhe teria dado" (*Gênese* 1, 19). Logo, parece que, desde a origem, o dom da palavra tenha sido dialógico e criativo — e, por que não também, como sugeria Ibn Hazm, virtualmente plural, como

---

[40] Ibid., p. 397.
[41] WUILMART, Fr. Traduire, c'est lire. In: LIBENS, Chr. (Ed.). *Ecrire et traduire*. Com a colaboração de N. Ryelandt. Bruxelas: Luc Pire, 2000. p. 16.
[42] BENJAMIN, W. Sur le langage en général et le langage humain. In: _____. *Œuvres* I. Trad. M. de Gandillac. Paris: Gallimard, 2000. p. 153. (Folio).

se a proliferação daquilo que foi criado tivesse de imediato pedido a abundância da nomeação.

Em seguida, admitiremos, como atesta *Gênese* 10 e confirma o ensino da antropologia, que os idiomas se diversificaram naturalmente conforme os clãs se multiplicaram, se expandiram geograficamente e diversificaram suas práticas e costumes.

Uma diversificação que faz justiça à singularidade de cada clã, à individualidade de cada pessoa identificada em sua genealogia: cada um é nomeado por seu nome, em seu lugar, irredutível a qualquer outro — o contrário da indiferenciação na multidão anônima que breve vai estar em questão.[43]

É que, num momento ou no outro, deve ter-se concretizado a tentação de hegemonia e a fantasia de unidade purificadora que não cessa de espreitar a humanidade: o relato do *Gênese* 11 conserva a este respeito toda sua importância. O texto deixa adivinhar que se trata do reino de Nemrod, apresentado como o arquétipo do guerreiro-caçador violento. Temendo a dispersão, o povo amedrontado parece aqui adotar — como numa versão antecipada do *Leviatã* — uma atitude de servidão voluntária, ao passo que o monarca autocrata entende assegurar a glória de sua dinastia ("ter um nome") e breve reinar no topo da torre, na intimidade dos deuses.[44] Um grupo humano julgou-se forte o bastante para pretender estabelecer seu império sobre toda a humanidade ao mesmo tempo que tentava lhe impor sua linguagem. Então "todo mundo usava uma mesma língua e as mesmas palavras".[45] Pelo menos é esta a primeira leitura que podemos fazer desse versículo: uma interpretação geopolítica que se apodera do fenômeno

---

[43] BALMARY, M. *Le sacrifice interdit*: Freud et la Bible. Paris: Grasset, 2004 (1986). p. 86 e segs. (Le livre de poche).
[44] WÉNIN, A. La dispersion des langues à Babel: malédiction ou bénédiction? Version et subversion d'une légende mythique. In: DEPROOST, P.-A.; COULIE, B. (Éd.). *Les langues pour parler en Europe*: dire l'unité à plusieurs voix. Paris: L'Harmattan, 2003. p. 13-28. O autor explica que esse texto data dos dias que se seguiram ao exílio do povo judeu para a Babilônia e é destinado a explicar a queda desse império. Os redatores, no entanto, colocaram esse texto no livro do *Gênese* a fim de lhe conferir alcance universal.
[45] *Genèse* 11-1, tradução da *Bible de Jérusalem*. Paris: Éditions du Cerf, Fleurus, 2001. p. 48. Exceto indicação contrária, baseamo-nos nessa tradução.

Integração normativa

da linguagem em sua face externa e observa um estado de concentração em relação ao estado de dispersão que caracterizava a língua nos tempos precedentes (*Gênese* 10).

Mas é permitido extrair uma segunda leitura desse texto — de resto não contraditória com a primeira. Podemos pensar também que a língua é aqui entendida em sua face interna, como idioma que prevalece no seio de uma dada comunidade linguística. A história contaria, nesse caso, a renúncia por um povo à negatividade de sua língua, a indiferenciação que se segue, a banalização do discurso, sua redução progressiva a uma morna e perigosa tautologia: língua empobrecida, pensamento único.[46] Na primeira leitura, não se suporta mais a diferença que passa entre as línguas; na segunda, queremos reduzi-la ao próprio seio de cada língua. Resultado, "uma mesma língua, mesmas palavras".

É o reinado da repetição que se instala: palavras comuns a todos, mas também palavras sempre idênticas, morno império da tautologia: língua descompromissada, palavras convencionais, chavões, lugares-comuns, novilíngua. Em breve, a perda de identidade e a fusão num "nós" anônimo fadado à repetição de slogans próprios às multidões à espera do Leviatã. Uma palavra sem outro lugar, sinais que só designam eles mesmos,[47] o grau zero da comunicação; borborismo, balbuciação, gagueira.

E como sempre toda vez que se impõe o reinado da imanência, os meios que valem pelo fim, a ação ou, antes, o ativismo que se substitui ao projeto: "Vamos, 'tijolemos' tijolos, inflamemo-los nas flamas".[48] A tradução de Chouraqui, mais literal, exprime melhor aqui as paronomásias do texto original hebraico que a tradução mais igual da *Bíblia de Jerusalém*: "Vamos! Façamos tijolos e cozinhemo-los no fogo!". Assim, dá a entender algo do afã compulsivo da ação que faz as vezes de

---

[46] Nessa segunda leitura, a contradição entre *Gênese* 10 e *Gênese* 11 igualmente se apaga: é cada língua presente (cuja multiplicidade não se nega) que reduz sua diferenciação interna. A língua dos operários babélicos só é então dada em arquétipo de um avatar que ameaça toda língua possível.
[47] LAUNAY, M. de. Babel. *Revue de Métaphysique et de Morale*, p. 100, jan./mar. 1989.
[48] Em francês: "*Allons, briquetons des briques, flambons-les à la flambée*". (N.T.)

projeto, pois — notamos o bastante? — o projeto só vem em seguida e se limita à repetição do mesmo: o empilhamento dos tijolos uns sobre os outros até o céu. Projeto idólatra em que a positividade da torre, seu excedente saturante, deve preencher a negatividade da ação que não aceitamos mais. E até o nome — esse nome próprio, cada vez singular e sempre recebido, esse nome próprio que assinala a presença do outro em nós —, esse nome próprio que não seja levado nessa lógica de olaria: "Tenhamos um nome", pensaram os homens de Babel. Em outras palavras: fabriquemo-nos, como ídolos de nós mesmos, toda a genealogia renegada num solipsismo triunfante: "Assim não seremos mais dispersos sobre a terra".

Esse erro, que desviava o povo dos caminhos de sua humanidade, era imperdoável. E o que faz Deus nessa circunstância? Ele o conduz na via da pluralidade da qual jamais deveria ter saído. Ele tira o povo da prisão das palavras e tijolos onde ele se trancava, e lhe dá, pela segunda vez, esse poder de criação linguística do qual um sonho imbecil e mortífero por um instante o fizera desviar-se.

É possível pensar que se trata do comportamento clássico de um Deus com ciúmes do poder dos homens, um Deus que os confunde, dividindo-os para melhor reinar. Esta é a interpretação clássica do mito de Babel, aqui atribuindo um estatuto pecaminoso ao empreendimento linguístico como a qualquer projeto do saber, desde a exclusão do jardim do Éden. Em sentido oposto a essa leitura, é preciso antes notar que Deus preserva o homem da loucura de agora se achar tudo. Com efeito, o que teme Deus? "Nenhum desígnio será irrealizável para eles", escreve a *Bíblia de Jerusalém*, "nada impedirá o que eles planejarem fazer!", diz Chouraqui, mais próximo do texto. Mas é preciso dele se aproximar ainda mais: o hebraico diz: "Nada será cortado deles". Aí está a loucura; o um-todo; o integrismo da parte inteira, sem resto e sem outro lugar; o si ilimitado, o nós indiferenciado, o outro reduzido ao mesmo, o mesmo onipotente. Deus então dá um basta nessa pseudounidade mortífera. Ele restitui o limite, lega a medida, traz diferença. Impede o homem de se afundar no todo, sua fala de sufocar na indistinção, e sua ação de gastar-se na pura e simples repetição.[49] Contra a violência do ilimitado, é a ação civilizadora da separação que prevalece — gládio da justiça, faca evangélica da separação,[50] ou ainda, em contexto bem diferente, espada de Apolo cortando ao meio os andróginos assexuados, imbuídos de si mesmos e rivalizando com o céu (que eles também tentavam escalar) de que Platão falava em *O banquete*.[51]

E eis que a ofuscante luz artificial da torre logo se substitui ao brilho do arco-íris colocado em sinal de aliança entre Deus e os homens, assim como entre os próprios homens (*Gênese* 9, 13-17): são novamente as sete cores, suas inumeráveis nuances e sua infinita variação. De um lado, a multiplicidade das falas, ao invés de uma só língua, do outro lado, a diferenciação interna de cada língua dali por diante impedida de se totalizar, e preservada da pretensão de ocupar o lugar de todas as outras.

Talvez pensemos que, em suma, após o parêntese de Babel, as coisas tenham voltado a seu ponto de partida original: a dispersão natural dos homens e a diferenciação espontânea de seus idiomas? Mas o relato fundador (quase sempre um relato de separação) aqui se duplica de um alcance ético: da mesma forma que o drama do assassinato de Caim transformava o fato natural da fraternidade numa responsabilidade ética ("o que fizeste a teu irmão?"), assim o relato da deriva babélica também transforma a constatação natural da dispersão das línguas numa responsabilidade específica. Talvez, escreve P. Ricœur, já estivéssemos "dispersos e confusos", e agora somos chamados, fadados... à tradução.[52] E é por isso que podemos falar, com Walter Benjamin, da "tarefa do tradutor". Da mesma forma que a fraternidade, o entendimento linguístico entre os homens não é mais

---

[49] M. de Launay ("Babel", 1989, p. 103) também observa que, assim fazendo, Deus distingue o homem de sua ação, tornando-o assim "responsável" por esta — uma vez que ela é de novo suscetível de ser avaliada por critérios externos a seu autor (e, acrescentaremos, interpelada por outrem que apela para a "responsabilidade" do ator).

[50] *Mateus* 10, 34: "Não vim trazer a paz, mas o gládio". Para um comentário, ver Balmary, *Le sacrifice interdit*, 2004, p. 105 e segs.

[51] PLATON. Le banquet. In: _____. *Oeuvres complètes*. Trad. P. Vicaire. Paris: Les Belles Lettres, 1999. t. IV, p. 29-37. Para um comentário, ver OST, F. *Sade et la loi*. Paris: Odile Jacob, 2005. p. 46 e segs.

[52] Ricœur, "Le paradigme de la traduction", 2001, p. 131-132.

evidente, ele é, a partir de agora, assunto de responsabilidade no sentido mais próprio do termo: resposta à interpelação do outro.

E o que dizer do Pentecostes? Esse milagre da unidade por um momento reencontrada, sob o sopro benéfico do Espírito, não é o indício de que Deus está do lado da língua única mais que dessa pretensa multiplicidade original? Talvez até. Aqui ainda, vale a pena reler o texto com atenção. Ou melhor, de novo, os textos. Pois, olhando bem, percebemos que nos primeiros tempos da Igreja cristã os milagres linguísticos abundavam. De um lado, o relato bem conhecido do Pentecostes (*Atos dos apóstolos*, 2, 5-12), que fala de um fenômeno de xenoglossia (falar em outras línguas); do outro, vários casos narrados de discípulos que começam a "*falar na língua*", fenômeno de glossolalia, carisma que consiste em emitir sons incompreensíveis e palavras incoerentes.[53] Ora, na famosa *Primeira epístola aos coríntios*, São Paulo procura energicamente reduzir este último fenômeno e moderar os ardores de seus inspirados adeptos. Com efeito, aquele que fala "na língua" adota uma linguagem de iniciado — espécie de língua extática que, acreditava-se, devia ser a língua adâmica do Paraíso —, mas, observa São Paulo, "ele diz coisas misteriosas [...], e ninguém o entende". Logo, "ele próprio se edifica", em vez de tentar convencer a assembleia, indo ao encontro dos não crentes. Logo, seria melhor abster-se de "falar na língua", exceto "se houver um intérprete na assembleia". E o apóstolo conclui: "É por isso que quem fala na língua deve orar para ter o dom de interpretar".[54]

Em compensação, o fenômeno do Pentecostes é de outra natureza:[55] desta vez, inspirados pelo Espírito, os apóstolos "começaram a falar *outras línguas*" (grifo nosso). Embora a assembleia fosse composta de homens devotos "vindos de todas as nações" — e o texto cita com insistência, "Par-

---

[53] Além do caso das comunidades de coríntios que vai estar em questão, é possível citar duas outras ocorrências: em Cesareia durante a conversão do centurião Corneille e sua família (*Atas*, 10-46), e durante o batismo dos Efésios por Paulo (*Atas*, 19-6).
[54] *Primeira epístola aos coríntios*, 14, 1-25.
[55] B.-M. Ferry distingue claramente os dois fenômenos (*Dictionnaire encyclopédique de la Bible*. [Centre informatique et Bible, Maredsous], Brepols, 2002. Ver *glossolalie*, p. 550). *Le dictionnaire de la Bible*, suplemento. Ver *charismes*, p. 1240.

tos, medos e elamitas, habitantes da Mesopotâmia, Judeia e Capadócia, […] aqui estão romanos, judeus e prosélitos, cretenses e árabes" —, "cada um os ouvia em sua língua materna".[56] Aqui, portanto, não há linguagem de iniciado, idioma inspirado, e sim a diversidade assumida. Talvez um milagre, mas não o prodígio de redução à unidade, antes a elevação à pluralidade.[57] Uma pluralidade de comunicação, e não de divisão ou de exclusão. Uma diversidade tradutora, se podemos assim dizer, que leva à outra, por sua própria diversidade. Mais uma vez, fica claro que Deus mesmo fica no entremeio linguístico: longe de prender os homens numa pretensa língua única, é no "ainda a dizer" que se aprofunda entre todas as línguas que pode ser ouvido seu convite à linguagem.

Graças a essa releitura plural do relato babélico, deveria ser possível examinar agora, de outra maneira, os postulados da vulgata linguística que difundimos. Talvez fossem necessários livros inteiros para refutar, uma a uma, cada uma dessas pretensas evidências que costumam fazer as vezes de pensamento da língua. Vamos aqui nos limitar a algumas breves observações, na esperança de que o abalo impresso no relato fundador seja suficiente para convencer de que a salvação está menos na suposta segurança da torre (as fulgurâncias de um falar soberano) que na paciência de seus desvios (o trabalho sempre recomeçado da tradução).

Retorno à vulgata

Contra a concepção "terminologista" da linguagem — a ideia de uma vasta nomenclatura que necessariamente refletiria a estrutura do mundo —, é preciso lembrar este pensamento de Aristóteles que Jean-René Ladmiral (tradutor de Habermas e teórico da tradução) usa como epígrafe em sua obra: "*To on legetai pollakôs*", "O ser se diz de múltiplas maneiras". Sem

---

[56] *Atos dos Apóstolos*, 2, 4-14.
[57] Nesse sentido, ver MARTY, Fr. *La bénédiction de Babel*. Paris: Cerf, 1990, p. 199. (A notar que o autor também distingue "as outras línguas faladas pelos galileus" do "falar em língua que pode ser encontrado em outro lugar nas Atas".)

retomar aqui o debate que opunha Crátilo a Hermógenes, o primeiro sustentando que o nomóteta escolhera as palavras em virtude de sua natureza (*phusei*), o segundo, afirmando, ao contrário, que ele o fizera em virtude de uma convenção humana (*nomoi*),[58] devemos notar, contudo, que as linguagens, longe de refletirem *ne varietur* um dado estado do mundo, dele oferecem "montagens" cada vez mais específicas, recortando na massa uniforme do real configurações singulares, diversamente articuladas e variavelmente valorizadas em função de códigos de valor, tão implícitos quanto obrigatórios. A esse respeito, é preciso lembrar fenômenos tão conhecidos quanto a vintena de termos a designar a cor branca na linguagem dos habitantes do Grande Norte (Ártico), a observação de que os romanos certamente não tinham o mesmo recorte cromático que nossos contemporâneos, de modo que não distinguiam o azul do verde, por exemplo,[59] ou ainda o fato de que, nas línguas chinesa e japonesa do parentesco, é inconcebível falar de irmão ou irmã sem precisar se se trata do irmão maior ou do irmão menor (ou irmã); da mesma forma, sempre haverá o cuidado, ao se invocar um primo, de notar se se trata de um parente do lado do pai ou da mãe.

Logo, tudo se passa como se cada palavra do léxico dissesse, a um só tempo, demais e pouco demais, e implicasse, para sua boa compreensão, a mobilização daquilo que U. Eco chama "a língua como enciclopédia": todo um contexto de convenções linguísticas não ditas, uma rede de significações históricas e de pressupostos culturais chamados pela frase, e que o leitor-ouvinte deve entender por meias palavras.[60] A esse respeito, Henri Meschonnic fala de "língua-cultura",[61] e J.-R. Ladmiral de "perilíngua" — visando a um só tempo o campo cultural no qual se inscreve o enunciado (há muitas chances de que, num texto americano do século XIX, "*civil war*"

---

[58] PLATON. *Cratyle*. Trad. E. Chambry. Paris: Flammarion, 1967. p. 389 e segs.
[59] ECO, U. *Dire quasi la stessa cosa*: esperienze di traduzione. Milão: Bompiani, 2004. p. 353 e segs.
[60] ECO, U. *Les limites de l'interprétation*. Trad. M. Bouzaher. Paris: Grasset, 1992. p. 133. "Traduzir", explica ele igualmente, "não visa apenas duas passagens, mas duas culturas ou duas enciclopédias" (Eco, *Dire quasi la stessa cosa*, 2004, p. 162).
[61] MESCHONNIC, H. *Pour une poétique II. Epistémologie de l'écriture*. Poétique de la traduction. Paris: Gallimard, 1973. p. 349 e segs.

designe Guerra de Secessão e não uma "guerra civil"), as especificidades do léxico técnico em que ele às vezes se expressa e, enfim, as particularidades do contexto de enunciação e a situação referencial do locutor-autor. Logo, a todo momento, a língua está sempre em via de dilatação ou de retração: ora multiplicada pelo peso das conotações semióticas (antropológicas, culturais, técnicas) que o enunciado mobiliza, ora, ao contrário, asséptica e depurada por uma vontade de dizer o mínimo ou de dizer o mais justo.

A isso se acrescenta que esse léxico com geometria variável apresenta evidentemente uma dimensão histórica que aumenta em outro tanto a variabilidade. Parafraseando Heráclito, poderíamos defender aqui que "jamais mergulhamos duas vezes no mesmo texto". A ideia, verificada pela experiência psicológica de cada um, se confirma mais nitidamente ainda no plano coletivo e na escala histórica. Como a filosofia hermenêutica demonstrou, de Dilthey a Gadamer, toda compreensão está engajada num processo de transformação temporal permanente. Com o confronto de dois conjuntos de textos realizado pela tradução, o fenômeno se redobra e se torna ainda mais complexo, como se cada época se revelasse capaz de apenas uma escuta particular. Tal texto que ontem parecia intraduzível, hoje será bem recebido ("um dia Rabelais começou a falar russo");[62] tal outro, que era recebido com interesse, hoje parece inaudível — "cada época tem as traduções que merece", observa Meschonnic.[63] Por isso, suas traduções são periodicamente refeitas: não mudou apenas a língua-alvo, mas o conhecimento que se tem da língua-fonte também se enriqueceu. Certas traduções envelhecem mal, ao passo que o texto-fonte (pelo menos se for uma obra autêntica), embora possa envelhecer, com o tempo se transforma, vai pedir novas interpretações.[64]

Nessas condições, entende-se que a tradução nunca se reduz, como já ensinavam Cícero e São Jerônimo,[65] a um simples "palavra por palavra";

---

[62] Ibid., p. 358.
[63] Ibid.
[64] Ibid., p. 321.
[65] CICÉRON: "*Non verbum et verbo, sed sensum exprimere de sensu*" (citado por LARBAUD, V. *Sous l'invocation de Saint Jérôme*. Paris: Gallimard, 1997. p. 46; São Jerônimo: "Não só confesso, mas reconheço bem claramente que, ao traduzir a Santa Escritura do grego [...] não traduzi

traduzir, como de resto interpretar, jamais se reduz à decifração de uma mensagem criptografada pela simples razão de que não existe o código, formal, universal e atemporal que permitiria assegurar essa elucidação mecânica. Não há aqui "tabela de concordância" que garantiria a passagem sem dificuldade alguma de uma língua a outra — e isso porque, no seio de um dado idioma, a língua não se reduz ao léxico e, além disso, esse léxico não funciona como uma grade de qualificação unívoca e estável da realidade. Se, portanto, o vocabulário revela seu "fundo-duplo" semiótico dando acesso à cultura e à história, e se a sintaxe jamais se reduz a uma combinação de regras puramente formais, o tradutor deve então levar em conta a dimensão propriamente idiomática da língua: suas capacidades de evocação conotativa, seus hábitos fraseológicos, suas destrezas retóricas, sem falar das virtualidades expressivas contidas implicitamente na perilíngua.[66]

Assim, somos levados a recusar a ideia de uma língua terceira que se interporia entre a língua-fonte e a língua-alvo, espécie de *tertium comparationis* ao qual os dois textos poderiam ser relacionados a fim de medir-lhes a identidade; esse luto da língua perfeita — que também é renúncia à fantasia da tradução perfeita — é certamente uma das principais lições de Babel. Seguindo Van Humboldt, é preciso notar que o "*cheval*" francês jamais vai evocar exatamente a mesma coisa que o *horse* inglês, o *equus* latino ou o *hippos* grego. Entre eles, tampouco há padrão (é o caso de dizer), de medida comum que resumiria a ideia de cavalo tal como nele mesmo. E se isso já é verdade no plano modesto do recorte semântico, mesmo sem atingir as singularidades gramaticais (o recorte dos tempos verbais, por exemplo, tão variável de uma língua a outra), não mais que nas muitas diversas maneiras (retóricas principalmente) de

---

palavra por palavra mas sentido por sentido" (citado por Berman, *L'épreuve de l'étranger*, 1984, p. 56). Se a rejeição da tradução "palavra por palavra" é unanimidade, tanto entre os "ciblistes" quanto entre os "sourciers" (sobre esta distinção, ver infra), em compensação os "sourciers" (como A. Berman, por exemplo) dão a maior importância à "letra" do texto (sua textura, sua cor, seu ritmo...) a não confundir com a "palavra".

[66] LADMIRAL, J.-R. *Traduire*: théorèmes pour la traduction. Paris: Gallimard, 1994. p. 226-227. (Tel).

associar o significado ao referente que ele visa, então nós entendemos que é preferível renunciar imediatamente às ambições de uma língua universal e racional que seria o transcendental de todas as outras. Contra tal projeto multiplicam-se as objeções.

Objeções poéticas, primeiramente: ao arrancarmos um núcleo de sentido supostamente invariante à letra na qual ele se exprime, estamos certos de perder o efeito poético ou a força ilocutória da mensagem. O que daria, por exemplo, "*I like Ike*" (*I appreciate Eisenhower?* Eu gosto de Yke?) ou este verso de Verlaine: "Chora em meu coração como chove lá fora"?[67] O que restaria, na linguagem formalizada, transparente e unívoca, da polissemia, a historicidade, a tensão expressiva entre a língua e a fala, a criativa inadequação dos significados aos significantes e dos signos aos referentes que caracterizam as línguas usuais — línguas vivas, sempre além ou aquém de si mesmas, desalojadas de sua imanência tautológica?

Objeções linguísticas, em seguida: a despeito de pesquisas obstinadas, por pelo menos dois milênios, ninguém jamais conseguiu estabelecer o código dessa língua perfeita. Jamais alguém conseguiu determinar o sistema das ideias simples, o inventário dos átomos de significados suscetíveis de fornecer o material de base para qualquer expressão possível em qualquer língua natural. Ainda que a isso chegássemos, não conseguiríamos daí deduzir as particularidades de cada uma dessas línguas naturais, uma vez que é por natureza, e não por exceção e acidente, que elas se revelam rebeldes a um ordenamento predeterminado — dito de outro modo e de modo mais positivo: é da natureza delas parecerem irresistivelmente criadoras, diferentemente da língua universal em projeto cuja univocidade transparente faz precisamente duvidar que ainda se trate de uma língua.[68] A irredutibilidade da ambiguidade intralinguística (tradução no sentido amplo) explica aqui, de modo decisivo, a irredutibilidade da distância que continua a separar duas línguas naturais (tradução no sentido estrito).

---

[67] Dois exemplos tirados de Eco, *Dire quasi la stessa cosa*, 2004, p. 347.
[68] Nesse sentido, Ricœur, "Le paradigme de la traduction", 2001, p. 130 e 136; RICOEUR, Paul. Un "passage": traduire l'intraduisible. In: _____. *Sur la traduction*. Paris: Bayard, 2004. p. 59.

Uma objeção lógica, enfim, que toma a forma do argumento bem conhecido do "terceiro homem". Suponhamos por um instante que alguém exiba a famosa língua C, padrão de todas as substituições entre língua A e língua B, por exemplo. Muito bem; mas como também se assegurar da conformidade de A a C, ou de B a C, a não ser apelando para uma metametalíngua que, ela própria, nunca poderia estar segura de desempenhar plenamente seu papel a não ser recorrendo a uma outra língua ainda superior?[69] Por onde se percebe, pela primeira vez, que o essencial aqui está menos num ideal de conformidade — a tradução, diremos, é produção (arriscada) de uma *equivalência sem identidade* (Ricœur), ela está condenada a dizer *quase* a mesma coisa, mas nunca a mesma coisa (Eco) — que em certa aposta sobre o sentido que se mede em termos de mais-valia, de criatividade e de produtividade significante. Tal como é inútil perguntar-se qual medida nos ajuda a garantir que Sócrates, como homem concreto, de fato corresponde à "ideia de homem", da mesma forma vamos renunciar a relacionar a uma escala abstrata de concordância semântica as performances de tal ou tal tradução.[70]

Lembramos o segundo axioma implícito ao sentido linguístico comum que aqui submetemos à crítica: traduzir consiste em restaurar a comunicação momentaneamente interrompida. Em geral, achamos que falar consiste em comunicar; falar é trocar informações. E o contrato linguístico implícito suporia que essas informações fossem verdadeiras, de acordo com a realidade da qual a linguagem é oriunda. Sem sequer evocar aqui, como se deveria fazer, os recursos inerentes a uma pragmática linguística que lembraria que falar é fazer coisa bem diferente que comunicar (*a fortiori* informações), vamos nos contentar em ressaltar, seguindo Steiner, que o conteúdo puramente informativo da linguagem natural é reduzido, o sentido comunicado sendo frequentemente superdeterminado por intenções de todas as espécies.[71] É preciso, quanto a isso, libertar-se da ditadura do real e compreender que é próprio da linguagem humana

---

[69] Sobre o argumento do terceiro homem, ver Eco, *Dire la stessa cosa*, 2004, p. 347 e segs.
[70] Ver o *Parménide* de Platão.
[71] Steiner, *Après Babel*, 1978, p. 210.

(porque existem, com toda evidência, linguagens animais) poder "dizer tudo" — inclusive, e sobretudo, o simples possível, o virtual, o falso e até o impossível. A especificidade do falar humano reside em sua capacidade de manejar a ambiguidade e em seu fantástico potencial quimérico: os "se" e os "talvez" abrem seu domínio próprio; o subjetivo e o optativo deixam que ele entreveja horizontes só a ele prometidos.

Deve ser essa capacidade extraordinária que lhe permite dissimular a verdade e até mentir e prestar falsos testemunhos — "a fala foi dada ao homem para disfarçar seu pensamento", dizia Talleyrand que, com toda evidência, sabia do que estava falando.[72] Mas essa faculdade — digamos, desta vez, de inventividade linguageira — deve ser generalizada e também valorizada: "A linguagem humana desnatura tanto quanto relata", observava Karl Popper.[73] Talvez digam que "desnaturar" é danoso. Talvez, até. Ao contrário, podemos pensar que, para o homem, ao qual é próprio sempre desprender-se da própria natureza (ou ainda: cuja natureza consiste em não ter natureza própria), o inimigo é bem antes a própria realidade,[74] uma dada situação, o determinismo histórico. E, nesse combate, a linguagem é a arma por excelência: o artifício, o instrumento do antideterminismo.[75] Cada uma das línguas humanas (inclusive as linguagens técnicas) representa, a esse respeito, uma maneira específica de construir um antimundo na medida dos desejos e das esperanças de que os grupos são capazes. Nisso, cada locutor se revela um artista e um criador. A arte é um "antidestino", dizia Malraux. Mas isso é virtualmente verdade para toda fala viva e se verifica igualmente no plano político-jurídico: toda

---

[72] Citado por Steiner, ibid., p. 213.
[73] Citado por Steiner, *Après Babel*, 1978, p. 214.
[74] Ibid., p. 215.
[75] Seria preciso reavaliar o papel exercido pelos sofistas a esse respeito: jogando com virtuosismo com as homonímias e as anfibolias (homonímias sintáxicas) das línguas naturais, eles multiplicavam as *mises en abîmes* das potencialidades da significância: ver CASSIN, B. Homonymie et amphibolie ou le mal radical en traduction. *Revue de Métaphysique et de Morale*, p. 71 e segs., jan./mar. 1989. Seria preciso igualmente estudar o papel, essencial, do expediente (podendo por vezes chegar até ao contrassenso voluntário) na arte de traduzir: ver DAUZAT, P.-E. L'expédient en traduction: du "parler-en-langues" au "contresens volontaire". In: LORAUX, P.; ENAUDEAU, C. (Dir.). *La méthode de l'expédient*. Paris: Kimé, 2006.

linguagem jurídica fundadora veicula uma dose importante de utopia ("os homens nascem livres e iguais"…) que, ao recusar o mundo tal como é, contribui virtualmente para que seja tal como desejamos.

Logo, toda teoria consequente da tradução deve levar em conta essa faculdade "virtualizante" da linguagem: sua capacidade criadora de desdobrar os além-mundos do jogo, da ilusão, do falso semblante e da utopia. Ater-se ao magro conteúdo da informação (com as quais arriscam sempre se contentar as "teorias da informação") seria perder por completo a riqueza desse potencial de deformação inovadora que todo enunciado linguageiro potencialmente esconde.

Passemos agora ao terceiro axioma que havíamos destacado na vulgata linguística. Tratava-se de reduzir a operação de tradução apenas às operações de transferência de sentido de uma língua natural a outra, como se essas línguas escapassem à necessidade da reformulação, da atualização ou da elucidação. Também se tratava, no mesmo ritmo, de distinguir radicalmente a obra soberana do autor, mestre do sentido, da atividade subordinada do tradutor, simples cambista de valores semânticos predeterminados. Como se o escritor — para começar pelo segundo aspecto do axioma —, inspirado sabe-se lá por qual espírito superior, tivesse feito uma espécie de "revelação", dizendo a um só tempo o verdadeiro do real que ele visa e exprimindo, sem perda nem resto, essa intenção soberana. Ora, é preciso dizer claramente, textos assim não existem, tampouco seus autores demiurgos. Todo texto é incompleto, aproximativo, razoavelmente confuso. Como que suspenso e inacabado. À espera de ser retomado, interpretado e traduzido. Walter Benjamin dirá: pedaço quebrado de uma ânfora perdida, fragmento em busca da outra metade de seu *symbolon* (ver infra). De resto, o próprio autor nunca parte realmente do real bruto para chegar ao livro; ele também, como o tradutor, passa do texto ao texto; "há sempre livros entre a experiência e o livro", assinala H. Meschonnic, de modo que "somos todos tradutores".[76] Escrever, como traduzir, é uma atividade translinguística que consiste,

---

[76] Meschonnic, *Pour une poétique II*, 1973, p. 360.

a propósito notadamente do real, em trocar/permutar[77] palavras. E não seria exagero sustentar, com A. Berman, que uma obra verdadeiramente literária se desdobra num horizonte de tradução[78] — Don Quixote é o exemplo mais famoso, e também o mais irônico, uma vez que o mais célebre romance em língua espanhola é apresentado por seu autor como a tradução de um manuscrito em árabe.

Os maiores autores concordaram: "O dever e a tarefa de um escritor são aqueles de um tradutor", escreveu um dia Marcel Proust.[79] Nessas condições, não será exagero sustentar também a proposição inversa: a tarefa do tradutor consiste — num sentido que em breve vamos definir — em reescrever o texto que ele traduz.

Assim, acabamos por contestar o primeiro aspecto do axioma: a ideia de que o campo da tradução se limitaria às zonas fronteiriças do interlínguas, as próprias línguas dele sendo preservadas. Nossa tese sustenta, ao contrário, que toda forma de troca linguística e até, de modo mais amplo, semiótica é devedora disso: que todo sistema de signos dissimula tanto quanto revela, e aproxima tanto quanto divide.

Antes de tudo, observaremos, em apoio à ideia de que tradução e interpretação se recobrem amplamente, que, a propósito do tratamento das línguas estrangeiras, os termos "intérprete" e "tradutor" invadem um ao outro em francês como em várias outras línguas europeias, embora seja antes comum falar de "intérprete", a respeito de mensagens orais (mas fala-se, no entanto, de "tradução simultânea"), e de "tradutor", a respeito de textos escritos (mas é corrente discutir os méritos de sua "interpretação").[80]

Logo, é bem o conjunto das trocas significantes, a totalidade das formas da comunicação semiótica, que é devedor da tradução-interpretação. Talvez não devam ser desprezados os problemas específicos (frequentemente os de interpretação repetida) postos pela passagem de uma língua a outra, nem tampouco subestimar as dificuldades ligadas à tradução de

---

[77] Em francês, *changer*/échanger. (N.T.)
[78] Berman, *L'épreuve de l'étranger*, 1984, p. 23-24.
[79] Citado por Ladmiral, *Traduire*, 1994, p. 293.
[80] Nesse sentido, Steiner, *Après Babel*, 1978, p. 237.

uma língua técnica; o que se discute aqui, no entanto, é que todo enunciado exige ser decodificado porque, como observa G. Steiner, ele sempre significa mais, ou menos, ou outra coisa que aquilo que ele diz[81] — "só as tautologias se sobrepõem exatamente ao próprio enunciado". E ainda, nada é menos certo, pensamos: quando usamos de um truísmo como "negócios são negócios", ou "guerra é guerra", é uma mensagem normativa muito carregada que é comunicada, e não um banal estado de fato.

Em apoio a essa tese geral que associa a tradução-interpretação à própria comunicação, qualquer que seja a forma, lembraremos a extraordinária plasticidade das linguagens naturais (e, em menor medida, linguagens seminaturais como a do direito, por exemplo), cuja flexibilidade dos usos gramaticais e a polissemia virtual do léxico (ligada também à "textura aberta" das palavras que a compõem), longe de serem analisadas como uma fraqueza danosa, uma deficiência fatal, constituem, ao contrário, o trunfo mais precioso. Mas um trunfo que supõe interpretação e tradução permanentes. Logo, é "a fraca" correspondência das palavras às coisas que faz a força das línguas naturais, assinala Steiner — à diferença das línguas artificiais universais, incapazes de devolver a vida de um texto, reduzindo-o a um clichê sem vigor.[82] Nas línguas naturais, polissemia e uso flutuante são a condição da adaptação e da criatividade. Só eles asseguram à linguagem pública e comum (a instituição oficial) a capacidade de se transformar sob o efeito das invenções individuais e das linguagens privadas desenvolvidas pelos locutores. No vocabulário do filósofo Castoriadis, poderíamos dizer que encontramos, nessa propriedade, a condição da indispensável dialética entre *formas instituídas* (o "uso correto" dos gramáticos, as escolhas feitas pelos lexicógrafos, autores dos dicionários impondo autoridade) e *forças instituintes* (a criatividade linguística dos locutores individuais e das comunidades). Esse privilégio de criatividade não é apanágio exclusivo do poeta que marca os termos do léxico com um selo desconhecido — o escritor de Mallarmé que "dá um sentido mais puro às palavras da tribo" —, ele também é o de todo

---

[81] Ibid., p. 262.
[82] Ibid., p. 195.

locutor comum que, um dia ou outro, se enfurece contra os limites de sua língua, como os apaixonados que não encontram à sua disposição nenhuma palavra grande ou bela o bastante para expressar a intensidade de sua paixão. Logo, não é só o tradutor que experimenta a "fraqueza" da palavra; todos os que procuram se expressar mais além de clichês, essas palavras gastas por um emprego muito longo, serão, um dia ou outro, conduzidos a estender a língua comum para além de suas fronteiras. Pode-se ver aí a ação vivificante da "fala" singular para com a "língua" comum, para utilizar desta vez a terminologia de Saussure — estando entendido que essa fecundação tem sucesso na medida em que a própria língua não se reduz ao idioma que ela é a cada momento, mas também se estende ao "estoque das *virtualidades* linguísticas à disposição de uma comunidade linguística".[83]

Isto nos leva a abordar o quarto postulado da vulgata: a ideia segundo a qual seria preciso distinguir entre a tradução das linguagens técnicas e usuais (que não colocam problema particular) e a tradução poético--literária (confinando com a missão impossível). Contra esse preconceito, J.-R. Ladmiral procura relativizar a oposição entre esses dois registros de discurso, bem como a distinção "denotação" (sentido léxico)/"conotação" (associações semióticas de segundo plano) que deve poder justificá-la. Em todos os casos, ele explica, e não só na hipótese da tradução literária, a subjetividade do tradutor está comprometida: "Essa dimensão humana alguma vez está ausente de uma tradução?".[84] É tentador, no entanto, e sobretudo ideologicamente seguro, relegar as conotações embaraçosas apenas ao domínio da literatura, e acreditar preservada a linguagem corrente. Quanto à linguagem científica, nós a imaginaríamos facilmente (a começar pelos próprios cientistas) como o domínio da denotação pura. Não há, no entanto, "grau zero da conotação"[85] e, de resto, "é extremamente difícil, senão impossível, fazer diferença entre denotações e conotações".[86]

---

[83] Ladmiral, *Traduire*, 1994, p. 223 (grifo nosso).
[84] Ibid., p. 22.
[85] Ibid., p. 152.
[86] Ibid., p. 168.

Por mais que uma linguagem científica possa ter neutralizado os aluviões pré-científicos, que seu discurso ainda carregava, ela não poderá impedir a produção de novas conotações — sem falar dos múltiplos e imprevistos efeitos de sentido que o enxerto de seguimentos de seu discurso na linguagem corrente não deixará de suscitar.

Contra a estratégia de *apartheid* que consiste em isolar o domínio poético-literário, na esperança ilusória de premunir todo o campo da linguagem contra a ameaça obscura da conotação, é melhor reconhecer francamente a ação de uma "dimensão poética" (literária, ficcional) em ação em todos os setores da comunicação e abordar de frente os problemas específicos de tradução que ela coloca. De resto, como ressalta Meschonnic, as trocas são constantes entre práticas usuais e literárias da linguagem: basta pensar, por exemplo, nos ditados, provérbios, trocadilhos, relatos de sonho e mitos.[87] No que se refere ao setor jurídico, por exemplo, ao lado do domínio da escrita da própria lei, que se poderia crer largamente formalizada (ainda que se devesse igualmente discutir essa tese), seria preciso também fazer justiça à natureza do relato contado pelas partes ou pelos acusados, à argumentação política desenvolvida no decorrer dos "trabalhos preparatórios" e na "exposição dos motivos" da lei, à retórica político-instituinte dos preâmbulos das constituições e dos tratados internacionais, à argumentação, ora dogmática, ora sociologizante da doutrina etc. Todos esses registros que interferem na produção, na interpretação e na tradução da mínima norma jurídica embaraçam, de modo propriamente inextricável, denotações mais ou menos estabelecidas e conotações retóricas tão instáveis quanto às relações de força ("lutas de classificação", dizia P. Bourdieu) que essas normas tentam regular.

Uma vez chegados ao término deste exercício de refutação, encontramos, enfim, os autores que, levados pelo movimento de retorno do pêndulo, acabam concluindo pela impossibilidade da tradução. Por terem alimentado a seu respeito ambições insustentáveis (a correspondência termo a termo, a transparência absoluta, a mesma coisa em outras palavras...)

---

[87] Meschonnic, *Pour une poétique II*, 1973, p. 331.

e por estarem enfim convencidos do caráter ilusório dessas pretensões, esses autores agora lançam o descrédito contra toda espécie de tradução. Mas não nos enganemos: sob essa forma invertida, é a mesma fantasia babélica que está em ação.

Essa argumentação é uma reminiscência dos sofismas de Zenão de Eleia, que pretendia provar a impossibilidade do movimento: da mesma forma que Aquiles não conseguiria nunca alcançar a tartaruga, também o mais brilhante dos tradutores nunca poderá reencontrar o autor inicial.[88] Ao que podemos responder à maneira de Diógenes, que se contentava em refutar o sofisma pelos atos — dando um passo à frente, ele provava o movimento ao andar. É que, como se sabe, não são as traduções que faltam. Podemos dizer que são todas ruins? Seria um absurdo. Sustentaríamos, então, que algumas o são? É a evidência mesmo, mas disso não se deduz nenhuma impossibilidade da tradução. A constatação leva antes a prosseguir a reflexão de maneira a melhor superar as dificuldades encontradas e a reduzir o número daqueles que Du Bellay, inspirando-se diretamente do célebre adágio italiano, chamava "os traidores"[89] (*traduttore, traditore*).[90] Talvez muitas traduções apresentem a leveza daquelas que G. Mounin zombava qualificando-as de "*belas infiéis*".[91] Mas, além de a perfeição ser uma exigência supra-humana e de caber a nós fazer o luto do mito da "tradução perfeita",[92] a repreensão por infidelidade incita a melhor fundamentar o que Derrida chama "a aliança e a promessa" da tradução.[93]

Podemos ainda nos perguntar se, por trás desses diferentes axiomas da vulgata, agora atualizados e, espera-se, abalados como a torre que eles sustentam, não operam forças ainda mais fundamentais, dogmas ainda mais bem endurecidos nos inconscientes coletivos. Por trás dessas resistências da tradução, esse recalque da prova do estrangeiro (sob a dupla

---

[88] Ladmiral, *Traduire*, 1994, p. 85 e segs.
[89] Em francês, *traditeurs*. (N.T.)
[90] Citado por Ladmiral, *Traduire*, 1994, p. 91.
[91] MOUNIN, G. *Les belles infidèles*. Paris: Cahiers du Sud, 1955.
[92] Ricœur, "Le paradigme de la traduction", 2001, p. 135.
[93] Derrida, *Des tours de Babel*, 1987, p. 233.

forma paradoxal, ora de um recuo na fortaleza do intraduzível, ora de uma produção anexionista e hegemonista) não é uma forma de narcisismo cultural que se deixa entender? Algum tipo de complacência para com a superioridade e, portanto, a autossuficiência da própria cultura? Ou, então, o medo surdo em relação a esse outro que solicita nossa escuta e poderia bem abalar nossas certezas e confundir a pureza de nossa linguagem?[94]

Mais fundamentalmente, não é uma recusa da mestiçagem e da alteridade que aqui está em jogo? Como um medo do diálogo, um recuo diante da fala, uma reticência em se dirigir ao outro na primeira pessoa e uma incapacidade, em contrapartida, de responder a sua interpelação? Tendo, para compensar, a assimilação ao "nós" anônimo da multidão e o discurso pré-articulado que lhe faz as vezes de fala.[95] Não era este o perfil humano dos operários de Babel: seres anônimos, sem nome próprio e sem antepassados (autoproduzidos pelo projeto, ou melhor, pelo ativismo a que se entregavam), pessoas sem rosto e sem identidade, incapazes de fala singular, fadados ao alinhamento e ao empilhamento como os tijolos da torre?[96] A monotonia de sua língua não se ouve apenas pela ausência de criatividade de seu conteúdo (evocado, lembramos, pela repetição das paronomásias), ela se traduz igualmente pelo grau zero de sua força de destreza, porque, para falar, é preciso não só dizer algo, mas ainda é preciso querer dizê-lo, como um "eu" autônomo, a outra pessoa reconhecida em sua alteridade.

Assim, a resistência à tradução ganha sendo esclarecida por uma antropologia da fala; considerações inspiradas por certa metafísica da verdade contribuem igualmente para explicar isso. É que, no jogo virtualmente infinito das línguas diferenciadas, deixa-se pressentir algo da relatividade da verdade, como se as pretensões universalistas da razão devessem agora compor com a contingência dos idiomas — as línguas "idiotas", escreveu J.-R. Ladmiral.[97] Logo, o abalo parece afetar a bela unidade do

---

[94] Nesse sentido, Berman, *L'épreuve de l'étranger*, 1984, p. 16 e segs.
[95] Balmary, *Le sacrifice interdit*, 2004, p. 91 e segs.
[96] Marty, *La bénédiction de Babel*, p. 102-103.
[97] Ladmiral, "Pour une philosophie de la traduction", 1989, p. 6.

significante e do significado, e a dispersão atingir as certezas da verdade racional. Mal-estar do filósofo assim confrontado com a contingência dos enunciados e com os limites de suas possibilidades de construção da verdade ("a moradia na planície da experiência" no lugar da torre arrogante). Há algo que é percebido como profanador e blasfematório no gesto que põe em circulação e propõe a tradução de textos que tiram proveito da aura da verdade ou da revelação. Estas, no entanto, sempre se mostram rebeldes ao imediatismo da comunicação: não eram tábuas quebradas, escritas, apagadas e reescritas, compostas por diversas mãos e sujeitas à interpretação, que tomaram lugar na Arca da Aliança?[98]

Fidelidade ou mais-valia?
Conservar ou investir nos talentos recebidos?

Um desejo e uma suspeita atravessam toda a problemática da tradução: o desejo (a confissão, a promessa) de fidelidade e a suspeita de traição sempre ameaçadora. Em sua missão de porta-voz, o tradutor Hermes é encarregado das mensagens mais preciosas e investido da mais alta missão: transmitir sem defeito a quem de direito; ao mesmo tempo, ainda paira a dúvida sobre a constância de sua integridade (Hermes, patrono dos ladrões, as *belas inféis, traduttore traditore...*).

Fidelidade, com certeza, mas a quem e a quê? Fidelidade à intenção do autor, à letra da mensagem, às palavras utilizadas, ao sentido visado, isso pela margem da origem; e pela margem da chegada: fidelidade à língua de acolhimento, às expectativas do leitor, às possibilidades de entendimento da cultura de recepção. Tudo isso coroado por esta sentença sem apelação, que é como que a condenação do tradutor a trabalhos forçados: "Ninguém pode servir dois mestres ao mesmo tempo".[99] Schleiermacher

---

[98] Launay, "Babel", 1989; ver também OST, F. *Raconter la loi*: aux sources de l'imaginaire juridique. Paris: Odile Jacob, 2004. p. 68 e segs.
[99] Franz Rosenzweig lembrava este paradoxo: traduzir é servir o estrangeiro em sua obra e o leitor em seu desejo de aproximação.

precisava: "Ou o tradutor leva o leitor ao autor", ou então "leva o autor ao leitor". No primeiro caso, ele pratica um duplo descentramento, mas se expõe a parecer ininteligível (foi o destino de Hölderlin ao traduzir, em alemão, a *Antígona* de Sófocles); no segundo, ele produz uma adaptação perfeitamente assimilável da obra estrangeira, com o risco, desta vez, de sua desnaturação banalizante. A fidelidade a um dos campos se pagaria necessariamente com a traição em relação à obra? Nenhuma dúvida que esse dilema, que parece prender a tradução numa missão impossível, seja a fonte do mui clássico desespero do tradutor que experimenta o sentimento de perda inextinguível, assim como das não menos clássicas opiniões denegridoras a seu respeito.[100]

Por isso, e seja qual for a preocupação do tradutor de tratar com prudência seus dois mestres, é grande a propensão a se juntar prioritariamente a um dos campos presentes. Daí a querela, sempre recomeçada, entre os que J.-R. Ladmiral chama os *"sourciers"* [*source*: fonte] e os *"ciblistes"* [*cible*: alvo]: os primeiros prendendo-se ao significante da língua e privilegiando a língua-fonte, enquanto que os *"ciblistes"* dão ênfase "não ao significante, nem sequer ao significado, mas ao sentido, não da língua, mas da fala ou do discurso, que deverá ser traduzido utilizando os meios próprios à língua-alvo".[101]

No campo dos *"sourciers"*, vamos primeiramente nos alinhar ao próprio Schleiermacher, que considerava como "autêntica" somente a tradução que levava o leitor ao autor, no meio de concepção da obra, a

---

[100] Vamos encontrar em Berman (*La traduction et la lettre ou l'auberge du lointain*, 1999, p. 43-45) um florilégio dessas opiniões denegridoras. Assim, entre outras, Cervantes: "Parece-me que, ao traduzir de uma língua na outra [...] fazemos justamente como aquele que olha no sentido contrário as tapeçarias de Flandres: ainda que se vejam as figuras, elas estão no entanto cheias de fios que as escurecem, de modo que não podem ser vistas com o lustre do lugar". Montesquieu: "As traduções são como as moedas de cobre que têm bem o mesmo valor que uma peça de ouro, e até são de um maior uso para o povo; mas sempre são fracas, de má qualidade". Goethe: "Os tradutores são como esses casadores cheios de zelo que para nós exaltam como muito digna de amor uma jovem beldade seminua: despertam um pendor irresistível pelo original". Madame de Staël: "Uma música composta para um instrumento não é de modo algum executada com sucesso num instrumento de outro gênero".
[101] Ladmiral, *Traduire*, 1994, p. XV.

língua original.[102] Também era a opinião de A. W. Schlegel ao criticar as traduções, clássicas e embelezadoras, "à francesa", traduções hegemônicas e etnocentristas que passam completamente ao lado da alteridade do texto de origem: "É como se eles desejassem que cada estrangeiro, no país deles, devesse se conduzir e se vestir de acordo com os usos e os costumes deles, o que faz com que eles, propriamente falando, jamais conheçam um estrangeiro".[103]

Entre todos os tradutores, Hölderlin é com certeza quem levará o mais longe possível o descentramento imprimido à sua língua de tradução em vista de deixar-se fecundar pela língua de origem. A despeito das incessantes controvérsias que envolveram seu empreendimento, sua opção foi seguida por alguns dos maiores tradutores contemporâneos: por exemplo, H. Meschonnic para a Bíblia, ou P. Klossowski para *Eneida*.[104] Na mesma linha, A. Berman considera que só há verdadeira fidelidade para com a "letra" do texto (sua corporeidade, seu ritmo, sua cor, a não ser confundida com suas palavras e, portanto, com o "palavra por palavra"),[105] uma vez que o sentido, exceto reatando com o platonismo, é inerente a seu invólucro textual sensível. Três argumentos apoiam sua filiação à causa da língua-fonte. Primeiramente, um argumento tirado da teoria da comunicação. É uma lei da comunicação, sustenta ele, que desses dois polos (comunicar algo/ comunicá-lo a alguém) é sempre o segundo que prevalece, de modo que a comunicação afinal é sempre regida pelo receptor ou pela imagem que dele é feita. De modo que toda estratégia de facilitação do acesso à obra pelo receptor comporta, necessariamente, um risco elevado de manipulação, como se observa na linguagem da mídia.[106] Em seguida, um argumento linguístico, que faz ressaltar a especificidade da obra verdadeiramente autêntica: uma vez que o critério da obra autêntica é sua novidade em sua própria língua, para com sua própria cultura — seu caráter de surgimento

---
[102] Berman, *L'épreuve de l'étranger*, 1984, p. 237.
[103] Citado por Berman, ibid., p. 62.
[104] Para um comentário, ver Berman, *La traduction et la lettre ou l'auberge du lointain*, 1999, p. 115 e segs.
[105] Ibid., p. 77.
[106] Ibid., p. 71 e segs.

Os desvios de Babel

original, de acontecimento irredutível ao já conhecido, em outras palavras, sua estranheza em seu próprio solo natal, seu efeito de alteração da própria língua materna —, então é desnaturá-la duplamente, banalizá-la no momento de sua importação na cultura de recepção.[107] Dupla manipulação que, a pretexto de aclimatação ao solo estrangeiro, reduz o que já fazia sua originalidade em sua terra de origem. Enfim, um argumento ético: não parece haver obrigação de acolher o outro como outro (muitas culturas se afastam disso, mesmo quando praticam abundantemente a tradução — traduções "anexionistas", neste caso), mas pelo menos reconheceremos que essa "educação à estranheza" resulta da mais alta exigência moral — daquelas que, a exemplo do perdão, se distinguem pela gratuidade —, como acontecia na antiguidade com o acolhimento daquele que se apresentava "suplicando". Ora, tal acolhimento só tem sentido para com o estrangeiro em carne e osso, aqui e agora — no que diz respeito à tradução: o texto na sua "falância" específica, sua corporeidade e sua iconicidade que fazem dele uma revelação nova do mundo.[108]

Entretanto, no campo dos *"ciblistes"*, a desconfiança é grande para com o que J.-R. Ladmiral qualifica de "literalismo *sourcier*" — um apego excessivo à letra que acaba conferindo ao texto a ser traduzido um caráter sagrado: da originalidade atribuída à língua de partida passaríamos, assim, a um estatuto de língua originária. E, a partir daí, somos quase necessariamente conduzidos a oferecer sacrifício a uma "ontologia do significante", talvez até a uma "teologia da tradução". Contra essa invasão de um imaginário religioso, a superinvestir o texto de origem, logo assimilado à "linguagem de Deus", Ladmiral entende proceder a uma "retomada racional das aquisições (inclusive religiosas) da tradição, passadas no crivo da razão epistêmica".[109]

Entre essas duas posições extremas enumeram-se, como sempre, todas as posições intermediárias de compromisso. Aquela de um Von Humboldt,

---
[107] Ibid., p. 76 e segs.
[108] Ibid., p. 73 e segs.
[109] Ladmiral, "Pour une philosophie de la traduction", 1989, p. 20-21. Segundo ele, seria esta a tarefa de uma "tradutologia 'cibliste', isto é, racional".

por exemplo, que sustenta: "Enquanto sentirmos o estrangeiro, mas não a estranheza, a tradução alcançou seus objetivos supremos; mas ali onde aparece a estranheza como tal, obscurecendo talvez o estrangeiro, o tradutor trai que não está à altura do original".[110] Mesma lição em Valery Larbaud, que dedica um capítulo ao "ar estranho" que convém conferir às traduções, nisso seguindo um conselho que Aristóteles já formulava (ser tão "*xenikos*" quanto possível, embora ficando claro).[111]

Resta que, dividido entre duas fidelidades, a tarefa do tradutor é de uma complexidade extrema (onde traçar, por exemplo, a linha divisória entre o estrangeiro bem-vindo e a estranheza a ser banida?) e frequentemente marcada no canto por um sentimento de fracasso. Com efeito, a crítica da vulgata à qual nos dedicamos deveria nos persuadir, com P. Ricoeur, desta simples verdade que simplesmente "não há critério da boa tradução".[112]

Mas, então, perguntaremos, como eles fazem? Como fazem esses tradutores que nos oferecem, apesar dos obstáculos, excelentes traduções? Parece que somos aqui remetidos a um pragmatismo de boa qualidade — não às receitas prontas de uma tradutologia ingênua, mas ao paciente trabalho de campo que pratica o que se poderia chamar de "julgamento linguístico em situação", algo equivalente ao julgamento moral em situação. Três termos poderiam caracterizar as delicadas operações de troca efetuadas pelos tradutores: pesar (V. Larbaud), negociar (U. Eco), construir comparáveis (P. Ricoeur) — três atividades nas quais se observará a enorme proximidade com o trabalho do juiz.[113]

---

[110] Citado por Berman, *L'épreuve de l'étranger*, 1984, p. 246.
[111] Larbaud, *Sous l'invocation de Saint Jérôme*, 1997, p. 162 e segs.
[112] Ricoeur, "Le paradigme de la traduction", 2001, p. 134.
[113] Pesar interesses e conceitos, negociar qualificações, traduzir a generalidade da lei na singularidade do *casus*, outras tantas atividades constitutivas da função do juiz. Mas o juiz maneja o gládio igualmente, e não só a balança: sempre chega o momento em que é preciso pôr um termo na pesagem, e decidir o próprio indecidível. A história da tradução poderia igualmente ser reconstruída como a história das escolhas de tradução, com frequência à custa de expedientes e de contrassensos, por vezes voluntários. Também se poderia mostrar em que medida essas "escolhas de tradução" — constitutivas daquilo que Pierre-Emmanuel Dauzat chama excelentemente uma "jurisprudência" — são elas próprias tributárias de opções políticas ou dogmáticas constitutivas de uma verdade oficial e de escolhas canônicas (sobre

"Todo o trabalho da tradução é uma pesagem de palavras", escreve V. Larbaud.[114] Assim, a balança é a verdadeira ferramenta do tradutor — bem mais que os dicionários e as gramáticas que são apenas depósitos de materiais linguísticos. De resto, não são sinônimos léxicos que o tradutor pesa nos pratos da balança — esses equivalentes quase sempre rompem o equilíbrio procurado. O objeto da pesagem são, antes, as palavras do autor, carregadas com seu espírito, impregnadas por tudo o que, em sua obra, já foi escrito e resta ainda a escrever — palavras "vivas", em suma, ligadas ao fluxo de toda uma cultura. Esses "signos de vida vão até modificar ritmicamente o peso" das palavras que devem ser traduzidas, conclui Larbaud[115] — por isso, o equilíbrio finalmente atingido pelos pratos é apenas provisório, a ação da palavra transfundida prosseguindo no espírito do leitor em busca de novas figuras.

Da balança, passamos naturalmente ao negócio em U. Eco, que faz da tradução a arte por excelência da negociação. Por que o "rato" inglês ("*rat*") da cena 4 do Ato III de *Hamlet* torna-se um "camundongo" ("*topo*") na tradução italiana? Questão de negociação, em torno de um conteúdo nuclear de sentido, margens não conversíveis em função das conotações diferentes que o "*rat*" em inglês e o "*topo*" em italiano evocam em suas respectivas línguas. Entre o autor (sua cultura, sua língua de origem) e o leitor (os leitores, o editor, a cultura de recepção), o tradutor negocia significações: conservando o essencial, às vezes sacrificando o acessório, consciente de que "não se pode ter tudo",[116] nem ganhar todas as vezes.

---

todos esses aspectos, ver DAUZAT, P. E. *Jurisprudence(s) de la traduction*, a ser publicado). Ainda seria possível prosseguir o paralelo entre atividade judiciária e trabalho de tradução acrescentando que, nos dois casos, o critério da boa decisão — aquela que tem "autoridade" — está, precisamente, na linha daquilo que é sugerido pela etimologia do termo "autoridade", a decisão que "faz aumentar" (amplia os horizontes) os protagonistas e os dados do problema: para a tradução, ver infra (notadamente as análises derridianas da tradução "relevante"), para a obra do juiz, ver OST, F. Le douzième chameau, ou l'économie de la justice. In: *Liber amicorum Guy Horsmans*. Bruxelas: Bruylant, 2004. p. 844 e segs.
[114] Larbaud, *Sous l'invocation de Saint Jérôme*, 1997, p. 76.
[115] Ibid., p. 77.
[116] Eco, *Dire quasi la stessa cosa*, 2004, p. 18. Sobre a tradução como negociação (visando a igualdade), ver também WHITE, J. B. *Justice as translation*. Chicago: The University of Chicago Press, 1990. p. XVII e p. 264.

Integração normativa

Ativando tal potencialidade de sentido, empurrando outras tantas para o segundo plano, ele regateia seu trabalho, esforçando-se para obter o compromisso mais vantajoso entre modernização e arcaização, domesticação e alteração ("estrangeirização"), língua-fonte e língua-alvo.[117] Em que consiste, então, a fidelidade de Hermes (que é, também, devemos lembrar, o deus dos negociantes)? Eco conclui sua obra com esta observação de grande profundidade: o sinônimo de "fidelidade", na maioria dos dicionários, não é "exatidão", e sim "lealdade, honestidade, respeito, piedade".[118]

Pesar, negociar, construir equivalentes. O terceiro termo é de Ricoeur que, recordamos, intimava-nos a fazer nosso luto da tradução perfeita, esta restando sempre uma operação arriscada, condenada a se contentar com uma equivalência presumida: uma equivalência não fundada numa identidade de sentido demonstrável. Resta que essa aposta não repousa na mera adivinhação, mas bem mais num trabalho paciente de "construção de comparáveis". Um abismo se abre entre uma cultura e outra — a chinesa, por exemplo, que só aprende a noção de tempo sob a forma dos ciclos, fluxos e estações, e a nossa que manipula com facilidade as mais áridas abstrações? Se é verdade que essa diferença é inegável, resta que pontes são lançadas sobre o abismo e que aprendemos, pela tradução, algo desta concepção estranha do tempo: comparáveis são riscados para além da incomensurabilidade.[119] Exatamente o que Lutero fazia ao introduzir na língua alemã (que ele de resto contribuiu para forjar) o corpo estranho da Bíblia hebraica, repetindo assim o gesto fundador de São Jerônimo em relação ao latim e da Bíblia Grega dos Setenta em relação ao grego.

Talvez sustentem que essa técnica tenha um sentido presumido invariante — como a ponte lançada entre as duas margens linguísticas —, embora possa violentá-lo irremediavelmente, como argumenta Berman, ao arrancar-lhe a substância das palavras que o exprimem? E eis o tradutor

---

[117] Eco, *Dire quasi la stessa cosa*, 2004, p. 172, 181, 192. No mesmo sentido, ver GADAMER, H.-G. *Vérité et méthode*. Trad. E. Sacré. Paris: Seuil, 1976. p. 232.
[118] Ibid., p. 364.
[119] Ricœur, "Un 'passage': traduire l'intraduisible", 2004, p. 62 e segs.

de novo na roda de fiar, forçado a pôr seu trabalho no tear. Mas, aqui, ainda, não há outra saída a não ser construir comparáveis. A dificuldade deve ter aumentado, a exigência de comparabilidade terá sido levada a um grau mais adiante (desta vez até o grão da letra), mas é sempre a construção de equivalência presumida que vai estar em questão.[120] Sem garantia de êxito nem de critério de comparação, uma vez que a questão consiste primitivamente em elaborar esse critério pela própria tradução, exatamente como prova o movimento ao andar. Na falta de método *a priori* e de *tertium comparationis* indiscutível, restará, então, ao leitor insatisfeito entregar-se por sua vez à tarefa virtualmente infinita da retradução. Com efeito, podemos dizer da tradução o que Freud dizia da análise: que ela é "interminável".

Resta que, mesmo assim abrandada e dinamizada, a problemática da fidelidade não parece fazer inteiramente justiça às potencialidades do gesto tradutor. Como se ela desse apenas uma representação estática e medrosa, aquém do que se teria direito de esperar dela. Com efeito, não fica ela dependente de um modelo da conformidade, da reprodução e repetição idêntica, ao passo que é crescimento, investimento e mais-valia que poderiam estar em questão?

Não poderíamos, então, aplicar à tradução a lição da parábola dos talentos (*Mateus*, 25, 14-13) — uma parábola que trata precisamente do sentido a ser dado à fidelidade?[121]

Enquanto o servo empreendedor, que recebeu cinco talentos, vai, trabalha e ganha mais cinco, é recompensado pelo mestre, o servo temeroso, que se contentara em esconder o talento recebido para restituí-lo intacto, é, segundo ele, acolhido severamente: ele não havia entendido que o que estava em jogo era a circulação e o crescimento dos talentos, e não sua prudente preservação. A fidelidade implicava tomada de risco, abertura para o mundo, alteração e, finalmente, metamorfose. Não acontece o mesmo com a palavra recebida que propomos traduzir? Podemos, então,

---

[120] Ibid., p. 67 e segs.
[121] "Está bem, servidor bom e *fiel*, diz-lhe o mestre, em poucas coisas foste *fiel*, sobre muitas te estabelecerei."

sustentar que esse tema do "fazer crescer" alimentou as especulações mais fecundas da literatura relativa à tradução.

Talvez a ideia pareça incoerente e perigosa àqueles que, a exemplo do servo ruim, temem o mestre e dedicam uma reverência fetichista ao texto de partida. Em compensação, libertaremos o tradutor observando que o texto de partida, por mais eminente que seja (ou mais exatamente: por ser eminente), é a um só tempo incompleto, cheio de potencialidades ainda inexploradas, rico de determinações variadas suscetíveis de atraí-lo em direções diferentes e, como já foi observado, original (e, portanto, estranho) para com a própria língua. Descobre-se, então, a mais-valia que pode representar uma tradução que se ergue à altura das potencialidades do original: num caso, ela revelará um sentido que estava incubado no texto, mas que ainda não era audível; em outro, ela escolherá revelar uma faceta de importância até ali diminuída da obra (quando se traduz Nietzsche, por exemplo, como um grande prosador e não apenas como um filósofo); em outro caso ainda, ela contribuirá para tornar sensível (até para com a língua-fonte) a distância representada pela obra em sua revelação de um mundo ainda inédito.

É possível então dizer que a boa tradução, como notava Hölderlin, opera bem exatamente no instante da gênese da obra, apreendendo-a no momento preciso de seu surgimento, e restituindo-lhe o frescor que ela talvez tenha perdido em sua cultura original.[122] De modo mais geral, um dos principais méritos do romantismo alemão foi ter esperado da tradução uma ampliação, e como que uma vida nova, para sua própria língua. As especulações de um Novalis, por exemplo, quanto ao efeito de potencialização exercido pela tradução sobre a obra original afiguram-se, a este respeito, particularmente instrutivas. É que, segundo Novalis, o próprio original representa apenas uma maneira de cópia — uma tradução, num sentido — da visada para a qual ele tende, a ideia da obra à qual ele aspira sem jamais chegar a ela totalmente, estorvado que está em seu peso linguístico. Nessas condições, a tradução que, pela força das coisas, está

---

[122] Berman, *L'épreuve de l'étranger*, 1984, p. 272 (ver também p. 274 para o trabalho de P. Klossowski a partir da *Eneida* de Virgílio).

livre dessa camada empírica, dá a oportunidade de melhor compreender a origem do original e de trazer a obra à altura do seu próprio objetivo. O movimento de passagem de um texto a outro — o *uber-setzung* — é a operação potencializante que abre à obra a via de sua própria superação.[123] Por onde se desenvolve uma imagem muito estimulante da intertextualidade como corrente de obras traduzidas a potencializar-se reciprocamente.

Para falar a verdade, o benefício (e não mais, desta vez, a suspeita de traição) será útil às duas partes: por um lado, a obra traduzida iniciando uma segunda vida que será com frequência a garantia de sua sobrevivência (e também o autor traduzido que deve por vezes, como modestamente notava U. Eco, em seu papel de autor traduzido, observar que certas passagens de suas obras traduzidas eram mais bem-sucedidas que as originais),[124] e, por outro lado, a língua-cultura de acolhimento que se enriquece com essa nova contribuição.

Os benefícios trazidos pela tradução no meio em que é acolhida verificam-se na experiência que todos ganham com o aprendizado de uma segunda língua, uma vez que esta contribui para melhor dominar a primeira; é como se conscientização da multiplicidade e da relatividade das maneiras de dizer ajudasse a compreender a especificidade da própria língua. Quanto aos povos e culturas, também pudemos notar o quanto certas grandes traduções contribuíram para o desenvolvimento, talvez até para o nascimento, de uma língua nacional. Pensamos, naturalmente, na tradução da Bíblia por Lutero para a língua alemã, mas também devemos mencionar o papel das traduções latinas para o francês dos séculos XIV e XV.[125]

Mas, para falar a verdade, são as duas línguas-culturas presentes que tiram proveito da operação, como observa Heidegger a respeito das questões filosóficas: "Pela tradução, o trabalho do pensamento é transposto no espírito de outra língua e sofre, assim, uma transformação inevitável. Mas

---

[123] Ibid., p. 167 e segs.
[124] Eco, *Dire quasi la stessa cosa*, 2004, p. 114. O autor, no entanto, previne contra as traduções que, ao extrapolarem o texto, não são mais realmente traduções (p. 110).
[125] Ladmiral, *Traduire*, 1994, p. 104.

essa transformação pode tornar-se fecunda, já que faz aparecer sob nova luz a posição fundamental da questão".[126] É bem por isso que um filósofo alemão não desdenha, se tiver oportunidade, ler também Kant ou Hegel em francês, da mesma forma que seu colega francês terá todo interesse em consultar uma tradução alemã ou inglesa de seus autores prediletos.

Ampliando o assunto aos diversos registros semióticos do campo cultural em sua totalidade, Steiner observa o proveito que uma obra pode tirar de sua transposição num outro sistema de signos: assim, "ao escutar *O convite à viagem*, musicado por Duparc, sentimos realmente", explica ele, "como o compositor permite que os versos de Baudelaire sejam mais do que são, e por aí, o que são".[127]

A este respeito, é fraco demais, e ainda redutor, falar de círculo hermenêutico entre o texto de origem e o texto de chegada, como se, ao término de uma troca sinalagmática, um anel se fechasse e as contas acabassem equilibradas. Trata-se, antes, de espiral hermenêutica ou de círculo aberto, uma vez que o texto de origem foi enriquecido pela tradução. Assim, como explica Steiner, o trabalho da tradução atinge seu quarto momento (depois do impulso de confiança ou aposta original sobre o sentido, a penetração ou conquista do texto a ser traduzido, e a disposição da língua de acolhimento para lhe dar lugar), a fase da "restituição": "ao fazer a tradução"[128] do sentido original, o tradutor paga a dívida com os juros; uma compensação é oferecida para a retirada operada. O segundo texto não se contenta em reproduzir o sentido originário: como um espelho a refletir, ele restitui a imagem com a luz a mais. Como já assinalamos, o eco restituído pela tradução enriquece a obra ao descobrir nela ressonâncias insuspeitas. Nesse nível de êxito, a tradução terá conseguido anular o efeito entrópico que afeta a significação.[129]

Esta passagem da fidelidade à criatividade, da restituição ao investimento, que reclamamos para a tradução, é excelentemente evocada

---

[126] Citado por Meschonnic, *Pour la poétique II*, 1973, p. 319.
[127] Steiner, *Après Babel*, 1978, p. 390.
[128] Em francês, v. *rendre*, cujo primeiro sentido é *devolver, restituir*. (N.T.)
[129] Ibid., p. 252.

por Jacques Derrida num pequeno texto intitulado: *O que é uma tradução "relevante"?*. "Relevante", adjetivo em si mesmo dissidente do inglês e em via de credenciamento em terra francófona,[130] deve ser menos compreendido aqui como aquilo que convém, aquilo que parece apropriado, que como o que é de natureza "relevar"[131] a obra traduzida. Relevar[132] no triplo sentido, daquilo que dá gosto a uma preparação culinária (um prato "temperado" [*relevé*]), daquilo que eleva, puxa para cima, espiritualiza, e, enfim e sobretudo, no sentido hegeliano de *aufheben*: o que eleva ao substituir aquilo mesmo que ele destrói. Assim, uma tradução relevante seria uma versão que realizaria o *Aufhebung* do texto traduzido: uma condenação à morte (com efeito, o tradutor dele se separa, abandona seu envelope originário) e, ao mesmo tempo, uma superação que conserva. Onde se encontra a um só tempo todo o trabalho de luto inerente à tradução, e a operação de memória que recupera, assegurando, assim, a sobrevivência da obra traduzida.[133]

Esse tema da sobrevivência da obra nos conduz, enfim, ao texto mais famoso de toda a problemática da tradução: "A tarefa do tradutor", de W. Benjamin.[134] Essa tarefa, ele explica, não consiste tanto em transmitir o sentido do texto nem menos ainda em comunicar sua mensagem, quanto em liberar o que nele insiste sem ter sido de fato ouvido: o germe da significação. Um germe que o tradutor assume e faz frutificar em sua própria língua. É o caráter "aparentado" das diferentes línguas que permite essa transplantação ou esse enxerto: com efeito, todas partilham a comunidade de um objetivo; há convergência de intenção das diferentes línguas, incapazes de alcançar isoladamente o objetivo, mas que podem

---

[130] DERRIDA, J. *Qu'est-ce qu'une traduction "relevante"?* Paris, L'Herne, 2005. p. 14-15. (Cahiers).
[131] Aqui, no sentido de dar relevo a, fazer sobressair. (N.T.)
[132] Em francês, o verbo *relever* tem múltiplos sentidos, entre eles o de dar relevo, ressaltar, notar, mas também, em cozinha, o de temperar. (N.T.)
[133] Ibid., p. 62 e segs. Sobre as conotações do conceito hegeliano de *Aufhebung* aplicado à tradução, ver ibid., p. 73.
[134] BENJAMIN, W. *La tâche du traducteur* (1923). In: _____. *Œuvres*. Trad. M. de Gandillac, R. Rochlitz e P. Rusch. Paris: Gallimard, 2000. t. I, p. 244 e segs. (Folio).

às vezes querê-lo na própria complementaridade do movimento — "a harmonia de todos os modos de visada".[135]

Demoremo-nos mais um pouco nessa imagem do germe ou do núcleo — aquilo que a um só tempo resiste à tradução e mobiliza seu recomeço. Como se, na fruta do texto, o tradutor, depois de ter extraído a polpa — o sentido comunicável, objeto da tradução "comum" —, transmitisse seu caroço [núcleo],[136] esse resíduo reputado intraduzível, que os tradutores comuns eliminam como um dejeto, embora nele resida, precisamente, o germe das futuras traduções. Menos que a fruta que é consumida, o caroço [núcleo] também é muito mais: a promessa de todas as futuras cerejeiras. Por isso, o tradutor, consciente de sua "tarefa", vai lhe conceder todos os cuidados.

Vemos, durante o caminho, o quanto nos distanciamos do esquema clássico segundo o qual a tradução em língua-alvo reproduz "fielmente" o modelo oferecido em língua-fonte. Uma nova metáfora confirma isso de maneira luminosa: a imagem da ânfora quebrada. Não, como poderíamos imaginar, que o tradutor devesse, como um arqueólogo, reconstituir a ânfora original a partir dos pedaços esparsos de que dispõe — ficaríamos, então, prisioneiros do modelo clássico do quebra-cabeça que reconstituiria o desenho prefigurado na caixa de jogo. De maneira bem mais original, Benjamin sustenta que o próprio texto de partida já se apresentava em estado fragmentado, de tal modo que são os dois textos que devem ser reajustados como os elementos de uma "linguagem maior". Estamos aqui muito próximos da imagem do *symbolon* (que poderíamos definir como sentido partilhado na base de um contrato). Benjamin só utiliza a metáfora do símbolo de modo indireto, observando, com muita pertinência, que o incomunicável presente em estado oculto e fragmentário nos textos ("o núcleo") ali opera à maneira de um elemento "simbolizante". Mas esse "simbolizante" quase sempre surge como que "atingido por um sentido pesado e estrangeiro", chumbado por uma expressão inábil, prisioneiro de uma comunicação não essencial, de modo que cabe ao tradutor — aqui, novamente, uma formulação de sua

---
[135] Ibid., p. 251.
[136] *Noyau* em francês tanto é *núcleo* quanto *caroço* de fruta. (N.T.)

"tarefa" — livrar esse núcleo de "pura linguagem" do invólucro da obra para "reintegrá-lo ao movimento da língua".[137]

Com a ideia de "pura linguagem", chegamos, na teoria da tradução, a um ponto limite que poderia bem ser um ponto de báscula. O "*focus imaginarius*", o ponto extremo de uma visada metódica de onde deriva o ideal regulador da tradução, a um só tempo a mais fiel e a mais inovadora (a mais fiel porque a mais inovadora), também poderia representar seu maior perigo e sua inversão mais abrupta, como se aqui novamente ameaçasse a tentação de Babel que se tinha, no entanto, tudo feito para se preservar.

Com efeito, tudo se passa como se a tradução só pudesse realmente iniciar sua viagem e recolher suas melhores expressões felizes graças a esse ideal — do qual ainda se deveria fazer a antologia de suas diversas expressões —, mas que ela precisava ao mesmo tempo, e de imediato, a ele renunciar. Terra a um só tempo prometida e proibida. Trabalho de esperança e de luto indissociáveis.

O duplo movimento é muito claro em Benjamin, por exemplo: por um lado, a tensão vibrante em direção ao núcleo de "pura linguagem" até aqui dissimulado no intervalo a separar as diferentes línguas, cujo parentesco deve no entanto ser incessantemente solicitado a fim de assegurar-lhes o "santo crescimento... até o termo messiânico de sua história".[138] Mas, por outro lado — e os críticos desanimados com o misticismo de Benjamin deveriam levar em consideração essa segunda vertente —, a certeza de que "aquilo que é recusado ao homem é uma solução instantânea e definitiva".[139] Assim, a "pura linguagem" ficará na ordem do pressentimento e da visada, e a tradução, que no entanto abre a via para sua efetuação histórica, também é o que nos permite medir melhor a distância que dela nos separa.

Mesma esperança messiânica em Franz Rosenzweig: "Todas as línguas que um dia foram faladas e que um dia falaremos estão con-

---

[137] Ibid., p. 258.
[138] Ibid., p. 251; ver também p. 252 e 254.
[139] Ibid., p. 252.

tidas nela [a língua], em germe, pelo menos. Há somente uma língua Una [...]. É nessa unidade em substância de toda língua que se funda tanto a possibilidade quanto a tarefa da tradução [...]. É possível traduzir porque, em toda língua, potencialmente, toda outra língua está contida [...]. E devemos traduzir para que chegue o Dia da Concórdia, que só pode surgir em cada uma das línguas e não no espaço vazio 'entre' elas".[140]

Daí, por vezes, essa paixão devoradora da onitradução, esse desejo inextinguível de tudo integrar à língua materna, às vezes para melhor desnaturalizá-la e dela assim se desfazer. A politradução — busca de um além verdadeiro da língua — torna-se, então, um objetivo em si, como, explica Berman, em A. W. Schlegel ou A. Robin, por exemplo,[141] como se a necessária "pulsão tradutora" tomasse a via de uma "sublimação ruim" sob a forma do sonho metafísico ou babélico da unidade supralinguística, embora, sempre segundo Berman, a "visada ética", como educação à estranheza e acolhimento do estrangeiro, seja a superação disso.[142]

Deve ter sido Schelling quem, um século antes, levara mais longe essa idealização metafísica da unidade originária em ação em todos os campos do saber e da experiência. Contra as dicotomias kantianas (saber/ação, sensível/inteligível), Schelling sublinha a unidade de um saber originário, pressuposto por todas as delimitações críticas, e explicando a traduzibilidade geral dos elementos distinguidos (a filosofia e a matemática, por exemplo). É a imaginação (*Einbildungskraft*) que, no caso em questão, propõe os esquemas mediadores ou tradutores: por ela se propõe uma formação do mundo que preserva a um só tempo a universalidade e a singularidade do mundo. Totalidade originária (que, afinal, se revela de natureza divina: *Urwissen* de Deus) da qual todos os saberes e todas

---

[140] ROZENZWEIG, F. *L'écriture, le verbe et autres essais*. Trad. J.-L. Evard. Paris: PUF, 1998. p. 157. O autor dá como exemplo Lutero, que "teve a coragem de introduzir em alemão a sintaxe característica do hebreu".

[141] Berman, *L'épreuve de l'étranger*, 1984, p. 21 e segs.

[142] Ibid., p. 23. Não se trata mais, então, de liquidar a língua materna, mas de engajá-la numa relação dialógica com a outra língua.

as experiências não passam de reflexos, infinitamente transmissíveis uns nos outros.[143]

Nesse ponto, sentimos bem, um limite é superado: a onitraduzibilidade, a tradução ontoteológica sem ruptura, não abre mais lugar para a opacidade do traduzir e a diversidade sob certos aspectos irredutível dos códigos e das línguas — um projeto virtualmente totalitário ali se desenha, sobre o qual paira a sombra de Babel.[144]

Mas o sonho da unidade — a um só tempo necessária e no entanto mortal para o tradutor, repetimos — não toma necessariamente a forma de uma saída para cima, no estilo metafísico da especulação schellinguiana por exemplo; num Berman, no entanto o mais sensível dos tradutores no respeito à alteridade do estrangeiro, por vezes toma a via inversa de uma secreta nostalgia da mais concreta proximidade, da mais encarnada, "no coração materno das línguas maternas". Berman encerra sua bela obra *A tradução e a letra ou o albergue do horizonte* com estas palavras:

> O que nos faz pressentir — apenas pressentir — que, ao contrário do que enuncia o discurso tradicional sobre a língua materna, esta não é uma realidade fechada mas, ao contrário, um espaço-de-língua aberto e fundamentalmente acolhedor. Para o coração materno da língua materna, todas as línguas são próximas e parentes. Trabalhando o mais perto possível desse coração, o tradutor (da letra) descobre o parentesco não filológico, não linguístico das línguas.[145]

Mas o tradutor deve saber desvencilhar-se desses sonhos pois, assim que recomeçar a trabalhar, embaraçado entre a palavra, a letra e o sentido, remetido à aporia de sua própria linguagem e ao enigma da linguagem do outro, ele compreende que *O* livro que resumiria todos os outros jamais será escrito, que um ganho de tradução sem perda de sentido ou de letra

---

[143] Ver DERRIDA, J. Théologie de la traduction. In: *Qu'est-ce que Dieu?* Hommage à l'abbé Coppieters de Gibson. Bruxelas: Facultés Universitaires Saint-Louis, 1985. p. 168-177.
[144] Ibid., p. 168-177.
[145] Ibid.

não existe e que é loucura pretender chegar ao estatuto de "apátrida da linguagem".[146] Enraizado, embora as tenha, em seu idioma, ele está fadado às equivalências sem identidade nem adequação. E amanhã, já, outros vão novamente trabalhar sua tradução...

Conclusão

Ao termo deste percurso, por certo sumário demais, mas que terá no entanto apontado algumas articulações essenciais da problemática da tradução, seria preciso voltar aos cinco campos de aplicação potencial desta, distinguidos na primeira seção deste estudo, de modo a demonstrar em que a tradução poderia pretender desempenhar em relação a eles o papel de paradigma no sentido definido por Th. Kuhn.

O exercício com certeza ultrapassa os limites deste estudo. Entretanto, parece-nos desde já possível observar nas análises que precedem os materiais de tal demonstração e, notadamente, os quatro corolários que Kuhn associava à ideia de paradigma: metáforas exemplificativas, leis fundamentais, valores e uma visão do mundo.[147]

Metáforas: Babel, evidentemente, mas também as ideias de traição, fidelidade, alvo, fonte, significações trazidas capturadas...[148]

Leis fundamentais e ideias-forças: o abandono da fidelidade ao palavra por palavra mas o respeito pelo sentido e a letra, a ausência de critério da boa tradução, e a construção, por pesagem e negociação, de "comparáveis" suscetíveis de produzir equivalentes sem identidade ("quase a mesma coisa", diz U. Eco), uma tradução que faça crescer não só a língua de acolhimento mas a obra original, cujo risco é preciso saber assumir.

Uma ética: ao oposto do fechamento do monolinguismo bem como da arrogância etnocêntrica das traduções "anexionistas", desenvolver

---

[146] Ibid.
[147] KHUN, Th. *La structure des révolutions scientifiques*. Paris: Flammarion, 1972.
[148] BERMAN, A. *La traduction et ses métaphores*. In: Berman, *La traduction et la lettre ou l'auberge du lointain*, 1999, p. 43-45.

uma educação à estranheza do estrangeiro, que também é uma maneira de descobrir o estrangeiro em si mesmo. Em apoio a essa ética de acolhimento do outro enquanto outro — um outro que a tradução não reduz ao mesmo, é também uma política que se faz ouvir: "Defender a língua e as relações interlínguas como a homogeneização crescente dos sistemas de comunicação".[149] Contra o *pidgin* planetário que ameaça, trata-se de "realimentar a capacidade falante da linguagem".[150]

Uma visão do mundo, enfim, que é apenas o pensamento dialético — essa filosofia que lembra que nenhuma identidade é absoluta, nem nenhuma diferença radical, de modo que sempre há de um no outro, ou que "um não funciona sem o outro". Filosofia pós-babélica que diz bem o papel criador da negatividade e mostra o quanto a prova do estrangeiro (o acolhimento do outro) é a melhor maneira de ir ao encontro de si mesmo.

Talvez objetem que a tradução, se efetivamente tomasse posição de paradigma para exprimir a gramática de um mundo em rede, só faria inscrever-se na linha (na melhor das hipóteses: reformular) de outras palavras-mestras que tiveram sua hora de glória: a comunicação e a ética comunicacional, a negociação e o "tudo negociado", a argumentação e a nova retórica... Outras tantas expressões diversificadas da constituição linguageira do laço social, cuja tradução afinal seria apenas uma modalidade.

Com certeza; mas não é proibido pensar que essa modalidade é de natureza a reorientar todo o processo discursivo num sentido a um só tempo mais bem ancorado nas realidades sócio-históricas e mais respeitoso com a identidade dos parceiros da discussão. É que todos os modelos evocados — comunicação, argumentação, negociação — participam, em

---

[149] Berman, *L'épreuve de l'étranger*, 1984, p. 288. O autor prossegue nestes termos: "É todo o reinado dos pertencimentos e das diferenças que estes põem em perigo. Aniquilamento dos dialetos, de falares locais, banalização das línguas nacionais, nivelamento das diferenças entre estas em proveito de um modelo de não língua para o qual o inglês serviu de cobaia (e de vítima), modelo graças ao qual a tradução automática passaria a ser pensável; proliferação cancerosa, no seio da língua comum, das línguas especiais". Cf também LAPIERRE, J.-W. *Le pouvoir politique et les langues*. Babel et Léviathan. Paris: PUF, 1988.
[150] Ibid., p. 289.

graus diversos, de uma concepção formal e cognitivista da razão, cujo efeito é subestimar tanto o enraizamento comunitário das pretensões morais quanto a desigual aptidão dos protagonistas em dominar a troca discursiva. Assim, a ética da discussão funciona sob o horizonte de uma utopia da fala partilhada, a nova retórica apoia-se no pressuposto de um auditório universal que seleciona argumentos racionais, a negociação se inscreve na ficção de uma concorrência mais ou menos perfeita e de uma informação igualmente distribuída... outras tantas idealizações contrafatuais, outras tantas versões de um universalismo apressado demais que não deixa de exercer todas as espécies de violências sobre os parceiros.

Produto do realismo pós-babélico, a tradução mostra-se a esse respeito mais paciente: tomando emprestado os desvios do discurso do outro, ela oferece mais chances ao reconhecimento mútuo e assegura, assim, aos compromissos futuros, bases mais sólidas,[151] sem deixar de favorecer a eclosão de "propriedades emergentes" que têm por efeito ampliar as perspectivas das línguas em diálogo.

**

Uma última palavra para terminar: muitos autores utilizam as metáforas da "hospitalidade" e do "anfitrião" [em francês, *hôte*] para explicar a situação do tradutor que se convida em língua estrangeira e se instala na obra que ele se dispõe a traduzir, antes de acolhê-la, por sua vez, no seio de sua própria cultura: "Para compreender o outro, não se deve anexá-lo e sim tornar-se seu anfitrião".[152] Mas será que nos demos conta

---

[151] Seria interessante estudar em que medida "a ética reconstrutiva" de Jean-Marc FERRY (*L'éthique reconstructive*. Paris: Cerf, 1996) e o "universalismo reiterativo" de M. WALZER (Les deux universalismes. *Esprit*, p. 115, dez. 1992) — duas tentativas de superar as aporias da razão liberal cognitivista — poderiam ser descritas nos termos do paradigma da tradução.

[152] Steiner, *Après Babel*, 1978, p. 364; Meschonnic, *Pour la poétique II*, 1973, p. 410; Ricœur, "Le paradigme de la traduction", 2001, p. 135. Essa hospitalidade também pode revestir diversas formas, políticas ou amorosas, por exemplo. Charles ALUNNI (La langue en partage. *Revue de Métaphysique et de Morale*, p. 65, jan./mar. 1989) evoca, sob o nome de "direito de asilo" do texto, o destino político de certas traduções, acolhendo em terra estrangeira produções banidas de sua cultura de origem. Quanto aos autores que conferiram uma dimensão afetiva, talvez até

da ambiguidade, pelo menos em língua francesa, do termo "*hôte*"? Um *hôte* visa indistintamente aquele que recebe [o anfitrião] e aquele que é recebido [o hóspede]. Oscilação bem-vinda do léxico, feliz hesitação da língua [francesa], que, ao não decidir quem recebe e quem dá, sugere a ideia que é do próprio entre-dois que surge a mais-valia. No reino pós--babélico, sempre se é o *hôte* de alguém.

Referências

Filosofia da tradução: bibliografia sumária

BALMARY, M. La tour ou l'arc-en-ciel. In: ____. *Le sacrifice interdit*. Freud et la Bible. Paris: Grasset, 2004 (1986). (LLP).

---

sexual, à hospitalidade tradutora e ao ato de traduzir, eles são legião. No registro dessa "erótica da tradução" que resta a ser escrita, soltamos estas poucas peças: V. Larbaud a isso dedica um capítulo inteiro (L'amour et la traduction. In: Larbaud, *Sous l'invocation de saint Jérôme*, 1997, p. 87 e segs.): "Com os primeiros esforços em vista da conquista pela tradução, pudemos sentir orgulho por termos nos tornado amantes da bela herdeira. Enfim, quando nossa tomada de posse se afirmou na transfusão do texto, fomos promovidos ao nível de esposo". Mesma imagem sob a pena de U. Eco que compara o desejo do tradutor para com o autor ao desejo de fusão perfeita entre duas almas que é nutrido pelo amante (*Dire quasi la stessa cosa*, p. 346). Ladmiral ("Pour une philosophie de la traduction", 1989, p. 8) observa, por sua vez, "a ambivalência de uma relação de casal: o tradutor se torna por assim dizer a mulher do filósofo que ele traduz e que o possui [...] mas aqui, como em outros lugares, a posse é recíproca". Em J. Derrida, é paixão amorosa que está em questão para evocar o desejo de traduzir e o amor pela palavra que o anima — palavras que a tradução vem "lamber, como pode lamber uma flama ou uma língua amorosa" (*Qu'est-ce qu'une traduction "relevante"?*, 2005, p. 9). W. Benjamin, por sua vez, falava de "carícia amorosa" da tradução (*La tâche du traducteur*, 2000, p. 257). A. W. Schlegel qualificava de "adultério poético" seu insaciável desejo de tudo traduzir; "não posso olhar a poesia de meu próximo sem logo cobiçá-la de todo meu coração, e me encontro, pois, prisioneiro de um contínuo adultério poético" (citado por Berman, *L'épreuve de l'étranger*, 1984, p. 216). Num registro potencialmente mais violento, Herder dizia de uma língua que ainda não foi traduzida que ela era semelhante "a uma jovem virgem que ainda não teria tido relações com um homem e ainda não teria concebido o fruto da mistura dos sangues" (citado por ibid., p. 67). Enfim, não podemos deixar de ressaltar o peso sexual implícito (e ameaçador) da famosa citação de São Jerônimo dizendo de um de seus predecessores latinos que ele havia "transferido as significações por assim dizer cativas em sua própria língua com o direito do vencedor" (ibid., p. 77).

BENJAMIN, W. La tâche du traducteur (1923). In: ____. Œuvres. Trad. M. de Gandillac, R. Rochlitz e P. Rusch. Paris: Gallimard, 2000. t. I, p. 244 e segs. (Folio).

BERMAN, A. *L'épreuve de l'étranger*. Paris: Gallimard, 1984. (Tel).

____. *La traduction et la lettre ou l'auberge du lointain.* Paris: Seuil, 1999 (1985).

BORGES, J.-L. La bibliothèque de Babel. In: ____. *Fictions*. Trad. P. Verdevoye, Ibarra e R. Caillois. Paris: Gallimard, 1983. p. 71 e segs. (Tel).

BOST, H. *Babel, du texte au symbole.* Genebra: Labor et Fides, 1985.

BOURETZ, P.; LAUNAY, M. de; SCHEFER, J.-L. *La tour de Babel*. Paris: Desclée de Brouwer, 2003.

DERRIDA, J. Théologie de la traduction. In: ____. *Qu'est-ce que Dieu?* Hommage à l'abbé Coppieters de Gibson. Bruxelas: Facultés Universitaires Saint-Louis, 1985. p. 165 e segs.

____. Des tours de Babel. In: ____. *Psychè*: inventions de l'autre. Paris: Galilée, 1987. p. 203 e segs.

____. *Qu'est-ce qu'une traduction "relevante"?* Paris: L'Herne, 2005. (Carnets).

ECO, U. *La recherche de la langue parfaite.* Trad. J.-P. Manganaro. Paris: Seuil, 1994.

____. *Dire quasi la stessa cosa*: esperienze di traduzione. Milão: Bompiani, 2004.

FØLLESDALL, D. (Éd.). *Indeterminacy of translation.* Nova York; Londres: Garland, 2001 (com estudos de W. Quine, R. Rorty, M. Dumett, J. Searle e I. Hacking).

GADAMER, H.-G. *Vérité et méthode.* Trad. E. Sacre. Paris: Seuil, 1976. p. 229 e segs.

KOSZTOLANYI, D. *Le traducteur cleptomane et autres histoires.* Trad. M. Regnaut e P. Adam. Aix-en-Provence: Alinea, 1985.

LADMIRAL, J.-R. *Traduire*: théorèmes pour la traduction. Paris: Gallimard, 1994. (Tel).

LARBAUD, V. *Sous l'invocation de Saint Jérôme.* Paris: Gallimard, 1997.

LOBATCHEV, B. *L'autrement-dit.* Paris: L'Harmattan, 1995.

MARTY, F. *La bénédiction de Babel.* Paris: Cerf, 1990.

MESCHONNIC, H. *Pour la poétique II. Épistémologie de l'écriture.* Poétique de la traduction. Paris: Gallimard, 1973.

MOUNIN, G. *Les belles infidèles*. Paris: Cahiers du Sud, 1955.

____. *Les problèmes théoriques de la traduction*. Paris: Gallimard, 1963. (Tel).

RICOEUR, P. Le paradigme de la traduction. In: ____. *Le juste 2*. Paris: Esprit, 2001. p. 125 e segs.

____. *Sur la traduction*. Paris: Bayard, 2004. Pequena antologia contendo, além do artigo precedente, dois curtos estudos: "Défi et bonheur de la traduction", p. 10 e segs.; "Un 'passage': traduire l'intraduisible", p. 54 e segs.

ROSENZWEIG, F. *L'écriture, le verbe et autres essais*. Trad. J.-L. Evard. Paris: PUF, 1998.

SALLIS, J. *On translation*. Bloomington; Indianápolis: Indiana University Press, 2002.

SERRES, M. *Hermes III*. La traduction. Paris: Minuit, 1974.

STEINER, G. *Après Babel*: une poétique du dire et de la traduction. Trad. L. Lotringer. Paris: Albin Michel, 1978.

WENIN, A. La dispersion des langues à Babel: malédiction ou bénédiction? Version et subversion d'une légende mythique. In: DEPROOST, P.-A.; Coulie, B. (Ed.). *Les langues pour parler en Europe*: dire l'unité à plusieurs voix. Paris: L'Harmattan, 2003. p. 13-28

WHITE, J.-B. *The Heracle's Bow*: essays on rhetorics and poetics of the law. Madison: University of Wisconsin Press, 1989.

_____. *Justice as translation*. Chicago: The University of Chicago Press, 1990.

Écrire et traduire, textos editados por Ch. Liebens com a colaboração de N. Ryelandt. Bruxelas: Luc Pire, 2000.

REVUE DE METAPHYSIQUE ET DE MORALE, jan./mar. 1989, La traduction philosophique. Este volume contém especialmente as seguintes contribuições: LADMIRAL, J.-R. "Pour une philosophie de la traduction", p. 5 e segs.; GRANEL, G. "Les craquelures du texte", p. 37 e segs.; ALUNNI, Ch. "La langue en partage", p. 59 e segs.; CASSIN, B. "Homonymie et amphibolie ou le mal radical en traduction", p. 71 e segs.; GAUDREAULT, A. "Mimésis et diègèsis chez Platon", p. 79 e segs.; LAUNAY, M.-B. de. "Babel", p. 93 e segs.

Aplicação do paradigma da tradução em diversos campos

CALLON, M.; LASCOUMES, P.; BARTHE, Y. *Agir dans un monde incertain*: essai sur la démocratie technique. Paris: Seuil, 2001. p. 75-104.

HABERMAS, J. Foi et savoir. In: _____. *L'avenir de la nature humaine*: vers un eugénisme libéral? Paris: Gallimard, 2002. p. 159 e segs.

JUTRAS, D. Énoncer l'indicible: le droit entre langues et traditions. *Revue Internationale de Droit Comparé*, n. 4, p. 781 e segs., 2000.

LAPIERRE, J.W. *Le pouvoir politique et les langues*: Babel et Léviathan. Paris: PUF, 1988.

LASCOUMES, P. Rendre gouvernable: de la traduction au transcodage. In: CHEVALLIER, J. (Dir.). *La gouvernementalité*. Paris: PUF-Curapp, 1996. p. 325 e segs.

LATOUR, B. *La science en action*. Introduction à la sociologie des sciences. Paris: Éditions La Découverte, 2005 (1989). p. 260 e segs. (Poche).

WHITE, J.-B. *From expectation to experience*: essays on law and legal education. Ann Harbor: The University of Michigan Press, 2003. p. 107 e segs.

Integração normativa e a tradução das tradições jurídicas: compreender o mundo para regulá-lo, traduzir o mundo para compreendê-lo

Evandro Menezes de Carvalho*

> *O problema de uma língua internacional é uma questão de arrependimento. Quando recorremos a essa forma de língua, não estamos, na verdade, à procura de nada de novo, mas daquilo que perdemos.*
>
> Fernando Pessoa[1]

Introdução

A legitimidade do direito internacional é posta em xeque em razão de sua eficácia dependente das cambiantes relações de poder no sistema internacional e do progressivo aumento das demandas em defesa das particularidades nacionais, muitas vezes expressadas sob o discurso da diversidade cultural. A ideia do direito internacional como um direito

---
* Escola de Direito do Rio de Janeiro da Fundação Getulio Vargas (FGV Direito Rio).
[1] PESSOA, F. *A língua portuguesa*. São Paulo: Companhia das Letras, 1999. p. 96.

comum é questionada à medida que é tida como expressão normativa da cultura jurídica dos Estados mais poderosos em detrimento de outras formas de expressão jurídico-culturais.[2] Diante deste quadro pergunta-se: é possível convergir as culturas jurídicas nacionais em torno de um projeto de integração normativa que seja, ao mesmo tempo, eficaz e legítima sob o ponto de vista da sociedade internacional?

A noção de "direito comum" dá ênfase à vocação do direito internacional para a regulação de atos e fatos que dizem respeito a todos os Estados. Parte-se do pressuposto de que o objeto do direito internacional é o *mundo* e o seu objetivo é a *regulação* desse mundo. Dois obstáculos se interpõem entre um e outro: a diversidade linguística e a de culturas jurídicas nacionais no sistema internacional.[3] A busca da superação desses obstáculos está no cerne dos projetos de integração normativa que visam à harmonização, à uniformização ou à unificação de sistemas jurídicos soberanos.[4] Os agentes promotores dessa integração pressupõem que as

---

[2] Os debates a respeito da "americanização do direito internacional", motivados, sobretudo, pelas conclusões dos relatórios *Doing business* do Banco Mundial sobre a superioridade da tradição jurídica do *common law* em relação à tradição civilista francesa, evidenciaram haver uma concorrência de "modelos jurídicos" a inspirar reformas legislativas internas onde o direito internacional cumpre, neste quesito, um papel não negligenciável no processo de integração normativa em escala global.

[3] A diversidade linguística no plano das relações interestatais é, neste trabalho, restrita aos idiomas oficiais dos Estados. Vale salientar que, com a expressão "cultura jurídica nacional", não queremos sustentar a ideia de que há, apenas, uma única cultura jurídica em cada país. Com essa expressão quer-se indicar a existência de certas identidades jurídicas associadas aos países e que os fazem ser diferentes entre si. A noção de "cultura jurídica nacional" ultrapassa aquela restrita ao ponto de vista normativo e abrange o modo como cada povo se relaciona com seu ordenamento jurídico.

[4] No processo de *harmonização* de ordens jurídicas soberanas, os Estados estabelecem diretrizes ou princípios gerais que deverão ser observados por todos. Não se exige a adoção integral do texto negociado no nível internacional. Há o reconhecimento de um "direito à diferença" ao outorgar aos Estados uma margem de apreciação quanto ao modo de se adequar — isto é, de se harmonizar — à política jurídica comum. Permanece, contudo, uma obrigação de compatibilidade que se fundamenta na exigência de proximidade da norma jurídica nacional com os objetivos convencionados e os efeitos jurídicos esperados. "Neste contexto, a harmonização aparece como uma verdadeira ruptura epistemológica, porque não se trata mais de substituir normas internacionais pela diversidade dos direitos nacionais, mas de ordenar o pluralismo para evitar a fragmentação: escolher 'um código comum de leitura'. De direitos dispersos, isto é, sem relações

culturas jurídicas podem ser mutuamente compreendidas por meio da tradução e da comparação dos ordenamentos jurídicos em questão. De fato, o direito comparado e a tradução fornecem métodos e conteúdos para análise que previnem a ocorrência de equívocos na interpretação e na aplicação de regras jurídicas estrangeiras. Mas podemos dizer o mesmo quando se trata de interpretar e aplicar o direito internacional? Em outras palavras, é possível ter um conhecimento do mundo e de todos os direitos que o próprio direito internacional pretende regular? O debate metodológico para responder esta questão não prescinde daquele de ordem epistemológica: a qual "mundo" e a qual "direito" estamos nos referindo? Compreender as influências que um conceito exerce sobre a percepção que temos da realidade estrangeira pode nos fornecer algumas pistas a respeito dos desafios epistemológicos e metodológicos para um estudo do direito internacional que tenha em conta as diferenças jurídicas e culturais.

A palavra "mundo", entre outros sentidos, é definida no *Le nouveau Petit Robert* como "o conjunto de tudo o que existe".[5] Coincide com a definição dada pelo dicionário brasileiro *Aurélio* ("tudo o que existe na Terra")[6] e pelo *Webster* ("tudo o que existe").[7] O termo reenvia a algo que

---

entre eles, passa-se a direitos harmonizados, ou seja, convergentes" (MIALOT, C.; EHONGO, P. D. De l'intégration normative à géométrie et à géographie variables. In: DELMAS-MARTY, M. (Dir.). *Critique de l'intégration normative*: l'apport du droit comparé à l'harmonisation des droits. Paris: PUF, 2004. p. 34). A *uniformização*, por sua vez, caracteriza-se pela inserção de normas jurídicas idênticas em cada ordenamento jurídico nacional. Não há, no caso, um direito único, mas ordenamentos jurídicos formalmente distintos que prescrevem normas jurídicas semelhantes. A uniformização faz emergir um direito comum do ponto de vista do conteúdo normativo, mas não do plano da validade. Diferentemente ocorre na *unificação*. Esta modalidade de integração normativa consiste na total substituição dos diversos ordenamentos jurídicos por uma única ordem jurídica. A unificação dos direitos encerra o pluralismo jurídico (formal e material) existente nas modalidades anteriores.

[5] REY-DEBOVE, J.; REY, A. (Dir.). *Le nouveau Petit Robert de la langue française*. Paris: Sejer (Éditis), 2012. Windows. CD-ROM.

[6] FERREIRA, A. B. de H. *Novo Aurélio*: o dicionário da língua portuguesa. São Paulo: Nova Fronteira, s.d. Versão 3.0. CD-ROM.

[7] RANDOM HOUSE WEBSTER'S. *Unabridged dictionary*. Nova York: Random House, 2003. CD-ROM.

transmite um sentido de *totalidade*. O "mundo" é um conjunto de todos os seres e de todas as coisas com os quais o ser humano se relaciona e, ao relacionar-se com eles, institui-os em "seu" mundo como algo que sabe fazer parte do "todo", muito embora desse todo só pode experimentar apenas algumas de suas partes. Quando afirmamos que o indivíduo institui um mundo que é "seu", queremos dizer que a percepção que ele tem sobre o mundo deriva de um processo seletivo contínuo em função das circunstâncias em que vive. Desde essa perspectiva, a descrição do mundo em sua totalidade só poderia ser concebível como a reunião dos "mundos" de cada um dos indivíduos.

A definição de "mundo" como descrição subjetiva de uma experiência nele vivida afasta qualquer possibilidade de apreendê-lo como algo objetivo e constante. O seu conteúdo só pode ser variável posto que os indivíduos modelam-no continuamente ao intervir nele e, nessa intervenção, alteram o estado de coisas e contribuem para uma atualização da própria ideia de mundo. O significado de "mundo" é, portanto, inesgotável na multiplicidade de sentidos que pode assumir. A história foi dividida em "mundo antigo" e "mundo moderno". No final do século XV, a América recém-descoberta e colonizada pelos europeus passou a ser chamada de "Novo Mundo" por oposição ao "Velho Mundo" já conhecido por eles e que compreendia a Europa, a África e a Ásia. A segunda metade do Século XX ficou conhecida como a "era dos três mundos". O Primeiro Mundo designava os países desenvolvidos capitalistas, o Segundo Mundo referia-se aos países socialistas de economia planificada e o Terceiro Mundo compreendia os países subdesenvolvidos ou que estavam em processo de descolonização e que constituíam a periferia do sistema capitalista internacional — "como se cada um fosse um planeta distinto envolvido em uma órbita elaborada e perigosa em volta dos demais".[8] Como, então, podemos chegar a uma noção de mundo *comum* se nossas experiências fazem-nos vivenciá-lo de maneira diferente em função das épocas e das culturas? Como cada um, limitado em seu espaço e em seu tempo no mundo,

---

[8] DENNING, M. *A cultura na era dos três mundos*. São Paulo: Francis, 2005. p. 10.

pode ter acesso a um ponto de vista sobre ele suscetível de ser trocado, discutido e compartilhado? Podemos encontrar um conceito comum de mundo se temos contato apenas com uma parte dele? Ou, ainda, como podemos investigar o mundo em sua totalidade se nós mesmos somos uma parte deste todo?

A despeito das divergências subjetivas de compreensão e apreensão da realidade, supomos uma convergência objetiva. Afinal, como observa Clavier, "apesar da discordância sempre possível com o meu interlocutor, é do mesmo mundo que nós falamos, e é a partir do mesmo mundo que nós nos falamos, mesmo se não dizemos necessariamente a mesma coisa".[9] Falamos do mesmo mundo não dizendo a mesma coisa. Essa afirmação acentua o dado objetivo referido pelos interlocutores. O mundo é o *mesmo*. Mas quando voltamos nosso olhar sobre o que foi *dito* sobre o referente, destacamos a dimensão subjetiva na compreensão e construção da realidade. É do *mesmo* mundo que falamos quando o dizemos *diferente*? As línguas desafiam a quem responde afirmativamente a essa questão. Afinal, podemos assegurar que "*lawyer*", "*avocat*" e "advogado" referem-se a um mesmo estado de coisas no mundo? O *lawyer* estadunidense e o *avocat* francês teriam as mesmas atribuições e competências jurídicas se comparados ao advogado brasileiro, por exemplo? As palavras veiculam conteúdos culturais referenciados na experiência que temos com elas na realidade. O desafio do direito internacional está posto: como alcançar o consenso na elaboração, intepretação e aplicação de suas expressões normativas sem deixar de enfrentar os desafios trazidos pelos idiomáticos direitos nacionais?

Não se tem a pretensão de esgotar as possíveis respostas a essa questão. Quer-se, a partir dela, refletir sobre duas dimensões importantes para a compreensão do direito internacional contemporâneo: o seu suporte linguístico e os conteúdos culturais que veicula (capítulo 1). Essas dimensões influenciam o jogo diplomático (capítulo 2) e subvertem a ideia de haver um código jurídico comum aos povos (capítulo 3). As mútuas influências

---

[9] CLAVIER, P. *Le concept de monde*. Paris: PUF, 2000. p. 21. Ao longo do artigo, os textos publicados em outros idiomas foram traduzidos livremente pelo autor.

entre os discursos jurídicos nacionais e o direito internacional situam a tradução não só como uma atividade técnica, mas também política na medida em que o jogo de forças entre as línguas e as culturas molda o sentido do direito internacional (capítulo 4). Neste cabo de guerra das palavras e seus significados há espaço para uma ética tradutiva que funde um novo dicionário do direito internacional mais legítimo por contemplar as diversas visões de mundo?

A diversidade linguística e as culturas jurídicas nacionais como obstáculos para um direito comum

A diversidade linguística é a primeira barreira para uma compreensão compartilhada de mundo e, consequentemente, para a realização de um direito comum aos povos. Como observou Ostrower, "as línguas, tão capazes de desenvolver a consciência nacional e a compreensão geral dentro de uma comunidade política de homens, ergueram barreiras e obstáculos instransponíveis nas relações internacionais".[10] Essa afirmação acentua a relação de poder entre as línguas na disputa sobre as concepções de mundo.

A resistência dos Estados em adotarem uma língua comum para suas relações internacionais marca o início dos tempos modernos. O Estado-nação, visando fortalecer sua unidade política, promove, de forma nem sempre pacífica, a unidade linguística do seu povo. "A unidade da língua é vista como uma condição fundamental da 'unidade nacional'", diz Lapierre.[11] Por meio de um idioma oficial o Estado-nação forjou a sua própria identidade. A língua nacional resiste às influências das línguas estrangeiras capazes de enfraquecer seu poder na formação da consciência

---

[10] OSTROWER, A. *Language, law and diplomacy*: a study of linguistic diversity in official international relations and international law. Filadélfia: University of Pennsylvania, 1965. v. 1, p. 55.
[11] "*L'unité de la langue apparaît comme une condition fondamentale de l'"unité nationale".*" LAPIERRE, J.-W. *Le pouvoir politique et les langues*. Paris: PUF, 1988. p. 26. O reconhecimento de uma língua como "nacional" é um ato político do Estado, pois é por meio dela que ele afirma a sua identidade cultural — com exclusão da língua e da cultura estrangeira — e veicula suas normas jurídicas e suas comunicações oficiais.

Integração normativa e a tradução das tradições jurídicas

nacional. A ameaça do idioma estrangeiro derivava da pressuposição de que seu conhecimento atrairia, como consequência, todo um conjunto de informações culturais relacionadas ao país do idioma em questão — como se a língua fosse uma potente arma a serviço da "colonização cultural" daqueles que a compreendessem e a falassem.[12]

O princípio da soberania associado ao da igualdade jurídica entre os Estados serviu tanto para justificar políticas internas de planificação linguística como para apoiar as iniciativas de proteção e promoção da língua nacional nos fóruns internacionais. A igualdade entre as entidades soberanas incluía a prerrogativa da igualdade linguística. Assim, os Estados viam-se autorizados a fazer uso de seu idioma oficial ao se comunicarem com outros países. Esta atitude teria caracterizado a teoria e a prática da diplomacia em todos os períodos da história.[13]

O segundo obstáculo para a realização de um direito comum é a diversidade de culturas jurídicas nacionais no sistema internacional. Cada ordenamento jurídico revela as características da sociedade que regula e o modo como esta concebe o mundo, pois a atribuição de juridicidade que

---

[12] Esta foi a observação de Ostrower a respeito da percepção dominante dos governantes nos primórdios do Estado-nação sobre o poder da língua na formação da identidade nacional. "Quando se fala a língua francesa, a França naturalmente invade os pensamentos; o idioma italiano traz a Itália de alguma forma à mente, e assim por diante." Ostrower, *Language, law and diplomacy*, 1965, p. 39-40. No Brasil, no final dos anos 1930, preocupado com a expansão e a influência da língua alemã na região Sul do País, o governo de Getúlio Vargas proibiu o uso e o ensino deste idioma nas escolas. Por meio dessa medida o presidente brasileiro quis coibir grupos linguísticos estrangeiros no intuito de enfraquecer movimentos separatistas e ações que desrespeitassem as políticas governamentais. Sobre as políticas linguísticas no Brasil, ver CAMPOS, C. M. *A política da língua na era Vargas*: proibição de falar alemão e resistências no Sul do Brasil. Campinas: Unicamp, 2006. p. 102 e segs.

[13] "As nações sempre consideraram de vital importância que as suas línguas sejam usadas nos contatos internacionais, não obstante os atritos e desentendimentos que o uso de numerosas línguas criou em tais encontros oficiais." Ostrower, *Language, law and diplomacy*, 1965, p. 732. Estas preocupações eram evidentes no período que se seguiu ao final da Segunda Guerra Mundial. É o que afirma Ruth A. Roland: "Um dos aspectos mais difíceis do período pós-II Guerra Mundial, no âmbito das relações internacionais, tem sido a proliferação de línguas que os seus falantes nacionalistas insistem em usar para o propósito de negociação internacional". ROLAND, R. A. *Interpreters as diplomats*: a diplomatic history of the role of interpreters in world politics. Ottawa: University of Ottawa Press, 1999. p. 132.

confere a certos fatos e atos em detrimento de outros poderá nos dizer se ela é, por exemplo, patriarcal ou matriarcal, monogâmica ou poligâmica, capitalista ou comunista, bélica ou pacifista. O direito pode, portanto, prestar informações importantes sobre o modo como ele representa o mundo e como o cria.

Da miríade de mundos possíveis o direito advoga *um* por meio do qual espera garantir a ordem e promover certos objetivos da sociedade. Esse *mundo do direito* serve de parâmetro para todos os indivíduos a ele sujeitos. Agir de acordo com esse direito é legitimá-lo; agir de modo contrário a ele é ameaçar sua existência. Quem recria o mundo de um modo incompatível com aquele que o direito se associa, poderá ser punido.[14] Desde este ponto de vista, o direito frustra as expectativas de felicidade do indivíduo que agir conforme um mundo que lhe é próprio em detrimento (ou a despeito) do mundo do *direito*.[15]

Mas o que se quer dizer com "mundo do direito"? Quais os elementos que o integram? Quais são as relações que esses elementos estabelecem entre si e com o mundo exterior ao direito?

---

[14] Com exceção, obviamente, dos inimputáveis por não serem considerados uma ameaça crível para a existência e legitimidade do poder estatal e seu direito. Nos termos do artigo 26 do Código Penal brasileiro (Decreto-Lei 2.848, de 7 de dezembro de 1940), "é isento de pena o agente que, por doença mental ou desenvolvimento mental incompleto ou retardado, era, ao tempo da ação ou da omissão, inteiramente incapaz de entender o caráter ilícito do fato ou de determinar-se de acordo com esse entendimento".

[15] Faz-se pertinente estabelecermos uma distinção entre o "mundo *no* direito" e o "mundo *do* direito". A primeira expressão dá ênfase ao conjunto de tudo o que se relaciona com o direito, independentemente de sua juridicidade. Somente aqueles fatos tidos como jurídicos e aquelas coisas normativamente previstas na norma jurídica fazem parte do *mundo do direito*. Esta segunda expressão acentua o papel do direito sobre o mundo. Abrange a estrutura normativa e institucional que faz criar, transformar e extinguir fatos jurídicos e, consequentemente, uma determinada forma de ver o mundo. As noções de "fronteira", de "Estado", de "soberania", de "contrato", de "propriedade", por exemplo, fazem parte do nosso mundo. Mas não por uma evidência natural, e sim em virtude de uma construção cultural que encontra no direito sua fonte principal de existência e disseminação social. Fora dele, tais palavras podem perder sua força social e, consequentemente, seu sentido e sua utilidade. O direito introduz conceitos no mundo ao mesmo tempo que recebe dele novos subsídios factuais que ingressam em seu repertório. Aquelas duas expressões se retroalimentam. Enquanto a primeira acentua uma relação no sentido *mundo → direito*, a segunda realça o sentido *direito → mundo*.

Dentro da palavra "direito" cabe um mundo de coisas, ao tempo que no mundo há diversos direitos. Falar em *mundo do direito* é falar de tudo o que se relaciona ou que diz respeito ao que se convencionou chamar "direito". Mas se admitirmos haver ou ter existido diversos direitos, devemos admitir também a existência de diversos mundos. Cada direito com seu mundo, e vice-versa. Os elementos que integram o mundo do direito são aqueles a partir dos quais o direito foi criado e para os quais ele se dirige ou se relaciona em sua pretensão normativa.

O mundo do direito abrange as leis, as sentenças, as petições e recursos, os mandados e procurações, sua estrutura institucional de produção normativa compreendendo o Legislativo, o Judiciário com os seus juízes, advogados e defensores públicos, os promotores e procuradores, delegados, oficiais de justiça, policiais e carcerários. Poderíamos alargar seu conteúdo de modo a incluir também sua linguagem específica, os hábitos e comportamentos daqueles que exercem atividades jurídicas, bem como tudo o que se relaciona com o direito internacional. E aqui as possibilidades se ampliam. O direito é uma expressão cujo conteúdo ancora-se em um dado contexto sociocultural e seu significado depende da interpretação feita pelo seu observador. Contudo, indagamos: o que todos aqueles elementos têm em comum? Qual o critério de pertencimento que faz com que cada um deles integre um tal conjunto chamado "mundo do direito"?

Postulamos, de início, que este mundo, ante uma variedade de objetos que a ele se associam, não pode ser identificado como um sistema homogêneo onde todos os seus elementos possuem uma mesma propriedade. O mundo do direito designa um objeto mais complexo sem que se possa dizer com precisão o que ele contém e o que não faz parte dele. Das funções às pessoas que as exercem, da arquitetura às vestimentas, da língua à linguagem não verbal, o direito pode ser percebido e exercido de diversas formas. Dito isto, o que nos permite dizer que falamos do *mesmo direito* quando nos referimos a ele? Em outras palavras, é do *mesmo mundo* que nós falamos quando interpretamos o direito?

Quando afirmamos que o direito vincula-se a *um* mundo, queremos dizer que ele se associa a uma visão de mundo compartilhada pelos *sujei-*

tos que o criaram. Por esse motivo, a visão de mundo que se tem acesso a partir do direito internacional é sobremaneira aquela concebida pelos Estados. Neste *mundo de Estados*, são os governos que controlam os processos políticos em curso no sistema internacional, produzem estruturas capazes de promover comportamentos e ideias, impõem temas na agenda global e disseminam os valores que influenciam o modo como se organiza a sociedade internacional. Em outras palavras, os Estados estruturam o mundo e o modo como o vemos e vivemos nele. Os principais atributos desse mundo são a *soberania*, a *territorialidade* e a *nacionalidade*. Nestas circunstâncias, o indivíduo, submetido ao mundo de Estados, nasce "nacional" e "estrangeiro" ao mesmo tempo. Dizer o mundo por intermédio do direito internacional é dizê-lo desde a perspectiva dos atores soberanos em detrimento dos valores e objetivos dos atores sem soberania.

Mas o modelo de "mundo" ancorado na figura do Estado é suficiente para refletir a realidade das relações internacionais? Para Badie e Smouts, "a universalização do modelo estatal choca-se com as diferenças culturais. O judaísmo, o islam, mas *a fortiori* as culturas da Ásia e da África fornecem ao político uma significação que não se encontra nas categorias estatais e constroem uma concepção de ordem internacional que se distingue delas".[16] Este cenário de maior complexidade do sistema internacional é propício para discutir a legitimidade do direito internacional no cumprimento do seu objetivo de regular o mundo. Atualizar o conteúdo do direito internacional tendo em conta o mosaico cultural do mundo que ele regula pode renovar seu sentido de *direito comum* e, consequentemente, sua legitimidade. Pesquisar o impacto da diversidade cultural e linguística das instâncias negociadoras internacionais sobre as normas jurídicas é condição para testar a pertinência desta hipótese que ressalta a importância de se compreender o mundo. Essa abordagem reaproxima o direito internacional dos estudos sobre a diplomacia que se caracteriza por ser o lugar onde se veicula os símbolos que denotam e conotam divergências e convergências nas representações de mundos em disputa antes de se tornarem "direito".

---

[16] BADIE, B.; SMOUTS, M.-C. *Le retournement du monde*: sociologie de la scène internationale. 3. ed. Paris: Dalloz: Presses de Sciences Po, 1999. p. 14.

Diplomacia e interculturalidade

Durante o período do Renascimento, o surgimento de missões diplomáticas permanentes na Europa e a criação de regras básicas de protocolo para o bom convívio dos diplomatas com os representantes do Estado receptor contribuíram para a formação de uma cultura diplomática europeia que se propagou para outros continentes. Como observa Kappeler, "quando os países com diferentes culturas, como o Império Otomano, o Japão e a China, começaram a participar da interação diplomática internacional, eles não tentaram impor as suas próprias abordagens culturais, mas estavam dispostos ou foram forçados a se adaptarem à cultura diplomática Ocidental".[17] A diplomacia desenvolvera-se, em seu início, sob o signo da Europa.[18]

As grandes conferências internacionais dos séculos XIX e XX possibilitaram uma participação cada vez maior dos países não europeus na formulação das regras internacionais. A cultura diplomática então vigente, antes constituída à imagem e semelhança dos usos e costumes da Europa, via-se desafiada pelas novas formas de pensar e agir dos representantes dos demais Estados. Não por outro motivo, os diplomatas de países tradicionalmente atuantes na esfera internacional procuravam salvaguardar uma prática diplomática já estabelecida e que lhes era comum. A relação entre os países colonizadores e suas antigas colônias ilustra essa situação. Os primeiros empenhavam-se em transmitir a sua prática e os seus hábitos aos diplomatas representantes dos países outrora colonizados oferecendo-lhes treinamento. Mas, segundo Kappeler,

---

[17] KAPPELER, D. The birth and evolution of a diplomatic culture. In: SLAVIK, H. (Ed.). *Intercultural communication and diplomacy*. Malta: DiploFoundation, 2004. p. 355-356.

[18] Desde os antigos impérios havia o costume de se adotarem certos padrões de conduta entre os negociadores das unidades políticas envolvidas em uma controvérsia comercial ou em um conflito político de maior gravidade. E, tal como hoje, os representantes dessas unidades tinham de ser *experts* na análise dos costumes e da política local da sociedade estrangeira a fim de fornecer informações valiosas para seus governantes. Esses "diplomatas" tinham a difícil tarefa de defender os interesses de seus príncipes e, ao mesmo tempo, manter relações amigáveis e confiáveis com o governante do país de acreditação. Esses dois objetivos, aparentemente contraditórios, situavam o diplomata na linha tênue entre ser considerado um servidor fiel ou um traidor do seu povo.

a cultura diplomática incutida neles era largamente tradicional e frequentemente não adaptada às novas realidades internacionais. O resultado era que, muitas vezes, tais novos diplomatas sentiam-se constrangidos e tentavam copiar o modo estrangeiro ou, ao contrário, revoltavam-se contra atitudes diplomáticas tradicionais e esforçavam-se por seguir valores "autênticos".[19]

As práticas diplomáticas dominantes costumam ser aquelas dos Estados mais poderosos. Estes, ao fazerem uma representação dos demais países como a imagem de si mesmo, tendem a ignorar ou acentuar os contrastes políticos, culturais e ideológicos entre seus diplomatas e os representantes dos demais Estados. Em todo caso, o risco de distorção da realidade é iminente ao se tomar como conhecido um mundo que é diferente em diversos aspectos. É o que se verificou durante a Guerra Fria. O confronto entre os Estados Unidos e a antiga União das Repúblicas Socialistas Soviéticas (URSS) monopolizou o cenário internacional e, em razão da pretensão de ambos os países de dizer como o mundo deveria se constituir, as práticas e os discursos diplomáticos dos demais Estados tiveram de se ajustar, de alguma forma, a essas duas concepções disponíveis no mercado das imagens do mundo. "Os dois campos antagônicos simplesmente aceitaram a incompatibilidade de suas respectivas visões de mundo e, assim, tentaram estender suas influências recrutando negociadores ainda indecisos para o seu lado", afirma Kappeler.[20] Não havia espaço para pontos de vistas e práticas diplomáticas muito distintas daquelas sustentadas pelas duas grandes superpotências. Os países do chamado Terceiro Mundo tiveram de conviver com as interferências, às vezes pouco "diplomáticas", dos dois países hegemônicos que, afinal, se sentiam — e, de fato, eram — superiores às outras nações em termos econômicos e militares. As particularidades culturais dos Estados mais pobres e das nações recém-integradas ao sistema internacional eram negligenciadas em benefício das duas visões ideológicas em disputa. Para Biancheri,

---
[19] Kappeler, "The birth and evolution of a diplomatic culture", 2004, p. 357.
[20] KAPPELER, D. The impact of cultural diversity on multilateral diplomacy and relations. In: Slavik, *Intercultural communication and diplomacy*, 2004, p. 82.

a interferência da competição Leste-Oeste em qualquer problema político do planeta durante o arco de quase meio século levou inevitavelmente a simplificar ou até mesmo a negligenciar a complexidade dos fatos e das realidades regionais. Os países de um e de outro bloco se comportaram como se a contraposição entre as democracias e o comunismo fosse durar para sempre e o repentino desmoronamento deste último pegou a diplomacia internacional de surpresa.[21]

Com o fim da Guerra Fria, as pressões em defesa do respeito às particularidades nacionais nas relações internacionais tornam-se cada vez mais presentes nos debates diplomáticos. Aqueles Estados outrora marginalizados no sistema internacional passaram a reivindicar maior participação nas formas de expressão da diplomacia internacional e no processo de elaboração do conteúdo das normas internacionais.[22] Antes encarado como uma peculiaridade linguística ou comportamental que poderia, no máximo, frustrar expectativas de alguns governos e surpreender eventualmente os diplomatas que não a tivessem levado em consideração na negociação, o fator cultural torna-se um elemento-chave para qualquer política relativa à manutenção da ordem internacional e para a legitimação do direito internacional.

Vários fatores contribuíram para essa mudança no horizonte diplomático. Vejamos alguns deles: 1) a proliferação das organizações internacionais e o desenvolvimento da diplomacia multilateral; 2) a variedade e complexidade temáticas das questões objeto de negociação no âmbito destas organizações internacionais; 3) a ampliação do número de Estados em virtude dos processos de descolonização;[23] e 4) o aumento da diver-

---

[21] BIANCHERI, B. *Conciliar o mundo*: a diplomacia na era global. São Paulo: Martins Fontes, 2005. p. 15.

[22] Para Kappeler, "sempre que os países pertencentes a uma cultura têm uma posição dominante em um fórum multilateral, eles tentam impor seus pontos de vista sobre os países pertencentes a outras culturas. Estes últimos, por sua vez, criticarão as visões da cultura dominante naquilo em que eles estão em maioria". Kappeler, "The impact of cultural diversity on multilateral diplomacy and relations", 2004, p. 79.

[23] O processo de descolonização que se deu após a Segunda Guerra Mundial impulsionou a proliferação de novos Estados. Antes de 1960, o sistema internacional era composto por, aproximadamente, 60 países. Ao final do século XX, contava-se mais de 200 nações.

sidade cultural decorrente do ingresso desses novos países no sistema internacional. Os diplomatas tiveram um papel central no processo de negociação e constituição das organizações internacionais bem como na adaptação da prática diplomática às novas circunstâncias internacionais. Contudo, o processo de aprendizagem da linguagem empregada pelos diplomatas nos círculos profissionais encontrou na cultura nacional um fator complicador. Para Kappeler, "esta cultura pode colocar limitações e restrições à sua liberdade de ação e também promover atitudes que não são inteiramente compatíveis com uma cultura geral diplomática".[24]

A defesa de uma cultura geral diplomática confronta-se com as particularidades culturais no plano nacional. Hofstede sugere cinco dimensões para descrever as culturas nacionais com o objetivo de identificar semelhanças e diferenças entre elas. Vejamos duas delas.[25] A primeira dimensão diz respeito à *distância do poder* (*power distance*), isto é, à distância entre aqueles que têm poder e os que não têm. Nos países em que há uma *distância acentuada do poder* (*high power distance*) a sociedade é demasiadamente hierarquizada e as pessoas tendem a considerar a desigualdade de poder como um fato natural. Para Robinson, "em um contexto cultural de grande distância do poder, o que importa não é o que você sabe, mas onde você está na hierarquia".[26] Assim, uma determinada mensagem é tida como relevante pelo simples fato de seu emissor ocupar uma posição de destaque na hierarquia de poder. A *forma* do discurso prevalece sobre seu *conteúdo* por ter sido proferido por uma autoridade reconhecida pelo

---

[24] Kappeler, "The birth and evolution of a diplomatic culture", 2004, p. 358.
[25] HOFSTEDE, G. Diplomats as cultural bridge builders. In: Slavik, *Intercultural communication and diplomacy*, 2004, p. 31 e 32. As outras três dimensões são as seguintes: a que diz respeito às relações estabelecidas entre as pessoas e que sustentam uma sociedade individualista ou coletivista; a que considera as consequências sociais e emocionais decorrentes da relação de gênero, avaliando se uma sociedade reflete uma cultura masculina ou feminina; e, por fim, a que se dedica às satisfações de necessidades, ou seja, verifica se as pessoas de uma determinada cultura esperam retorno imediato ou não pelos esforços empreendidos.
[26] MACFARLANE, L. R.; ROBINSON, H. Lessons from two fields: a diplomat and an interculturalist converse. In: Slavik, *Intercultural communication and diplomacy*, 2004, p. 49. Ainda segundo Robinson e Macfarlane, "Algumas culturas valorizam mais quem você conhece, e outras valorizam o que você sabe" (p. 49).

destinatário como superior, pouco importando a opinião deste, o grau de conhecimento sobre o assunto e a participação daquele no processo comunicativo. Por outro lado, nos países com *distância reduzida do poder* (*low power distance*), a desigualdade de poder é considerada artificial e fabricada pela própria sociedade. O poder do discurso, isto é, o seu grau de convencimento, decorre do conteúdo transmitido e do reconhecimento de seu valor pelos seus destinatários. Há, portanto, uma abertura maior para o diálogo e para a manifestação de pontos de vista divergentes na medida em que a outra parte do processo comunicativo não é ignorada e o emissor do discurso depende da receptividade do seu interlocutor para manter a sua posição social de poder. O esforço para legitimar um discurso, inclusive o jurídico, é maior em sociedades deste tipo.

A segunda dimensão é aquela que se ocupa em saber como as pessoas lidam com o *imprevisível* (*unpredictable*), ou seja, se elas possuem ou não uma *forte aversão à incerteza* (*strong uncertainty avoidance*). Trata-se de investigar o grau de abertura e tolerância da sociedade para aquilo que ela percebe como *diferente*. Assim, enquanto algumas culturas percebem o "diferente" como "perigoso", outras o interpretam como "interessante". Desse ponto de vista, diplomatas mais tolerantes e receptivos às diferenças culturais tendem a possuir e manejar um repertório sígnico mais diversificado por estarem mais abertos a outras visões de mundo, exigindo-lhes um esforço maior de compreensão mútua recompensado por uma maior legitimidade da sua atuação e das suas decisões. Contrariamente a essa postura, a intolerância discursiva ao que se mostra "diferente" faz emergir os atavismos identitários e dificulta o processo de comunicação diplomática, reforçando as fronteiras que separam um e outro país. Nestes casos, conforme observa Reimann, "a presunção é que o que está dentro destes limites [de um determinado país] é de qualidade superior ao que está fora".[27]

---

[27] REIMANN, H. On the importance and essence of foreign cultural policy of States: the interplay between diplomacy and intercultural communication. In: Slavik, *Intercultural communication and diplomacy*, 2004, p. 84.

Integração normativa

Figura 1
Distância de poder e aversão à incerteza[28]

Pequena DP, F Raca AI	Grande DP, Fraca AI
Países nórdicos Países anglos, EUA Holanda	China Índia
Países de língua alemã Hungria Israel	Países latinos Malta, países muçulmanos Japão, Coreia, Leste Europeu
Pequena DP, Forte AI	**Grande DP, Forte AI**

Estas duas dimensões sugerem uma tendência no perfil dos diplomatas segundo seu Estado de origem e sua cultura. A figura 1 revela que países com distância reduzida do poder podem ser intolerantes com a ambiguidade, contrastando com os países marcados por uma estrutura social fortemente hierárquica mas que são tolerantes com o que lhes parece ser "diferente". Essas atitudes culturais podem influenciar o processo de comunicação intercultural no plano das relações internacionais. Vejamos mais dois aspectos apontados por Macfarlane e Robinson.[29] Um é o que avalia o quanto a circunstância da interação é relevante para o êxito do processo de comunicação em uma dada cultura. Assim, em *culturas de baixo contexto (low context cultures)*, "há menos experiências compartilhadas e menos compreensão compartilhada". Logo, "o que é dito é mais importante do que o que não é dito". Do contrário, em *culturas de alto contexto (high context cultures)*, "as palavras não são sempre as primeiras portadoras de significado. O que não é dito pode ser mais importante do que aquilo que é dito".[30] Um exemplo de cultura altamente contextualizada

---

[28] Hofstede, "Diplomats as cultural bridge builders", 2004, p. 33.
[29] Macfarlane e Robinson, "Lessons from two fields: a diplomat and an interculturalist converse", 2004, p. 40. Os autores analisam também a "orientação do tempo" de uma cultura visando comparar qual a importância que o interlocutor atribui ao passado, ao presente e ao futuro.
[30] Ibid., p. 52 e 53, respectivamente. Esta distinção entre baixo e alto contextos foi explorada por: HALL, E. T. *Beyond culture*. Nova York: Anchor Books, 1976. p. 91.

é aquele dos países asiáticos onde as pessoas frequentemente se utilizam da comunicação não verbal. Conforme explica Rana:

> Isto tem implicações para o negociador não asiático, e para o diplomata nos contatos diários; afeta a maneira como os interlocutores estrangeiros podem lidar efetivamente com a população local e com situações cotidianas. Uma consequência prática: deve-se entender que os asiáticos veem o mundo em termos relativos, em vez de absolutos, mais como tons de cinza do que preto e branco; eles não são inclinados a posições extremas; eles têm uma propensão, real ou latente, à empatia com o ponto de vista do outro, mesmo quando eles rigidamente mantêm suas próprias posições nas difíceis negociações.[31]

O segundo aspecto diz respeito à distinção entre as culturas consideradas *universalistas* e *particularistas*. Para as primeiras, as regras devem ser aplicadas para todos os indivíduos a despeito das circunstâncias sociais e históricas em meio às quais eles vivem. Para as culturas particularistas, as circunstâncias devem ser levadas em conta pois elas podem influenciar o modo como nos comportamos em uma determinada situação, a despeito das regras. Esta perspectiva é resumida na seguinte fórmula: "O que é correto em uma situação, pode não ser correto em outra".[32] Essas distintas posturas discursivas podem explicar determinadas atitudes e escolhas feitas pelos diplomatas no processo de negociação internacional.[33]

---

[31] RANA, K. S. *Asian diplomacy*: the foreign ministries of China, India, Japan, Singapore and Thailand. Malta; Geneva: DiploFoundation, 2007. p. 173.

[32] Macfarlane e Robinson, "Lessons from two fields: a diplomat and an interculturalist converse", 2004, p. 51.

[33] A escolha do método de negociação pode revelar a influência da cultura nas relações diplomáticas. Segundo Mingst e Warkentin, nas negociações para a Nova Ordem Econômica Internacional (Noei) os países do Sul utilizaram um método "axiomático-dedutivo", partindo dos princípios gerais em direção aos casos particulares. "Esta abordagem convenientemente deixou o conflito sobre os detalhes para uma fase posterior, que também foi consistente com as tendências gerais dos diferentes sistemas jurídicos e culturais no Sul, ainda que os interesses econômicos e políticos dos Estados do Sul fossem diferentes." Esta abordagem contrastou com o método "factual-indutivo" preferido por muitos países do Norte. MINGST, K. A.; WARKENTIN, C. P. What difference

Desse ponto de vista, podemos questionar se é possível haver uma cultura diplomática comum que mitigue os efeitos das diferenças culturais entre os representantes dos Estados. A superfície dos discursos e gestos diplomáticos não evidencia seus sentidos implícitos para quem os interpreta pelo fato de essas significações estarem ocultas aos olhos do estrangeiro e nem sempre poderem ser percebidas como óbvias.

De todo modo, uma noção de "cultura diplomática" pressupõe a existência de um conjunto de signos linguísticos e não linguísticos *compartilhados* pelos diplomatas em suas relações profissionais. Ela deve levar em conta dois aspectos: 1) as circunstâncias que a envolve e 2) a linguagem adotada.[34] O primeiro aspecto diz respeito ao conjunto de signos que serve de pano de fundo para o exercício da diplomacia.[35] O segundo aspecto, por sua vez, compreende o conjunto de ritos e demais signos, linguísticos e não linguísticos, utilizados pelos diplomatas atuando no palco das relações internacionais. Como observa Cohen, "a profissão diplomática tem desenvolvido ao longo de muitos anos um estoque muito sutil e variado de palavras, frases, eufemismos, gestos e manobras, cada item com seu próprio peso e sombra de sentido [...] Tudo isso graças à posse de um código comum ou linguagem do discurso".[36] O domínio desse repertório sígnico é condição para o bom exercício da função diplomática.

---

does culture make in multilateral negotiations? *Global Governance: a Review of Multilateralism and International Organizations*, Nova York, v. 2, n. 2, p. 177, maio/ago. 1996.

[34] Para Kappeler, "a cultura diplomática é o produto da interação entre os representantes dos países e as instituições internacionais de vários tipos". Kappeler, "The birth and evolution of a diplomatic culture", 2004, p. 358. Zartman e Berman definem uma cultura diplomática internacional como "um número finito de padrões comportamentais" tendo as culturas nacionais apenas "diferenças de estilo e linguagem". ZARTMAN, I. W.; BERMAN, M. R. *The practical negotiator*. New Haven: Yale University Press, 1982. p. 226.

[35] O local escolhido para a negociação internacional é um exemplo de circunstância que os diplomatas não ignoram. Negociar um tratado em seu território põe o Estado em posição de vantagem em relação aos demais. Por esse motivo, um princípio básico da negociação é a escolha de lugares neutros. As organizações internacionais assumem este papel de território "neutro" e em seu âmbito se constituiu uma prática diplomática que não se identifica exclusivamente com os hábitos e a linguagem de um único país.

[36] COHEN, R. *International politics*: the rules of the game. Nova York: Longman, 1981. p. 31.

Integração normativa e a tradução das tradições jurídicas

A diversidade cultural do sistema internacional impele o diplomata a vigiar sua atitude e seu discurso nos diálogos multilaterais de modo que a construção de uma cultura diplomática torna-se um exercício de *soft power* em benefício da agenda de certos governos cujas escolhas não são necessariamente consistentes com os objetivos de uma organização internacional, por exemplo. Os discursos diplomáticos seriam culturalmente tendenciosos? O fato é que a aceitação de novas referências para interpretar novos contextos e circunstâncias exige um abertura à aprendizagem de novas formas de compreensão do real. Os diplomatas devem saber atuar dentro e entre as culturas para identificar nos discursos que fazem e que recebem os sentidos que expressam distância do poder, conhecimento das circunstâncias da negociação, preconceitos estabelecidos, tolerância à ambiguidade, entre outros aspectos.[37]

O diplomata é o signo mais representativo da divisão política do mundo. Seus discursos e suas práticas têm como pressupostos a defesa dos interesses do governo que representa. A cultura diplomática funda-se, portanto, sobre o signo da diferença e do estranhamento que se estabelece como reflexo da imagem dos Estados com suas fronteiras. Mesmo se as diferenças nacionais pudessem ser afastadas em favor de uma cultura mais homogênea, a representação que o diplomata faz da identidade cultural de seu país é um signo que orienta, de certo modo, sua ação e seu pensamento. E muitas vezes isso lhe é muito útil. O próprio Estado zela pela afirmação de uma identidade soberana que o diferencie dos outros. Essa construção discursiva identitária cumpre um papel importante na vida internacional do Estado conforme as circunstâncias políticas. Cabe às organizações internacionais gerirem construtivamente estes discursos tornando estas representações e as diferenças culturais que elas fomentam uma vantagem institucional. Ao diplomata, por sua vez, cabe-lhe adquirir a competência linguística

---

[37] Como sublinha Rana, para o diplomata, a "habilidade para lidar com a interface multicultural é central para as tarefas profissionais, como é a língua e a experiência na área". RANA, K. S. Diplomatic culture and its domestic context. In: Slavik, *Intercultural communication and diplomacy*, 2004, p. 383.

necessária para escolher as expressões que reflitam suas intenções e ter a capacidade de interpretar os discursos de seus interlocutores estrangeiros tendo em conta as circunstâncias da negociação e as culturas envolvidas. Essa sensibilidade para a diferença pode contribuir para a identificação daquilo que pode ser consenso na linguagem diplomática e favorecer a emergência de um direito internacional percebido como a tradução das aspirações comuns. Tarefa de difícil realização mas cuja tentativa justifica, por si só, os custos com a manutenção de uma estrutura de representação, tradução e diálogo internacional mantida pelos povos por meio de seus Estados.

Código jurídico comum ou diálogo dos códigos das culturas jurídicas nacionais?

O direito internacional é um *código* de linguagem jurídica criado para viabilizar a coexistência dos diferentes ordenamentos jurídicos estatais na regulação de atos e fatos pertinentes a dois ou mais Estados. A interpretação uniforme de seu conteúdo é posta em xeque não só pelos diversos interesses em jogo e pelas incompreensões típicas de uma comunicação intercultural, mas também pelas diversas visões de mundo que sustentam (e incidem sobre) o direito internacional. Em efeito, diz Kennedy, "os juristas de diferentes culturas proclamam a construção de um sistema de 'direito internacional' à imagem daquele que corresponde, no sentido mais estrito, ao termo 'direito' dentro de sua própria experiência".[38]

---

[38] KENNEDY, D. Les clichés revisités, le droit international et la politique. In: DUPUY, P.-M.; LEBEN, C. *Droit international*. Paris: Pedone, 2000. p. 12. Ainda segundo Kennedy, "se o direito nacional se situa nos tribunais e nos códigos, seria difícil imaginar que o direito internacional possa ser algo completamente diferente. Além disso, se o internacional significa o Atlântico Norte ou o GATT, então o direito internacional se focalizará aí. Se o internacional se define sobre a cena da luta militar, então o direito internacional achará seu objeto de estudo na regulação da guerra. Enfim, do mesmo modo, lá onde o internacional significa 'o Norte', o direito internacional se interessa mais ao comércio do que ao conflito". Ibid., p. 12.

Além de um modo próprio de pensar, conceber e aplicar o direito, cada tradição jurídica nacional, segundo Glenn, tem o seu "passado" (*pastness*).[39] O direito de um país resulta da combinação da informação capturada do passado com sua posterior interpretação tendo em conta as circunstâncias do presente, podendo essa informação ser continuamente reafirmada ou renovada conforme seu grau de abertura para a troca de experiências jurídicas com outras culturas. Logo, algumas tradições jurídicas podem ser mais ou menos adaptáveis às circunstâncias e às influências externas de outras culturas jurídicas e, por consequência, mais ou menos abertas à participação em um projeto de constituição de uma cultura jurídica comum no plano internacional. Todavia, o desafio para o desenvolvimento dessa cultura comum é promover um *código comum* de linguagem que permita aos interlocutores compreenderem o sentido da norma jurídica a partir do direito internacional, e não a partir do direito interno. Tal desafio é semelhante àquele posto por Legrand aos estudiosos do direito comparado:

> É possível a um jurista francês dominar o direito inglês *como um advogado ou um professor inglês*? O jurista francês, ao tentar restituir a experiência jurídica inglesa, deve tentar dar conta da maneira com que o inglês percebe o direito inglês na Inglaterra, isto é, procurar reproduzir o direito inglês em sua estraneidade, ou lhe é preciso aspirar a passar este direito inglês nas formas do direito francês a fim de lhe conferir sentido aos olhos da comunidade jurídica francesa [...]?[40]

---

[39] Vale destacar, ainda, a advertência de Glenn para o equívoco da expressão "sociedades não tradicionais" para designar as sociedades modernas ou pós-industriais que se fundam sobre o ideal da racionalidade, em oposição às chamadas "sociedades tradicionais" que designaria as sociedades desprovidas de pensamento crítico e independente a respeito do passado. "A História, com seu efeito relativizador, diz-nos, no entanto, que todos nós somos parte de uma tradição, ou tradições. [...] As sociedades ocidentais, apesar do que é frequentemente dito, são sociedades tradicionais, e o direito ocidental é direito tradicional, como advogados ocidentais muitas vezes reconhecem explicitamente." GLENN, H. P. *Legal traditions of the world*: sustainable diversity in law. Oxford: Oxford University Press, 2004. p. 2 e 3.

[40] LEGRAND, P. *Le droit comparé* (que sais-je?). Paris: PUF, 1999. p. 11-12 (grifo no original).

O domínio de um direito estrangeiro pressupõe o conhecimento do idioma e do referente cultural correspondente. Contudo, toda análise comparativa pressupõe um problema de ordem epistemológica: que sentido atribuir aos signos representativos da cultura jurídica estrangeira quando o próprio sujeito cognoscente é um indivíduo estranho a ela? A complexidade do processo de apreensão do real e de sua comparação com outras realidades faz o comparatista optar por uma abordagem baseada em aproximações sucessivas de modelos que representam as culturas jurídicas analisadas a fim de identificar seus traços distintivos.

Os modelos das culturas jurídicas francesa e inglesa, por exemplo, costumam servir de referência para se estabelecer a distinção entre as tradições romano-germânica (geralmente identificada como *civil law*) e o *common law*, respectivamente.[41] É lugar comum afirmar que os sistemas jurídicos da família romano-germânica encontram no processo legislativo sua fonte principal de elaboração de normas jurídicas. O conteúdo normativo de referência é aquele que decorre da legislação. Apoiar-se na lei para encontrar uma solução jurídica diante de um caso concreto é o modo (ou melhor, o método) pelo qual o juiz, nessa tradição jurídica, legitima sua decisão.[42] Dessa perspectiva, persiste nas culturas filiadas ao *civil law* a percepção de que a função do jurista, ao interpretar a norma legal, é tão somente a de encontrar o sentido que corresponde àquele supostamente desejado pelo legislador. A decisão do juiz será juridicamente

---

[41] Cohen-Tanugi estabelece a distinção entre o modelo americano e o francês conforme esteja ele fundado sobre a regra de direito ou sobre o poder do Estado. COHEN-TANUGI, L. *Le droit sans État*: sur la démocratie en France et en Amérique. 2. ed. Paris: Quadrige; PUF, 2007. p. 33 a 45. O fato de o poder jurídico ser exercido pela sociedade em nome próprio e contra os excessos do Estado ou exercido pelo governo na defesa do Estado e em nome da sociedade determinou o modo como o direito é percebido, criado e aplicado nos Estados Unidos e na França.

[42] "A lei, em todos os países da família romano-germânica, parece abarcar a totalidade da ordem jurídica", diz R. David. Entretanto, acrescenta o autor, "por razões de ordem histórica ou sociológica, pode acontecer que, neste ou naquele país, haja mais preocupação em preservar a aparência de que se obedecer unicamente à lei ao proferir esta ou aquela decisão". DAVID, R. *Os grandes sistemas do direito contemporâneo*. São Paulo: Martins Fontes, 1998. p. 110 e 108-109, respectivamente.

válida e mais legítima se seu discurso se justificar como sendo a expressão de uma lei e de seu sentido, como se o conteúdo da decisão proferida pudesse ser produzido independentemente da vontade criadora do juiz no ato de interpretação da norma legal. A responsabilidade pelos resultados produzidos pela decisão judicial, seguindo este raciocínio, seria, em última instância, do legislador soberano.[43]

Inversamente ao que ocorre nas culturas jurídicas de inspiração romanista em que os juízes "legislam" quando há lacunas na lei,[44] nas culturas jurídicas de tradição anglo-americana os textos legislativos são adotados apenas quando se quer preencher os vazios jurídicos deixados pela jurisprudência. "É normal para os juízes conceber as disposições legislativas como exceções, clarificações ou modificações menores ao conjunto do direito constituído pelo *common law*", afirmam Poirier e Debruche.[45] O direito é estruturado, sobretudo, a partir dos precedentes judiciais baseados em usos e costumes. Como observam Garapon e Papadopoulos, no *common law*

> o direito é menos uma série de disposições legislativas, de onde seria possível identificar a data de promulgação ou os autores, que uma prática, que um costume registrado na memória coletiva, uma obra comum produzida no curso do tempo, cuja perenidade e ausência de modificação fundamental aumentam seu prestígio.[46]

---

[43] Não se trata aqui de afirmar que isto efetivamente ocorre nas culturas jurídicas filiadas ao *civil law*, mas de sustentar que este é o discurso legitimador do exercício da autoridade por parte dos representantes dos poderes Judiciário e Legislativo, a despeito das transformações por que passa o direito em razão dos intercâmbios, cada vez maiores, de experiências jurídicas com culturas estrangeiras.

[44] Atualmente, reconhece-se a participação criativa do juiz na determinação do sentido da norma legal. A solução jurídica a ser dada ante uma controvérsia não decorreria de uma operação lógica de interpretação da lei; mas de uma operação racional sobre a qual incide uma série de motivações ideológicas e culturais impregnadas no *ethos* do julgador. De todo modo, sublinha David, "o papel da jurisprudência nos países da família romano-germânica apenas pode precisar-se em ligação com o da lei". David, *Os grandes sistemas do direito contemporâneo*, 1998, p. 118.

[45] POIRIER, D.; DEBRUCHE, A.-F. *Introduction générale à la common law*. 3. ed. Bruxelas: Bruylant; Yvon Blais, 2005. p. 394.

[46] GARAPON, A.; Papadopoulos, I. *Juger en Amérique et en France*: culture juridique française et *common law*. Paris: Odile Jacob, 2003. p. 51.

A obrigação de recorrer às regras estabelecidas pelos juízes (*stare decisis*) consagra um sistema de direito jurisprudencial. O aspecto a ser sublinhado é a aplicação da regra do precedente que exige a análise das "*reasons*" apresentadas pelos juízes em apoio às suas decisões.

Tanto o *civil law* quanto o *common law* são tradições jurídicas que se expressam fundamentalmente por meio de signos linguísticos escritos. Observou René David que "em todos os países da família romano--germânica, o ponto de partida de todo o raciocínio jurídico encontra-se nos materiais de direito escrito".[47] O mesmo ocorre no *common law* por se tratar, segundo Poirier e Debruche, de "uma tradição jurídica escrita mas não codificada".[48] A diferença entre uma e outra tradição reside no fato de que a cultura jurídica inspirada no *civil law* rege-se por um sistema de *regras* e o *common law* é orientado por um repertório de *exemplos*. No primeiro caso, a forma predominante do direito é aquela das unidades expressivas da lei. A decisão do juiz deve se harmonizar com as regras de combinação previstas na legislação que determinam a validade, o conteúdo e o contexto legal pertinente da norma aplicável. Tem-se, assim, um conjunto de metatextos, ou seja, de regras-modelo estabelecidas anteriormente aos fatos e com base nas quais se profere as sentenças. No *common law*, a validade e a legitimidade da norma jurídica decorrem dos textos decisórios posteriores ao fato e que poderão servir de referência para a solução de novos litígios.[49] Não há uma regra de combinação que determine previamente, e de maneira inafastável, a norma aplicável. As culturas jurídicas filiadas a essa tradição organizam-se em torno das contribuições de textos decisórios precedentes que, por conta dos acúmulos sucessivos, servem de modelo para o jurista.

---

[47] David, *Os grandes sistemas do direito contemporâneo*, 1998, p. 108.
[48] Poirier e Debruche, *Introduction générale à la common law*, 2005, p. 83.
[49] Para Cohen-Tanugi, na tradição anglo-saxônica, "somente os fatos contam verdadeiramente, bem como a criatividade dos *lawyers*". Diferentemente do espírito jurídico dos franceses que "têm horror dos fatos, por natureza insurgentes, e se esforçam por classificá-los nas categorias fixas disto que ele chama 'o direito'". Cohen-Tanugi, *Le droit sans État*, 2007, p. 78. Tem-se explicitada uma diferença fundamental entre estas duas culturas jurídicas: uma é orientada no costume e a outra na norma legal.

Lótman fornece uma tipologia das culturas que nos permite estabelecer algumas distinções entre estas duas tradições jurídicas. As culturas baseadas em repertórios de exemplos e modelos de comportamento são chamadas de *textuais*; e as regidas por sistemas de regras são designadas como *gramaticais*. "A cultura do primeiro tipo distingue na qualidade de princípio fundamental o costume; a cultura do segundo tipo, a lei".[50] Assim, na *cultura textual* são "direito" as práticas e os hábitos aos quais se atribui um sentido de obrigação jurídica; e na *cultura gramatical*, é "jurídica" a regra previamente estabelecida como "direito". Tendo em conta essa distinção, podemos entender a afirmação de Eco quando diz que "um bom exemplo de cultura gramaticalizada poderia ser o direito romano, onde se prescrevem minuciosamente as regras para cada caso, excluindo-se todo tipo de desvio; enquanto um exemplo de cultura textualizada poderia ser a *Common Law* anglo-saxônica, que propõe as sentenças precedentes como textos nos quais se deve inspirar para resolver de maneira análoga casos análogos".[51] A primeira parece mais preocupada em preservar a sintaxe do ordenamento jurídico; a segunda estrutura-se desde uma perspectiva pragmática.[52]

Para Lótman, considerar uma cultura como "um conjunto de textos" ou "um conjunto de regras" é destacar o princípio organizador da sociedade que incide sobre qualquer matéria introduzida posteriormente na consciência da coletividade.[53] "Resulta interessante observar como as leis e normas que são introduzidas em uma cultura construída sobre o princípio do texto começam praticamente a funcionar como costumes precedentes, enquanto no caso contrário o direito consuetudinário tende

---

[50] LÓTMAN, I. *La semiosfera II*: semiótica de la cultura, del texto, de la conducta y del espacio. Madri: Cátedra, 1998. p. 125.
[51] ECO, U. *Tratado geral de semiótica*. 3. ed. São Paulo: Perspectiva, 2000. p. 126.
[52] A *pragmática* dedica-se ao estudo da linguagem e seus significados em seu uso concreto na comunicação e tendo em conta também o contexto extralinguístico.
[53] Lótman, *La semiosfera II*, 1998, p. 127. A expressão "consciência coletiva" remete-nos à ideia de "cultura" como "a programação coletiva da mente que distingue os membros de um grupo ou categoria de pessoas de outro". HOFSTEDE, G. *Culture's consequences*. Thousand Oaks; Londres; Nova Délhi: Sage, 2001. p. 10.

a codificar-se, a cultura segrega ativamente sua própria gramática".[54] Assim, a importação ou a simples introdução de estruturas gramaticais nas culturas jurídicas textuais não necessariamente transformarão o direito dessas culturas à imagem e semelhança do direito aplicado nos países filiados ao *civil law* — sobretudo quando a implantação de elementos de um sistema semiótico estrangeiro é feita de forma artificial.[55] Do mesmo modo, a ausência forçada de regras codificadas pode conduzir as culturas jurídicas gramaticalizadas a um caos normativo generalizado.

A despeito de suas diferenças, o que o *common law* e o *civil law* têm em comum é a *escritura* como forma de manifestação por excelência da norma jurídica. Em relação ao *common law*, a escritura possibilita o acúmulo dos precedentes que registram a solução encontrada para cada caso concreto; no *civil law* a escritura permite a multiplicação das disposições legais para dar cabo do conjunto de fatos até então não regulados. Se a escritura é o traço cultural que aproxima estas duas tradições, é também o que as distingue das culturas onde o direito tem uma dimensão *não escrita* importante. A experiência jurídica, nesses casos, baseia-se nas representações coletivas de práticas e hábitos sociais que, renovados no tempo, conservam o que se entende como conduta obrigatória, permitida ou proibida. Diferentemente das culturas de direito escrito, que apresentam uma natureza semiótica mais homogênea, os nexos sintáticos e semânticos dos símbolos jurídicos das culturas de direito não escrito são mais vagos e, muitas vezes, baseados na transmissão oral.

Tomemos como exemplo as culturas jurídicas africanas. Ainda que os regimes jurídicos nacionais tenham incorporado muitos aspectos dos direitos dos países outrora colonizadores, as normas e os procedimentos costumeiros do período pré-colonial ainda subsistem. Após a descolonização essas normas foram vistas como retrógradas por retardarem o processo de "modernização" dos novos Estados. De certo modo, esta percepção

---

[54] Lótman, *La semiosfera II*, 1998, p. 127.
[55] Citando exemplos da experiência jurídica russa, Lótman observa que as gramáticas que são introduzidas "desde cima" no sistema da cultura textual funcionam na realidade como textos. Em outras palavras, nesses casos, "as leis se empregam como costumes". Ibid., p. 131.

fundava-se na ideia de que o direito moderno seria aquele próprio das culturas jurídicas de direito escrito ocidentais.[56] Para Chiba, a cultura jurídica africana contemporânea resultou do choque entre o direito ocidental transplantado e os diversos direitos nativos.[57] Sua característica básica decorre desta relação, nem sempre harmoniosa, entre a cultura jurídica de direito escrito, seja ela textual ou gramatical, e a de direito não escrito porém não menos "textual", por envolver rituais simbólicos que adquirem, para o conjunto da sociedade, um sentido jurídico inegável. Assim, determinadas práticas cotidianas são guiadas não por leis, mas por costumes e hábitos locais, e a ingerência dos governos se vê limitada por essa circunstância.

O estudo da cultura jurídica muçulmana revela-nos outra característica distintiva: ela se funda não na escrita dos homens, mas na escritura divina. Os indivíduos, por serem tidos como incapazes de reprimir sua tendência para o mal, não teriam legitimidade para criar, por si sós, as regras para a promoção do bem comum. O direito deve proceder de uma inspiração divina reveladora da vontade de Deus. Como observa Khadduri, "no Islã, os fiéis aderiram à doutrina segundo a qual seu sistema normativo emanava em última instância da alta fonte divina. Sob sua forma terrestre, essa fonte consiste na Revelação e na Sabedoria, a

---

[56] Contudo, observa Roberts, "signos recentes mostram que as normas e as práticas 'tradicionais' são percebidas como a memória orgulhosa de um passado pré-colonial, símbolos de coesão em um mundo contemporâneo incerto". ROBERTS, S. Culture juridique africaine: nature de l'ordre juridique en Afrique. In: CAPELLER, W.; KITAMURA, T. (Dir.). *Une introduction aux cultures juridiques non occidentales*. Bruxelas: Bruylant, 1998. p. 183.

[57] CHIBA, M. Ce qui est remis en question dans la culture juridique non-occidentale. In: Capeller e Kitamura (Dir.), *Une introduction aux cultures juridiques non occidentales*, 1998, p. 249. Em que pese ser bastante comum o uso das expressões "direito ocidental" e "direito não ocidental", essa divisão é redutora da complexidade da realidade jurídica no mundo. Ela supõe que os direitos dos países não ocidentais possuem características comuns que os distinguem do conjunto dos direitos dos países do Ocidente. O próprio Chiba adverte que a noção de "direito não ocidental" não está cientificamente estabelecida por comportar diversas acepções. Assim, diz ele, "a expressão 'direito não ocidental' pode designar (1) o direito dos países não ocidentais, (2) o direito estatal dos países não ocidentais, (3) o direito não oficial das sociedades não ocidentais nos países capitalistas e socialistas, (4) a coexistência do direito estatal com o direito não oficial nos países não ocidentais, (5) ou, ainda, a cultura jurídica dos países não ocidentais". Ibid., p. 37.

primeira exprimida pelo Corão e a segunda pelas palavras do Profeta Maomé".[58] As palavras e as atitudes de Maomé são transmitidas às gerações por meio dos *hadîth*, tradições orais que, em conjunto, constituem a *Sunna* (Via Direita). O Corão (que significa "Recitações") e a Sunna são as duas fontes autorizadas do direito muçulmano e o conjunto de suas normas constituem a *sharia* (a Rota)[59] que, por ser uma "normatividade revelada", é considerada "uma expressão do direito natural".[60] A *sharia* constitui, portanto, o material jurídico que serve de referência para os eruditos (*ulama*) elaborarem as demais regras (chamadas *ijtihad*) a serem observadas por todos os fiéis e adaptadas, se for o caso, às circunstâncias. O conjunto dessas regras *não reveladas*, tais como aquelas derivadas do *fiqh* e do *qânûn*, é considerado direito positivo pelos juristas muçulmanos.[61]

Essa ambivalência do direito muçulmano não descaracteriza seu traço principal: o sentido religioso das normas da *sharia* que é "conhecida e

---

[58] KHADDURI, M. Le droit islamique dans la culture, la structure du style de vie islamique. In: Capeller e Kitamura (Dir.), *Une introduction aux cultures juridiques non occidentales*, 1998, p. 192. Segundo os termos do Corão, "os homens são inimigos uns dos outros" (Q. XX). Desse pressuposto, somente uma autoridade Suprema teria o poder de conservar a sociedade. Dado que "Deus dá sua soberania a quem Ele quer" (Q, II, 248; III, 25), coube ao profeta Maomé, por inspiração divina — e, de certo modo, por delegação — ser o intérprete da vontade Suprema.

[59] A expressão *sharia* costuma ser grafada de diversas maneiras. Assim, é possível encontrar os termos *charia*, *chariá*, *xaria* ou *xariá*, bem como *shariah*, *shari'a* ou *syariah*.

[60] BOTIVEAU, B. Le droit islamique comme ensemble de normes et de valeurs, comme savoir et techniques, comme modes de realization d'une exigence sociale de justice. In: Capeller e Kitamura (Dir.), *Une introduction aux cultures juridiques non occidentales*, 1998, p. 200. Explicam Milliot e Blanc que o direito muçulmano é o direito que rege os adeptos da religião islâmica. "A palavra muçulmano (*muslim*) vem da palavra 'islãm', que significa submissão à divindade. O Islã é o conjunto dos povos que aceitaram a religião revelada por Maomé no Corão". MILLIOT, L.; BLANC, F.-P. *Introduction à l'étude du droit musulman*. 2. ed. Paris: Dalloz, 2001. p. 1.

[61] O *fiqh* corresponde à "jurisprudência". Porém, mesmo sendo considerado um direito positivo, tem um estatuto particular: deve ser "inspirado" na *sharia*. Já o "*qânûn wad'î*", que se traduz como direito "posto", diz respeito às legislações no domínio fiscal, comercial, militar e penal. Observa Botiveau que, "no Século XX, a palavra designa o direito 'importado' (*wâfid*) da Europa e mais largamente o direito do Estado-nação, regulamentado e legislado. Os movimentos islamistas atuais denunciam sua autonomia em relação ao religioso, taxando comumente este direito de 'leis ímpias' ou de 'leis sacrilégios', insuscetíveis de realizar a justiça". Botiveau, "Le droit islamique comme ensemble de normes et de valeurs", 1998, p. 201.

reconhecida por todos os muçulmanos passados, presentes e futuros".[62] Logo, a Lei islâmica caracteriza-se por ser eterna, imutável e infalível.[63] Diferentemente das demais culturas jurídicas escritas, cujas normas e princípios fundadores são mais permeáveis às circunstâncias políticas do momento, na cultura islâmica o texto jurídico da *sharia* veicula modelos de comportamento que se presumem perenes e válidos em qualquer tempo e lugar. "Não se trata de um código, nem de textos jurídicos concebidos como tais: o Corão reveste um caráter global; ele diz respeito a todos os comportamentos do fiel, que constituem elementos indivisíveis e indissociáveis do Islã", afirmam Pansier e Guellaty.[64] Podemos vislumbrar certa pretensão de universalidade dos conteúdos desse direito que não seriam necessariamente compatíveis com as ideias universalistas do Ocidente baseadas na razão humana.

    O caráter sagrado do direito não está presente na cultura jurídica chinesa. Porém, nessa cultura, as regras morais têm um papel relevante. Segundo Tay, "o pensamento tradicional chinês estima que um constante recurso ao '*fa*' ou direito positivo é a prova de uma decadência da ordem social e de uma falta de harmonia entre o Estado e a sociedade".[65] O direito, diferentemente das tradições jurídicas do *civil law* e do *common law*, é mais um poder jurídico a serviço do Estado e do partido do que dos indivíduos. Nos conflitos envolvendo questões civis, a busca por uma solução pacífica

---

[62] Ibid., p. 197-198. Para Milliot e Blanc, "se, bruscamente, se reconhecesse que a Lei muçulmana é um anacronismo, não restaria mais ao Estado nenhuma fundação espiritual. O Islã não tem nem Cromwell, nem Joana d'Arc, Voltaire, Goethe, Lincoln; nem tomada da Bastilha, nem *Independence Day*. Seus heróis são os companheiros do Profeta e seu único clássico é o Corão". Milliot e Blanc, *Introduction à l'étude du droit musulman*, 2001, p. 76.

[63] A Lei do Islã reúne religião, moral e direito. "Existe, portanto, uma ligação íntima entre o nascimento e a formação da religião e o desenvolvimento do direito; é impossível separá-los na origem", afirmam Milliot e Blanc, *Introduction à l'étude du droit musulman*, 2001, p. 78.

[64] PANSIER, F.-J.; GUELLATY, K. *Le droit musulman* (que sais-je?). Paris: PUF, 2000. p. 24.

[65] TAY, A. E.-S. Culture juridique chinoise. In: Capeller e Kitamura (Dir.), *Une introduction aux cultures juridiques non occidentales*, 1998, p. 206. Por este motivo, segundo Tay, "a China não é e jamais foi uma cultura jurídica centrada no Direito. Ela privilegia as relações sociais assim como os deveres que se ligam a elas em detrimento de uma concepção abstrata e impessoal das leis e dos direitos". Ibid., p. 205.

sem recorrer aos tribunais é não só a via preferida como também um ato de superioridade moral.[66] Talvez essa seja uma das razões pelas quais os homens de negócios e funcionários chineses "atribuem um papel menor aos contratos e aos acordos escritos".[67] Para Tay, "a aparente exaltação do direito é, em larga medida, destinada a satisfazer os estrangeiros".[68] Uma vez que a tradição e os costumes sociais possuem um valor "jurídico" maior se comparados ao direito positivo, pode-se sustentar que o direito chinês possui também características típicas de uma cultura jurídica textual não escrita.

Figura 2
Tipologia das culturas desde uma perspectiva semiótica

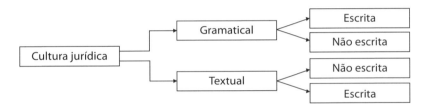

Todas estas culturas podem ser vistas como modelos resultantes de uma semiótica estatal que outorga sentido "jurídico" a um conjunto de atos e fatos selecionados segundo os valores dominantes na sociedade. Uma tipologia que pretenda classificar as culturas jurídicas em gramaticais ou textuais, escritas e não escritas, não refletirá a complexidade das experiências jurídicas nacionais. O sincretismo jurídico está presente, em maior ou menor grau, em todos os Estados, sobretudo naqueles originários dos processos de descolonização e naqueles que, a título de se adotar uma política jurídica modernizadora, "ocidentalizaram" seu direito. Os eventuais conflitos

---

[66] Piquet observa que o número de controvérsias submetidas aos tribunais tem aumentado ultimamente e que isso se deve à consciência da população de possuir direitos e recursos jurídicos para fazê-los valer. Mas faz uma ressalva: "Os chineses não temem mais recorrer aos tribunais, salvo se a parte adversa é percebida como protegida pelo Partido". PIQUET, H. *La Chine au carrefour des traditions juridiques*. Bruxelas: Bruylant, 2005. p. 65.
[67] Ibid., p. 207.
[68] Ibid., p. 218.

entre diversas estruturas semiótico-culturais do direito são um desafio a ser enfrentado pelos governos e seus representantes no processo de criação, interpretação e aplicação do direito internacional. Cada Estado possui um código cultural que se adapta ao seu modo às circunstâncias internas e externas. O conhecimento desse código pode auxiliar o diplomata a traduzir contextualmente e circunstancialmente as informações emitidas pelos governos estrangeiros e evitar equívocos na comunicação intercultural.[69]

Assim, retomando a questão de Legrand quando indaga se um jurista francês poderá dominar o direito inglês como um *lawyer* ou um professor inglês, entendemos que a resposta, muito provavelmente, será negativa. Certamente o jurista em questão terá condições de dominar o direito inglês *como* um jurista francês. Isso porque ele fará uma representação do direito inglês a partir de sua formação jurídica, dos textos jurídicos de autores ingleses, de sua experiência eventual com o direito inglês e de sua própria experiência jurídica na França.

> O comparatista [...] traduz menos a língua do outro que as observações que *ele* faz de outro universo jurídico pelo prisma de *seu* olhar estrangeiro: "Quando traduzo, não posso me subtrair à prática comparando não somente palavras, sentido, mas sobretudo mundos, isto é, maneiras de construir um universo".[70]

---

[69] Segundo Milliot e Blanc, ao tratar com interlocutores da cultura jurídica muçulmana "é preciso respeitar, ao menos na aparência, as proibições religiosas que suspendem a via econômica, entravam as relações comerciais, separam os sexos". (Milliot e Blanc, *Introduction à l'étude du droit musulman*, 2001, p. 76). Um exemplo de uso equivocado de um código jurídico é aquele apontado por Cao a respeito da palavra chinesa "*quanli*". Segundo Cao, a ideia de "direitos" ("*rights*"), tal como concebida na ciência política do Ocidente, foi introduzida na China no século XIX por meio da palavra "*quanli*". Contudo, ela era usada desde tempos antigos para significar "poder" (*Quan*) e "lucro", "ganho" ou "benefício" (Li), subvertendo totalmente o sentido que se pretende atribuir ao termo "*rights*". Para Cao, "esta ambiguidade linguística pode indicar uma ambivalência de perspectiva no pensamento chinês dado que os dois termos podem não ser conceitualmente muito diferentes para os chineses, e não tão mutuamente incompatíveis como eles são geralmente entendidos nas línguas ocidentais". CAO, D. Key words in Chinese law. In: WAGNER, A.; PENCAK, W. *Images in law*. Burlington: Aldershot, 2006. p. 42.
[70] Legrand, *Le droit comparé*, 1999, p. 23.

Integração normativa

O que ele faz é interpretar representações do direito inglês apoiado nos discursos dos juristas ingleses e franceses sobre esse direito. Logo, o pressuposto epistemológico de todo conhecimento de um direito estrangeiro é que esse conhecimento estabelece-se a partir de duas percepções de realidade e de experiência jurídica: a do nacional daquele direito que se quer conhecer e a do seu intérprete estrangeiro. A compreensão do conteúdo jurídico estrangeiro exige não somente o acesso à informação sobre aquele direito, mas também uma relação de comunicação com aquele que está inserido na dinâmica do direito que se quer traduzir, interpretar e transmitir. É neste diálogo que intervêm as constituições linguísticas da realidade que representam os diversos direitos nacionais.

Contudo, para a compreensão das diferentes culturas jurídicas resta ainda um trabalho a ser feito. Há dois obstáculos a serem superados: a pretensa atitude acultural dos internacionalistas e as afirmações em prol do relativismo cultural por parte dos comparatistas.[71] Um e outro partem de pressupostos extremos: enquanto o primeiro crê ser possível unificar as culturas em torno de um único modelo jurídico, o segundo percebe essa tarefa como sendo utópica. A razão para isso, segundo Kennedy, é que os internacionalistas, preocupados em regular o mundo, parecem mais à vontade com o poder; enquanto os comparatistas, mais interessados em compreender o mundo, sentem-se pouco atraídos pelas questões de governança.[72] Essas duas posturas cognitivas contribuem para a persistência de uma relativa indiferença ou resistência às mútuas contribuições que os direitos nacionais e o direito internacional — e, consequentemente, as contribuições de comparatistas e internacionalistas — podem aportar

---

[71] O próprio David Kennedy sublinha as diferenças entre comparatistas e internacionalistas a despeito de considerar que eles possuem mais aspectos em comum do que possam imaginar. Diz ele: "Para o comparatista, os internacionalistas parecem ser pessoas que estão mais preocupadas com o presente, procurando, sem cessar, lições, aplicações e soluções, convencidos que o outro foi compreendido se ele consentiu em ser dominado. Para o internacionalista, o comparatista parece ser um esnobe ou um diletante, como se a sociedade pudesse ser organizada pela compreensão sem dominação". KENNEDY, D. "Les clichés revisités, le droit international et la politique", 2000, p. 61.
[72] Ibid., p. 83.

para o direito como fenômeno global. Aproximar aquelas duas dimensões jurídico-discursivas pode trazer novas perspectivas para a teoria do direito e para a discussão sobre a legitimidade e a eficácia das normas jurídicas internacionais.

As mútuas influências entre os discursos jurídicos nacionais e o discurso jurídico-diplomático

Afirmar que o direito estatal toma "como jurídico somente suas próprias normas" e encara "como irrelevante todas as outras"[73] é admitir que o direito do Estado estrutura-se sob o signo da "exclusividade", único capaz de fundar sua identidade jurídica ante as demais ordens jurídicas soberanas.[74] Do ponto de vista formal, esse direito é autorreferencial por encontrar nele mesmo seu fundamento de validade. Do ponto de vista do conteúdo, ele se realiza e legitima-se à medida que veicula valores, ideias e conceitos reconhecidos pela população destinatária como representações de seu modo de agir e pensar o mundo. É aqui onde o direito abre-se para as contribuições e influências de culturas jurídicas estrangeiras.[75]

As relações que um direito estatal estabelece com outros direitos são condicionadas por uma série de fatores *contextuais* e *circunstanciais*. O primeiro fator diz respeito a todos os textos normativos estatais e internacionais que existem no mundo dos Estados e com os quais o direito nacional se relaciona; já os fatores circunstanciais correspondem ao conjunto das culturas jurídicas estrangeiras em meio às quais se situa a cultura jurídica nacional. O próprio ordenamento jurídico pode promover uma maior

---

[73] ROMANO, S. *L'ordre juridique*. Paris: Dalloz, 1975. p. 106.
[74] A identidade jurídica é constituída pelas instituições jurídicas nacionais. Ela influencia o ensino e a reprodução do modo como criamos o direito e o que consideramos direito. No plano internacional, a ideia de uma identidade atribuída ao direito nacional reafirma um traço característico do Estado que o diferencia das demais soberanias.
[75] Assim, por exemplo, os Códigos de Napoleão, bem como os ideais iluministas e revolucionários a favor dos direitos humanos, por terem se propagado pelo mundo, tornaram a cultura jurídica e os valores franceses referências para diversos direitos nacionais durante o século XIX.

interação com outras legislações e culturas estrangeiras, mostrando-se receptivo a elas.[76] Sua eventual adesão aos modelos jurídicos dominantes pode favorecer a convergência semântica nas relações interestatais, com repercussões sobre o próprio direito interno e o direito internacional.

A influência de um ordenamento jurídico sobre outro depende de uma série de elementos, tais como: o poder econômico, político e militar dos Estados; sua capacidade de disseminar ideias e práticas no âmbito das universidades, das organizações internacionais e nas relações bilaterais ou multilaterais; a participação de juristas nacionais nas instâncias decisórias internacionais; o número de representações diplomáticas que o Estado mantém no mundo etc. Mas há também outro elemento que se deve sublinhar: o protagonismo do discurso jurídico nacional a respeito do sentido do direito e, particularmente, do direito internacional. A tradição americana do direito internacional é, segundo Kennedy, menos formalista e menos centrada sobre o Estado se comparada com seu equivalente europeu.[77] O estudo do direito internacional não se dissocia do estudo do funcionamento da sociedade internacional. "O direito internacional constitui a estrutura de um 'regime' de 'comportamento'. É um 'discurso' de reivindicações, uma 'linguagem' de 'relações' entre os Estados".[78] O antiformalismo da cultura jurídica norte-americana acentua a *comunicação* — ainda que orientada pelas normas jurídicas internacionais — em detrimento da *informação jurídica* como elemento estruturador da sociedade internacional. As relações internacionais que daí decorrem organizam-se não a partir da norma jurídica, mas da relação concreta do jogo político entre Estados. Trata-se de uma abordagem mais pragmática e menos sintática do direito internacional. Contrasta com a percepção do direito internacional na França onde, segundo

---

[76] Tal é o caso da aplicação de normas jurídicas estrangeiras nos conflitos de leis regulados pelo direito internacional privado. Entretanto, há casos mais radicais caracterizados pelo transplante total de textos jurídicos alheios no contexto do sistema normativo nacional.
[77] Kennedy, "Les clichés revisités, le droit international et la politique", 2000, p. 13.
[78] Ibid., p. 16. "Um jurista internacional americano considera o direito internacional como o 'processus' relativamente estável no qual as reivindicações recíprocas, sejam políticas ou jurídicas, são formuladas ou abordadas." Ibid.

Jouannet, "a cultura da legalidade está profundamente enraizada nas mentalidades francesas".[79]

A despeito dessas diferenças, os juristas internacionalistas têm algo em comum: ocupados com o objetivo de governar o mundo, insistem em ignorar as diferenças culturais por considerá-las elementos perturbadores da ordem internacional. "O objetivo do discurso internacionalista é criar uma zona, uma dimensão ou uma perspectiva acima das relações entre Estados e construir pontes entre Estados restando agnóstico em matéria de cultura, não tendo nenhuma cultura", diz Kennedy.[80] Esse agnosticismo cultural é percebido como uma virtude e parte importante da ideologia jurídica dominante do direito internacional. Por esse motivo, os internacionalistas adotam três estratégias para escamotear — ou superar — as diferenças culturais entre os países.[81] A primeira delas

---

[79] JOUANNET, E. Les visions française et americaine du droit international: cultures juridiques et droit international. In: SOCIÉTÉ FRANÇAISE POUR LE DROIT INTERNATIONAL. *Droit international et diversité des cultures juridiques*. Paris: Pedone, 2008. p. 60-61. Cohen-Tanugi sustenta uma opinião diversa. Para ele, nas relações entre a França e os Estados Unidos, duas práticas de relações internacionais se entrechocam: a abordagem americana tende a ser mais legalista e a abordagem francesa privilegia a diplomacia e a *Realpolitik*. Há uma diferença de linguagem. "Enquanto os americanos creem sinceramente na primazia dos instrumentos jurídicos tanto no âmbito interno quanto externo e tiram partido deles, os europeus consideram tradicionalmente que os conflitos que têm por objeto as políticas comerciais, industriais ou técnico-estratégicas pertencem na realidade ao domínio da diplomacia e devem ser solucionados pela via de uma negociação puramente política antes que por arbitragens jurídicas ou procedimentos judiciários". Cohen-Tanugi. *Le droit sans État*, 2007, p. 40. O autor pondera, contudo, que "a Europa jurídica tornou-se hoje uma realidade mais importante na vida cotidiana que a Europa política". Ibid., p. 41.

[80] Kennedy, "Les clichés revisités, le droit international et la politique", 2000, p. 60.

[81] Ibid., p. 62 a 68. Observa Dubrulle que a identidade cultural associada ao Estado é delimitada pelas fronteiras geográficas. DUBRULLE, J. B. Frontière dépassé, frontière recomposée. *International Journal for the Semiotics of Law*, v. 18, n. 2, p. 172, Springer 2005. Para Duroselle, "a partir do momento em que uma fronteira existe, as duas soberanias que ela separa, os dois conjuntos sociais que ela divide, começam a se orientar em direções divergentes". (DUROSELLE, J.-B. *Todo império perecerá*: teoria das relações internacionais. Brasília: UnB; São Paulo: Imprensa Oficial do Estado, 2000. p. 77). É preciso esclarecer, todavia, que "cultura" e "nação" são expressões que possuem significados diferentes. A ocultação dessa diferença é convalidada pela força ideológica da noção de "fronteira estatal", como se a divisão geográfica por ela produzida pudesse não só separar o povo de um Estado dos demais povos da Terra, mas também unificá-lo em torno de uma

Integração normativa

consiste na *contenção* das diferenças culturais no interior das fronteiras dos Estados. A segunda reside na promoção da *assimilação* da forma de organização social e política adotada pelos países hegemônicos. A terceira estratégia é a *afirmação* da existência de uma única ordem jurídica internacional, afastando a possibilidade de certas nações organizarem suas relações a partir de um ordenamento jurídico alternativo. E, por fim, a quarta estratégia consiste na *externalização* das culturas subversivas ao sistema interestatal considerando-as como se estivessem "além das fronteiras da civilização".[82] Essas estratégias atribuem papéis distintos ao Estado e à cultura. Cabe ao primeiro afirmar-se no plano internacional por meio da linguagem diplomática. À cultura cabe-lhe o papel organizador da unidade nacional em torno da figura do Estado a fim de apoiá-lo em suas reivindicações externas em nome de um suposto interesse nacional.

Mas o que está por detrás desta estratégia discursiva de ocultamento dos traços culturais quando os Estados atuam no nível internacional? Quer-se, com isso, atribuir uma "neutralidade" à cultura jurídica internacional em relação aos direitos nacionais ou mesmo moldar uma cultura jurídica comum? É possível constituir uma cultura jurídica internacional *significativamente* comum a todos os países? Para Jouannet, as disfunções internas do atual sistema jurídico internacional e o contexto internacional do pós-guerra fria favorecem a concorrência de visões de mundo que reivindicam modelos mais válidos ou, como preferimos, mais legítimos.[83]

---

cultura dita "nacional" que deveria contrastar-se com as outras culturas nacionais e sobrepor-se às demais manifestações culturais "menores" existentes no território soberano. Considerar "cultura" e "nação" termos sinônimos simplifica a realidade internacional em benefício de um maior controle sobre as relações internacionais. A associação entre esses termos parece ser decisiva para a própria legitimidade do direito internacional. Afinal, descolar a "cultura" do termo "nação" pode provocar um enfraquecimento do poder persuasivo do discurso jurídico estatal e revelar o Estado não mais como um ator internacional com identidade e características culturais próprias, mas como um aparato burocrático formal, uma máquina de fazer direito, manuseada por grupos sociais e culturas os mais diversos. Em tal caso, a fronteira não cumpriria seu papel de ser a projeção física de um projeto nacional validado e sustentado pelo direito interno.

[82] Kennedy, "Les clichés revisités, le droit international et la politique", 2000, p. 64-66.
[83] Jouannet, "Les visions française et americaine du droit international", 2008, p. 48.

Integração normativa e a tradução das tradições jurídicas

Em meio a tantas culturas jurídicas gramaticais e textuais, escritas e não escritas, de autoria divina ou social, o direito internacional tende a ser um mosaico jurídico relativamente instável a depender do centro de gravidade dos polos de poder da política internacional. As línguas e as culturas não estão dissociadas das relações de força presentes no sistema internacional.[84]

A despeito dos obstáculos linguísticos e culturais, o Estado encontra no direito internacional um código de referência para suas relações com outras entidades soberanas. São dois os discursos que esse direito veicula: um interno assumido pelo direito nacional que o incorpora e o interpreta; e outro externo que se dirige para os demais Estados e é comumente identificado nas instâncias de negociação e decisão de controvérsias interestatais. Esta dupla face do direito internacional é um desafio para o projeto de regulação do mundo e para a formação de uma cultura jurídica comum. Porém, para Jouannet, há, ao menos, "uma linguagem comum que é o próprio direito internacional e, portanto, neste sentido, uma cultura embrionária comum".[85] Cultura que se estrutura, sobretudo, com base no direito escrito.[86]

---

[84] Mesmo nas áreas consideradas menos sujeitas a apreciações valorativas, como querem alguns ao mencionar como exemplo o direito internacional econômico, as interferências culturais também se fazem presentes. Como observa Kennedy, uma grande parte desse direito depende de uma escolha entre uma referência de livre comércio e outra de intervencionismo econômico e "as dificuldades aparecem porque esta distinção difere segundo as culturas jurídicas envolvidas". Kennedy, "Les clichés revisités, le droit international et la politique", 2000, p. 70. O objetivo de criar um sistema jurídico econômico e comercial internacional livre das interferências políticas dos inúmeros governos e protegido das influências das diversas culturas jurídicas nacionais particulares fez com que os Estados optassem por criar um conjunto de organismos especializados, tais como o Fundo Monetário Internacional (FMI), o Banco Mundial e a Organização Mundial do Comércio (OMC), que se dedicassem à tarefa de padronização dos termos e práticas jurídicas. A complexidade dos temas e questões objeto de negociação no âmbito dessas organizações passaram a exigir, cada vez mais, a presença de especialistas para assessorar os diplomatas. Esse fato teve um impacto sobre a cultura tradicional da diplomacia. A linguagem especializada dos técnicos, por ser menos suscetível às variações de humor e sutilezas semânticas da linguagem política dos Estados, estabelece um código de linguagem padrão que visa reduzir as interferências da cultura sobre as negociações de termos jurídicos.

[85] Jouannet, "Les visions française et americaine du droit international", 2008, p. 43.

[86] A instabilidade e o dinamismo das circunstâncias internacionais fazem com que o direito internacional torne-se, cada vez mais, um direito escrito. Para Legrand, a sujeição ao texto reside

Integração normativa

Ao regular as relações interestatais, o direito internacional padroniza termos e ressignifica as diversas realidades jurídicas nacionais, relativizando a percepção de que o direito interno, por ser inerente a cada povo, não conviria a outra nação. A busca da convergência semântica dos direitos estatais por meio do direito internacional exige, contudo, um esforço de comparação dos direitos nacionais tendo em conta uma ética tradutiva que considere os referentes culturais no processo de negociação do sentido da norma jurídica internacional. O uso de uma língua comum responde às necessidades de comunicação entre os Estados.[87] Por esse motivo, a escolha de um ou alguns idiomas comuns será sempre o primeiro passo para o estabelecimento de um diálogo diplomático. Afinal, a competição linguística generalizada não contribuiria para um *modus vivendi* no sistema internacional. Mas o limite da linguagem diplomática é o mesmo de qualquer outra língua natural: pressupõe um princípio de traduzibilidade. Em outras palavras, seu vocabulário deve poder ser convertido para outros idiomas, apesar de cada um possuir formas próprias de perceber, organizar e interpretar o mundo.

Conclusão:
um novo dicionário para o direito internacional?

A diplomacia possui um código de linguagem que visa facilitar a comunicação e viabilizar consensos. Dessa perspectiva, pode-se admitir haver uma cultura diplomática comum. Contudo, as diferenças culturais são

---

em uma profissão de fé dos juristas que assumem que "o verdadeiro tem por equivalente um *está escrito*". Legrand, *Le droit comparé*, 1999, p. 19.

[87] Claude Hagège reconhece este fato, mesmo defendendo o plurilinguismo europeu: "A multiplicação dos Estados independentes, quer eles sejam unilíngues ou, com mais razão, plurilíngues, deve, certamente, ser considerada fecunda e benéfica. É ela que funda a riqueza cultural da Europa. Mas, ao mesmo tempo, ela tem por consequência o aumento do número de obras de mesmo conteúdo, notadamente no domínio das ciências e das técnicas. Tal situação pode fazer nascer o desejo de uma língua comum, que parece satisfazer a necessidade de economia". HAGÈGE, C. *Le souffle de la langue*. Paris: Odile Jacob, 2000. p. 16.

um desafio para o esforço de harmonização dos significados dos signos linguísticos e não linguísticos daquele código. A tomada de consciência sobre o poder das línguas na construção e na disseminação de realidades por meio do discurso jurídico estimula uma disputa pelo domínio e controle do vocabulário do direito internacional. A escolha por um único idioma ou por um vocabulário multilíngue é de ordem pragmática, mas nela há uma dimensão política subentendida revelada no nível semântico.

A palavra "vocabulário", segundo o *Le nouveau Petit Robert*, significa "dicionário conciso que dá apenas as palavras essenciais de uma língua".[88] Coincide com uma das definições dadas pelo Aurélio, qual seja, "dicionário sucinto". A noção de "dicionário", por sua vez, remete-nos à ideia de uma "coleção de unidades significantes da língua (palavras, termos, elementos...) dispostas em uma ordem convencionada, que fornece definições, informações sobre os signos".[89] Nestes termos, o vocabulário é o conjunto ordenado de significantes de uma língua com seus respectivos significados, ou um dicionário conciso de signos linguísticos.

O dicionário tem uma peculiaridade: ele nos fornece somente as "palavras essenciais de uma língua", isto é, aquelas que são indispensáveis para se referir às coisas e aos acontecimentos do (e no) mundo. O dicionário é, portanto, seletivo. Ele captura as palavras em uso e dá fixidez a seus sentidos. É o retrato do idioma pois não retém o conjunto de sequências de seu uso *in concreto*. O dicionário não é a língua. É um signo que nos remete à ideia de língua, como se dentro dele coubesse todo o repertório sígnico que precisamos para *dizer* o mundo.

A existência de um vocabulário próprio ao direito internacional pressupõe a existência de um *dicionário do direito internacional*. Tal dicionário tem três características essenciais que o diferenciam de um dicionário geral de uma língua: ele é *temático*, *especializado* e *multilíngue*. É *temático* porque veicula um conjunto de termos essenciais relacionados a uma parte do mundo, qual seja, a parte relativa ao mundo do direito internacional. É *especializado* porque os significados atribuídos às palavras são determina-

---

[88] Rey-Debove e Rey, *Le nouveau Petit Robert de la langue française*, 2012.
[89] Ibid.

Integração normativa

dos pelo sentido que as mesmas adquirem quando utilizadas no contexto de um discurso específico, qual seja, o discurso jurídico-diplomático. Por fim, é um dicionário *multilíngue* porque sua compreensão pelos diversos povos depende de sua tradução.

O caráter especializado do vocabulário do direito internacional reforça a propagação, em escala global, de um discurso particular sobre o mundo. Afinal, descrever o "mundo" por intermédio desse vocabulário, é prescrever *um* mundo de uma perspectiva estatal. A produção do dicionário do direito internacional é confiscada dos atores sem soberania. Para Vanderlinden, isso outorgou aos Estados — e também aos juristas internacionais — um poder cada vez mais forte e mais distante das ideias dos outros sujeitos de direito, evidenciando um problema de comunicação, isto é, de linguagem e de língua.[90] Os Estados são, portanto, os lexicógrafos que selecionam e determinam os significados das palavras do dicionário do direito internacional. Por meio desse dicionário o Estado modela uma ordem social estruturada segundo seus interesses e objetivos, em detrimento dos interesses e objetivos de outros atores, garantindo sua autopreservação. Sendo o principal autor do vocabulário do direito internacional, o Estado subjuga todos os demais atores à sua linguagem, pois as "palavras essenciais" que o seu dicionário veicula são aquelas por ele escolhidas. O uso desse vocabulário favorece a constituição de consensos intersubjetivos que inibem a emergência de outros mundos que não sejam aquele projetado pelos soberanos.[91]

Mas é no caráter multilíngue desse dicionário que o sentido "comum" do direito internacional encontra seu maior obstáculo. São duas

---

[90] VANDERLINDEN, J. Langue et droit. In: CONGRÈS INTERNATIONAL DE DROIT COMPARÉ, 15., 1998, Bristol. JAYME, E. (Ed.). *Langue et droit*: XVe Congrés International de Droit Comparé. Bruxelas: Bruylant, 1999. p. 68-69.

[91] Um consenso intersubjetivo que perdurou muito tempo foi aquele que sustentava a exclusividade dos Estados como sujeitos de direito e deveres no plano internacional. Desse ponto de vista, somente os Estados podiam criar direito internacional e ser destinatários de suas próprias normas jurídicas. Com exceção das organizações internacionais — justamente por serem instituições nascidas do ventre estatal —, nenhuma outra entidade poderia revestir-se da qualidade de pessoa jurídica internacional e, portanto, participar do processo de nomeação do mundo e de constituição da ordem internacional.

as estratégias para superar esse problema: i) o ocultamento das nuances culturais com base no pressuposto de que cada palavra tem seu equivalente cultural em outros idiomas, ou ii) a aceitação da pluralidade de sentidos atribuídos aos termos do dicionário quando confrontados com as diversas culturas jurídicas nacionais. Para um e outro caso, a tradução se impõe como uma técnica. Mas isso não basta. É preciso que a tradução seja também assumida como um princípio ético capaz de promover a gestão da diversidade linguística e cultural e, consequentemente, favorecer uma maior adesão ao direito internacional. Desse ponto de vista, as duas estratégias mencionadas deveriam ser objeto de um amplo debate pois a tradução torna-se, aqui, a face expressiva das escolhas políticas dos diplomatas.

Traduzir é negociar sentidos por meio da troca de expressões oriundas de línguas distintas e que se supõe terem o mesmo valor, ou seja, o mesmo significado. O desafio do tradutor é fazer a troca justa entre as palavras dos distintos idiomas de modo que haja a máxima correspondência possível entre o que o emissor da língua de partida quis dizer e o que o receptor da língua de chegada acredita ter sido dito. Nesse processo de tradução, como adverte James B. White em seu livro *Justice as translation*, há sempre perdas e ganhos. O significado original do texto não é necessariamente o significado que nós atribuímos a ele: "Não importa o quão fielmente ou literalmente, nós produzimos algo novo e diferente".[92] Isso ocorre porque na passagem de uma língua para outra se tende a mudar de um universo referencial para outro, podendo envolver realidades totalmente

---

[92] "There is always gain and always loss, always transformation; that the 'original meaning' of the text cannot be our meaning, for in restating it in our terms, in our world, no matter how faithfully or literally, we produce something new and different." WHITE, J. B. *Justice as translation*: an essay in cultural and legal criticism. Chicago; Londres: The University of Chicago Press, 1994. p. 241. Reforçando este entendimento, diz ainda o autor: "Nenhuma sentença pode ser traduzida para outra língua sem alterações"; "O significado e a identidade do original são definidos nas diferenças que percebemos nele, no que torna ele estranho para nós. Para outro, ele apresentará um conjunto diferente de diferenças e, assim, será um texto diferente, com um significado diferente"; "Tentar 'traduzir', no sentido de reproduzir totalmente o significado, é experimentar um fracasso radical." Ibid., p. 250, 252 e 254, respectivamente.

distintas e, por vezes, opostas.[93] O que se traduz não são apenas expressões linguísticas, mas conteúdos culturais. Se isso pode não ser relevante para a existência do direito internacional, ao menos é para sua eficácia e, sobretudo, para sua legitimidade. É uma questão de vocabulário, afirma David Gerber. Trata-se de avaliar como cada cultura jurídica entende e avalia a linguagem do direito internacional. Afinal,

> cada sistema jurídico tem seus próprios padrões de representação e comunicação. Cada um utiliza, por exemplo, níveis particulares de abstração, valores e estilos, e favorece determinados tipos de argumentos. Estes padrões, expectativas e preferências afetam os modos pelos quais as partes formulam e interpretam mensagens, e precisamos, portanto, entender essas diferenças e seus efeitos potenciais sobre a comunicação.[94]

A tradução é a encruzilhada entre o direito internacional e o direito comparado. Na medida em que o direito internacional permanece aberto a diversas leituras e interpretações, a reconstrução de seu vocabulário pode ocasionar o descentramento de sentidos outrora produzidos e estabilizados em razão de contextos históricos bem definidos.[95] As noções clássicas do direito internacional, eventualmente enrijecidas pelo hábito de sua transmissão, são confrontadas com a diversidade de percepções sobre o direito oriundas de experiências jurídicas havidas em outros lugares.

---

[93] Para Umberto Eco, traduzir é dizer *quase* a mesma coisa. É nesse *quase* que repousa a frustração do tradutor pois sugere a impossibilidade de se cumprir a promessa de se traduzir integralmente a coisa para outra língua. ECO, H. *Quase a mesma coisa*: experiências de tradução. Rio de Janeiro: Record, 2007. p. 9-11. Entretanto, observa Eco, se as traduções podem parecer incomensuráveis, elas permanecem *comparáveis*. Ibid., p. 411.

[94] GERBER, D. Globalization and legal knowledge: implications for comparative law. *Tulane Law Review*, v. 75, p. 966-967, 2000-2001.

[95] Observa Delmas-Marty que "se os especialistas do direito internacional são às vezes obrigados a realizar estudos de direito comparado para identificar as normas pertinentes, em particular no contexto da arbitragem internacional, eles não são necessariamente conscientes de todas as sutilezas do direito comparado. Daí a necessidade de descompartimentalização das categorias jurídicas, muitas vezes constituídas em fortalezas defendendo zelosamente seu território". DELMAS-MARTY, M. *Trois défis pour un droit mondial*. Paris: Seuil, 1998. p. 109-110.

A ressignificação do direito internacional a partir da tradução das tradições jurídicas pode favorecer a retomada do diálogo entre as culturas jurídicas existentes no mundo, renovando a promessa de realização de um direito comum aos povos. O objetivo de tal empreendimento não seria regular *tudo* o que é *passível* de ser compreendido *no* mundo; mas de compreender tudo *aquilo* que é *possível* de ser *regulado pelo* mundo. Há, aqui, dois importantes aspectos a serem ressaltados. Em primeiro lugar, o foco deste projeto não está no objeto a ser regulado, mas no sujeito que deve compreender o que pretende regular. Em segundo lugar, nem tudo o que é *passível* de ser regulado em escala global será culturalmente *possível* sob pena da norma internacional ser inverossímil em razão da má compreensão do mundo por parte do intérprete.

Um direito comum, em sua busca de legitimidade, deve estruturar-se no nível do conteúdo e não exclusivamente no da forma.[96] É um projeto de construção de um *sentido de direito comum* que deve contar com a contribuição de diversos Estados e de diversos direitos. A recusa do diálogo intercultural e multilíngue é a recusa do próprio direito internacional como projeto da civilização. O vocabulário do direito internacional, para ser eficaz e revestir-se de legitimidade, deve ter em conta como cada cultura representa seu próprio mundo jurídico e compreende o mundo jurídico do outro. Compreender o mundo é a primeira condição para regulá-lo; traduzir o mundo é a condição para compreendê-lo. O "internacionalista cosmopolita moderno", como observou David Kennedy, preocupa-se em aprimorar a governança global respeitando as diferenças culturais.[97] É na execução deste projeto que os

---

[96] A hipótese básica é a de que um direito comum se organiza como conteúdo jurídico compartilhado pelas diversas culturas jurídicas. Tal convergência pode se dar em domínios específicos e em função de circunstâncias que favoreçam a harmonização ou a uniformização dos sentidos das normas jurídicas de diversos sistemas jurídicos. Algumas estruturas conceituais repetem-se nos diversos direitos e algumas aplicações são esperadas em certas situações. Esse compartilhamento de signos jurídicos se dá no nível semântico e pragmático e não coincide com aquele promovido tradicionalmente pelo direito internacional e que decorre da adoção de instrumentos jurídicos formais.

[97] Kennedy, "Les clichés revisités, le droit international et la politique", 2000, p. 59.

internacionalistas e comparatistas dão-se as mãos — gesto intelectual que pode conferir a ambos os domínios do saber jurídico um importante papel na renovação do pensamento jurídico contemporâneo e evidenciar, talvez, que há tantos direitos internacionais quantas forem as línguas e as culturas jurídicas existentes no mundo.

Referências

ALLOTT, P. The concept of international law. *European Journal of International Law (EJIL)*, v. 10, n. 1, p. 31-50, 1999.

BADIE, B.; SMOUTS, M.-C. *Le retournement du monde*: sociologie de la scène internationale. 3. ed. Paris: Dalloz: Presses de Sciences Po, 1999.

BIANCHERI, B. *Conciliar o mundo*: a diplomacia na era global. São Paulo: Martins Fontes, 2005.

BOTIVEAU, B. Le droit islamique comme ensemble de normes et de valeurs, comme savoir et techniques, comme modes de realization d'une exigence sociale de justice. In: CAPELLER, W.; KITAMURA, T. (Dir.). *Une introduction aux cultures juridiques non occidentales*. Bruxelas: Bruylant, 1998. p. 197-203.

BOURDIEU, P. *O poder simbólico*. Trad. Fernando Tomaz. 5. ed. Rio de Janeiro: Bertrand Brasil, 2002.

CAMPOS, C. M. *A política da língua na era Vargas*: proibição de falar alemão e resistências no Sul do Brasil. Campinas: Unicamp, 2006.

CAO, D. Key words in Chinese law. In: WAGNER, A.; PENCAK, W. *Images in law*. Burlington: Aldershot, 2006. p. 35-50.

CHIBA, M. Ce qui est remis en question dans la culture juridique non-occidentale. In: CAPELLER, W.; KITAMURA, T. (Dir.). *Une introduction aux cultures juridiques non occidentales*. Bruxelas: Bruylant, 1998. p. 233-271.

CLAVIER, P. *Le concept de monde*. Paris: PUF, 2000.

COHEN, R. *International politics*: the rules of the game. Nova York: Longman, 1981.

COHEN-TANUGI, L. *Le droit sans État*: sur la démocratie en France et en Amérique. 2. ed. Paris: Quadrige; PUF, 2007.

DAVID, R. *Os grandes sistemas do direito contemporâneo*. São Paulo: Martins Fontes, 1998.

DELMAS-MARTY, M. *Trois défis pour un droit mondial*. Paris: Seuil, 1998.

_____. *Critique de l'intégration normative*: l'apport du droit comparé à l'harmonisation des droits. Paris: PUF, 2004.

DENNING, M. *A cultura na era dos três mundos*. Trad. Cid Knipel. São Paulo: Francis, 2005.

DUBRULLE, J. B. Frontière dépassé, frontière recomposée. *International Journal for the Semiotics of Law*, v. 18, n. 2, 2005.

DUROSELLE, J.-B. *Todo império perecerá*: teoria das relações internacionais. Brasília: UnB; São Paulo: Imprensa Oficial do Estado, 2000.

ECO, U. *Tratado geral de semiótica*. 3. ed. São Paulo: Perspectiva, 2000.

_____. *Quase a mesma coisa*: experiências de tradução. Rio de Janeiro: Record, 2007.

EHR-SOON TAY, A. Culture juridique chinoise. In: CAPELLER, W.; KITAMURA, T. (Dir.). *Une introduction aux cultures juridiques non occidentales*. Bruxelass: Bruylant, 1998. p. 205-219.

FARNSWORTH, E. A. L'américanisation du droit: mythes ou réalités. *Archives de Philosophie du Droit*, Paris, t. 45, p. 21-28, 2001.

FERREIRA, A. B. de H. *Novo Aurélio*: o dicionário da língua portuguesa. São Paulo: Nova Fronteira, s.d. Versão 3.0. CD-ROM.

GARAPON, A.; PAPADOPOULOS, I. *Juger en Amérique et en France*: culture juridique française et *common law*. Paris: Odile Jacob, 2003.

GERBER, D. Globalization and legal knowledge: implications for comparative law. *Tulane Law Review*, v. 75, p. 949-975, 2000-2001.

GLENN, H. P. *Legal traditions of the world*: sustainable diversity in Law. Oxford: Oxford University Press, 2004.

HAGÈGE, C. *Le souffle de la langue*. Paris: Odile Jacob, 2000.

HALL, E. T. *Beyond culture*. Nova York: Anchor Books, 1976.

HOFSTEDE, G. *Culture's consequences*. Thousand Oaks; Londres; Nova Délhi: Sage, 2001.

_____. Diplomats as cultural bridge builders. In: SLAVIK, H. *Intercultural communication and diplomacy*. Malta: DiploFoundation, 2004. p. 25-38.

JOUANNET, E. Les visions française et americaine du droit international: cultures juridiques et droit international. In: SOCIÉTÉ FRANÇAISE POUR LE DROIT INTERNATIONAL. *Droit international et diversité des cultures juridiques*. Paris: Pedone, 2008. p. 43-90.

KAPPELER, D. The birth and evolution of a diplomatic culture. In: SLAVIK, H. *Intercultural communication and diplomacy*. Malta: DiploFoundation, 2004. p. 353-360.

_____. The impact of cultural diversity on multilateral diplomacy and relations. In: SLAVIK, H. (Ed.). *Intercultural communication and diplomacy*. Malta: DiploFoundation, 2004. p. 79-82.

KENNEDY, D. *Les clichés revisités, le droit international et la politique* (Droit International — Institut des Hautes Études Internationales de Paris). Paris: Pedone, 2000.

KHADDURI, M. Le droit islamique dans la culture, la structure du style de vie islamique. In: CAPELLER, W.; KITAMURA, T. (Dir.). *Une introduction aux cultures juridiques non occidentales*. Bruxelas: Bruylant, 1998. p. 191-196.

LAFER, C. *A identidade internacional do Brasil e a política externa brasileira*: passado, presente e futuro. São Paulo: Perspectiva, 2001.

LAPIERRE, J.-W. *Le pouvoir politique et les langues*. Paris: PUF, 1988.

LEGRAND, P. *Le droit comparé* (que sais-je?). Paris: PUF, 1999.

LÓTMAN, I. *La semiosfera II*: semiótica de la cultura, del texto, de la conducta y del espacio. Madri: Cátedra, 1998.

MACFARLANE, L. R.; ROBINSON, H. Lessons from two fields: a diplomat and an interculturalist converse. In: H. SLAVIK, H. *Intercultural communication and diplomacy*. Malta: DiploFoundation, 2004. p. 39-56.

MIALOT, C.; EHONGO, P. D. De l'intégration normative à géométrie et à géographie variables. In: DELMAS-MARTY, M. (Dir.). *Critique de l'intégration normative*: l'apport du droit comparé à l'harmonisation des droits. Paris: PUF, 2004. p. 25-36.

MILLIOT, L.; BLANC, F.-P. *Introduction à l'étude du droit musulman*. 2. ed. Paris: Dalloz, 2001.

MINGST, K. A.; WARKENTIN, C. P. What difference does culture make in multilateral negotiations? *Global Governance: a Review of Multilateralism and International Organizations*, Nova York, v. 2, n. 2, p. 169-187, maio/ago. 1996.

OST, F.; KERCHOVE, M. van de. *Le système juridique entre ordre et désordre*. Paris: PUF, 1988.

OSTROWER, A. *Language, law and diplomacy*: a study of linguistic diversity in official international relations and international law. Filadélfia: University of Pennsylvania, 1965. v. 1.

PANSIER, F.-J.; GUELLATY, K. *Le droit musulman* (que sais-je?). Paris: PUF, 2000.

PESSOA, F. *A língua portuguesa*. São Paulo: Companhia das Letras, 1999.

PIQUET, H. *La Chine au carrefour des traditions juridiques*. Bruxelas: Bruylant, 2005.

POIRIER, D.; DEBRUCHE, A.-F. *Introduction générale à la common law*. 3. ed. Bruxelas: Bruylant; Yvon Blais, 2005.

RANA, K. Diplomatic culture and its domestic context. In: SLAVIK, H. *Intercultural communication and diplomacy*. Malta: DiploFoundation, 2004. p. 381-390.

_____. *Asian diplomacy*: the foreign ministries of China, India, Japan, Singapore and Thailand. Malta; Genebra: DiploFoundation, 2007.

RANDOM HOUSE WEBSTER'S. *Unabridged dictionary*. Nova York: Random House, 2003. CD-ROM.

REIMANN, H. On the importance and essence of Foreign Cultural Policy of States: the interplay between diplomacy and intercultural communication. In: SLAVIK, H. *Intercultural communication and diplomacy*. Malta: DiploFoundation, 2004. p. 83-87.

REY-DEBOVE, J.; REY, A. (Dir.). *Le nouveau Petit Robert de la langue française*. Paris: Sejer (Éditis), 2012. Windows. CD-ROM.

ROBERTS, S. Culture juridique africaine: nature de l'ordre juridique en Afrique. In: CAPELLER, W.; KITAMURA, T. (Dir.). *Une introduction aux cultures juridiques non occidentales*. Bruxelas: Bruylant, 1998. p. 179-183.

ROLAND, R. A. *Interpreters as diplomats*: a diplomatic history of the role of interpreters in world politics. Ottawa: University of Ottawa Press, 1999.

ROMANO, S. *L'ordre juridique*. Paris: Dalloz, 1975.

VANDERLINDEN, J. Langue et droit. In: CONGRÈS INTERNATIONAL DE DROIT COMPARÉ, 15., 1998, Bristol. JAYME, E. (Ed.). *Langue et droit*: XVe Congrés International de Droit Comparé. Bruxelas: Bruylant, 1999.

WATT, H. M. Propos liminaires sur le prestige du modèle américain. *Archives de Philosophie du Droit*, Paris, t. 45, p. 29-36, 2001.

WHITE, J. B. *Justice as translation*: an essay in cultural and legal criticism. Chicago; Londres: The University of Chicago Press, 1994.

ZARTMAN, I. W.; BERMAN, M. R. *The practical negotiator*. New Haven: Yale University Press, 1982.

The 'European Constitution': a question of language

*Rosalind Greenstein**

Introduction

When thinking about a title for this paper, the first one that came to mind was in French: *La constitution européenne, regard linguistique*. Why? For two reasons. First, I was thinking and working in French at the time and, second, it was a perfect continuation of the collections of research essays on the relationship between language and culture that I have been closely involved in and which have always been published in French. However, as my research advanced I realised that in this particular case it would be appropriate to write in English, which is not only my mother tongue, but also the other language I have been analysing for a number of years, especially but not exclusively in a European context. On a more academic level, it is more interesting to look at what was at first the 'deviant' language and compare it to the linguistic norm of the founding fathers of the Common Market, as it was in 1957, all the more so as the impact

---

* Université Paris 1 — Panthéon-Sorbonne.

and influence of French, in general, and law French, in particular, are very noticeable. Although things are changing in the European Union,[1] documents such as the Constitution are very much inspired by the French legal tradition, so much so that the Constitution was actually drafted in French and then translated into the other languages, as we shall see below.

This paper is organised as follows. It begins with a series of very general comments as to what language is, how language relates to identity and what legal status, if any, certain languages have in a national or European context. It goes on to look more specifically at language and law, in different linguistic and juridical contexts, before moving on to a logical next step, the question of translation, be it from one monolingual, monojuridical system into another, within a bilingual, monojuridical or bijuridical system or, more important here, within a plurilingual, monojuridical context, that of the European Union. This raises a number of issues, including the choice of language(s) at the drafting stage of European law, before considering how to interpret the texts – in the sense of construing them – in order to then translate them. Reference will be made to possible differences between legislation, a constitution and a treaty and a number of examples will be taken from the European constitutional treaty to illustrate various types of problems.

What is language?

Since the thrust of this paper is to look at the language issues surrounding the Treaty establishing a Constitution for Europe, let us begin by a very

---

[1] In 2002, 57% of documents were drafted in English, 25% in French and just 5% in German, *Frankfurter Allgemeine Zeitung*, June 15, 2004, p. 23. A few years earlier the proportions for English and French were the other way around. This trend has since become more pronounced: in 2008, the Directorate General for Translation translated 1,805,689 pages, of which 72.5% of original texts (including those originating outside the Commission) were drafted in English, 11.8% in French, 2.7% in German and 13% in other languages. English has replaced French as the most widely used drafting language. Source: http://ec.europa.eu/dgs/translation/bookshelf/brochure_en.pdf, January 2009.

brief reminder of the dual function of language, which is to express (or reflect) reality and also to change it. Languages are, of course, spoken by individuals; they are not, however, an individual phenomenon and even if it is true to say that they enable a person to express themselves in their own unique way, they are part of a collective heritage, a vector of culture, the reflection of the spirit of an entire people.[2] Language is thus "a social fact in that every language is a collective product, an artefact created by its speakers which, at the same time, enables higher forms of social planning and cooperation to evolve. There is no human society that does not speak and use language as its central instrument of organization."[3] Implicit in this statement is the idea that as society evolves, language does too: "We do not just repeat what our elders said, but recreate our languages anew adapting them to our purposes and hence bring about change."[4] In other words, "[s]entences do not exist in the abstract, nor are words usually spoken without a purpose: there is always a relationship between language and its social context;"[5] including the fact that "[i]n the ways people speak they adjust to their interlocutors and this adjustment has a social dimension", among other things "in order to display solidarity or common membership to a particular group."[6]

Given this creative or transformational function of language, i.e. its active role, it becomes clear that words have power over the social construction of reality, as part of a historical process which goes beyond the intellect of a given individual and concerns the social and economic

---

[2] "Facteur d'expression de la personnalité individuelle et héritage collectif, 'art de la parole' […], vecteur de culture et, dit-on, reflet de l'esprit d'un peuple, une langue est en même temps ce qui nous est souvent familier par l'ancienneté des mots, des sons que nous avons entendus et ce qui reste constamment à découvrir et à maîtriser." PONTIER, Jean-Marie, *Droit de la langue française*, Paris, Dalloz, 1997, p. 1.

[3] COULMAS, Florian, *Sociolinguistics: the study of speakers' choices*, Cambridge University Press, Cambridge, NY, 2005, p. 3-4.

[4] *Ibid.*, p. 5.

[5] CONLEY, John M. & William M. O'BARR, *Just Words: Law, Language and Power*, University of Chicago Press, 2005, p. 10.

[6] COULMAS, *op. cit.*, p. 32.

environment of which it is part.[7] To take a recent example, in the run-up to the introduction of the euro, the European single currency, several studies show how language was used, first to talk about a hypothetical or virtual currency, something that might happen, and then, as the day drew nearer, to speak about it as something that was about to happen. On the level of syntax and lexicon, including the way the name of the currency was written in different languages, it was quite clear that language was first an instrument to create a new reality and then a tool to express or represent it.[8]

Language status, language and identity

One of the many aspects of language that specialists of different disciplines examine is the role that language plays in the creation and protection of identity. Related to this is the role of law, as part of what is known today as language planning, a more or less successful attempt to give legal status (and therefore power or authority) to such or such language(s) in such or such context, and which varies considerably from one language group (be it at regional, state or international level) to another. Language planning is a deliberate act which "involves making informed choices about language that counter quasi-natural, market-driven developments that are expected to take place in the absence of any intervention".[9] It can only work, however, "in official and semi-official domains where language choice can be determined by explicit regulations [...] and where it can be decided that courts of law, national

---

[7] CARVALHO, Evandro Menezes de, "Le français et la différence, À propos de l'importance du plurilinguisme dans les rapports juridiques et diplomatiques", *Revue générale du droit*, Ottawa, Vol. 37, 2007, p. 17 (online version).

[8] GREENSTEIN, Rosalind (ed.), *Regards linguistiques et culturels sur l'euro*, Paris, L'Harmattan, 1999, and in particular RESCHE, Catherine, "Les attributs de l'euro dans la presse anglo-saxonne en 1997 et 1998: de la syntaxe au discours...", p. 97-149 and GREENSTEIN, Rosalind "Le rôle de la langue dans la construction de l'euro", p. 67-96.

[9] COULMAS, *op. cit.*, p. 186.

assemblies, administrations and international organizations can function in language(s) A (B, C, etc.)."[10] Perfect examples of this in Europe are Catalan[11] and Sami.[12] Needless to say, regulating speech behaviour in private domains is another matter.

Coulmas[13] distinguishes five legal status categories, which can of course overlap: i) national (and I would add international, both having considerable symbolic import), ii) official, iii) working, iv) regional and v) minority (all of which entail different practical implications). Legal status – and therefore protection – is not the only aspect and others must be added, to explain why, regardless of official declarations and pious hopes, deep-reaching disparities between languages exist, a good illustration of the limits of language planning. Financial support is an obvious problem, as without the money to provide education facilities in the language being protected (learning the language and learning through the language), to translate or interpret from and into the language, to fund research, etc., the official status of the language will be purely formal. A second major aspect is that of corpus: is the language both spoken and written, only spoken, only written in a classical form (ancient Hebrew, for example, before the development of modern Ivrit); is the language codified and/or standardised; what are its actual expressive power and functional range? These questions are not purely

---

[10] *Ibid.*, p. 187.

[11] Catalan is the national language of Andorra and a co-official language in the Spanish autonomous communities of the Balearic Islands, Catalonia and Valencia (where it is known as Valencian) and in the city of L'Alguer in the Italian island of Sardinia. It is also spoken, although with no official recognition, in autonomous communities in Spain, and in part of France. http://en.wikipedia.org/wiki/Catalan_language#Territories_where_Catalan_is_official.

[12] Different versions of Sami are spoken in parts of Norway, Sweden, Finland and Russia. Adopted in April 1988, Article 110a of the Norwegian Constitution states: "It is the responsibility of the authorities of the State to create conditions enabling the Sami people to preserve and develop its language, culture and way of life." The Sami Language Act went into effect in the 1990s. In Finland, the Sami Language Act of 1991 granted Sami people the right to use the Sami languages for all government services. The Sami Language Act of 2003 made Sami an official language in four municipalities. On April 1, 2002, Sami became one of five recognized minority languages in Sweden. http://en.wikipedia.org/wiki/Sami_languages.

[13] COULMAS, *op. cit.*, p. 189.

theoretical and actual use also has to be taken into consideration: in which domains is the language used (home, school, the media, church, government, the courts) and how many native and second-language speakers are there? Finally, attitudes to the language also matter: is the language seen as being instrumental or utilitarian, do people have an emotional tie, is it considered to be a sign of prestige?[14]

As we can see, language planning is two-pronged. The first, status planning, "is concerned with managing [monolingualism and] multilingualism by determining macro-choices as to the functions languages play in a community". The second, corpus planning, "aims at regulating micro-choices of lexical items, grammatical constructions and varieties of pronunciation".[15] In both cases, legal instruments of a constitutional[16] or other nature may or may not intervene, as the examples of French, English and the languages of the European Union show.

France is a country which has, and has had for a long time, a strongly interventionist attitude to language, starting with what is probably the most well-known legal text, the *Ordonnance de Villers-Cotterêts*, August 1539, which replaced Latin by French in matters of law and justice.[17]

> Et pour ce que telles choses sont souvent advenues sur l'intelligence des mots latins contenus esdits arrests, nous voulons d'oresnavant que tous arrests, ensemble toutes autres procédures, soient de nos cours souveraines et autres subalternes et inférieures, soient de registres, enquestes, contrats, commissions, sentences, testaments, et autres queconques, actes et exploits

---

[14] *Ibid.*, p. 197.
[15] *Ibid.*, p. 201.
[16] Countries with no constitution or constitutional provisions related to linguistic rights: Angola, Australia, Bhutan, Chile, Czech Republic, Denmark, Dominican Republic, Guinea Bissau, Iceland, Israel, Japan, Korea (Republic of), Myanmar, Netherlands, San Marino, Sierra Leone, Swaziland, Tonga, Trinidad and Tobago, UK, USA, Uruguay. Those that are underlined are members of the European Union. *Ibid.*, p. 192.
[17] For a detailed account of the legal foundations of France's language regime, see PONTIER, Jean-Marie, *Droit de la langue française*, Paris, Dalloz, 1997. See also LÉGIER, Gérard, "Note sous Cour de Cassation (Ch. Soc.) Décision du 19 mars 1986", *Recueil Dalloz Sirey, 24e Cahier-Jurisprudence*, 1987, p. 359-363.

de justice, ou qui en dépendent, soient prononcés, enregistrés et délivrés aux parties en langage maternel françois et non autrement (art. 111).

Nearly a century later, in 1635, the *Académie française* was created by Cardinal Richelieu specifically to defend the French language and to introduce rules governing its purity and enabling its use in the domains of the arts and sciences.

La principale fonction de l'Académie sera de travailler avec tout le soin et toute la diligence possibles à donner des règles certaines à notre langue et à la rendre pure, éloquente et capable de traiter les arts et les sciences. (art. 24 of its statutes)

After the period of the French revolution, during which a number of legal instruments were introduced to require, amongst other things, that French be used for all public acts (and which modified in effect part of the statutes of the French Academy), on June 21, 1816, the statutes of the *Académie française* were officially amended. Article 6 underlines the question of the purity of the language:

L'institution de l'Académie française ayant pour objet de travailler à épurer et à fixer la langue, à en éclaircir les difficultés et à en maintenir le caractère et les principes, elle s'occupera dans ses séances particulières de tout ce qui peut concourir à ce but ; des discussions sur tout ce qui tient à la grammaire [...], et particulièrement la composition d'un nouveau dictionnaire de la langue, seront l'objet de ses travaux habituels.

Moving forward to the twentieth century, there has been a great flurry of activity since 1975, when the Bas-Lauriol Law governing the use of French was passed,[18] ostensibly to protect the consumer. A circular published on March 14, 1977, clarifies the aim and scope of the law;

---

[18] Loi n° 75-1349 du 31 décembre 1975 relative à l'emploi de la langue française.

the notion of purity, although not explicitly mentioned, is nevertheless present:

> Le législateur s'est proposé de protéger les usagers français au sens le plus large (consommateurs ou utilisateurs de produits, de biens et services, de documents publics et d'informations) contre une mauvaise compréhension qui résulterait de l'emploi, soit de textes rédigés exclusivement en langue étrangère, soit de textes français comportant des termes et expressions étrangers.

An extremely important change, however, occurred in 1992 when the French Constitution was amended, not only in order to make the necessary adjustments in compliance with the Treaty of Maastricht, but also to introduce an amendment specifically to make French the official language of the Republic. It is interesting to note that the draft amendment *"Le français est la langue de la République"* was in turn modified to become *"La langue de la République est le français"* (Article 2); this is an extremely important distinction in order to avoid suggesting that French can only be the language of the (French) Republic, which would have implied that no other country could use it officially. The symbolic value of this amendment is not to be underestimated as it brought to four the number of national attributes enshrined in the constitution: the emblem of the Republic (the tricolour flag), an anthem (the Marseillaise) and a motto (*Liberté, Égalité, Fraternité*) in 1946 and 1958, and then the language (French) in 1992.[19] An interesting consequence of this constitutional change is that during the period 1992-1999 the *Conseil constitutionnel* (French Constitutional Council) was required, more than once, to decide whether or not treaties that had been signed by France were constitutional. Usually, when the answer was no, the Constitution would be changed accordingly. However, following the *Conseil constitutionnel* decision of June 15, 1999, declaring that the European Charter for

---

[19] PONTIER, *ibid.*, p. 36-7.

Regional or Minority Languages was unconstitutional, France decided to drop the ratification process of the Charter, despite having signed it on November 5, 1992.[20] Since then, the situation has changed once more; on July 23, 2008, the French Constitution was amended on a number of points, one of which is of particular interest here. A new article was introduced, under which regional languages are henceforth recognised as being part of the heritage of France,[21] though this has not yet been tested in court to see exactly what impact, if any, it may have in terms of language rights and the place of French.

The final piece of legislation that needs to be mentioned is the Toubon Law of August 4, 1994,[22] part of which was struck out by the *Conseil constitutionnel* as it did not comply with the Declaration of the Rights of Man and the Citizen (August 26, 1789), which has the authority of a constitution.

> La libre communication des pensées et des opinions est un des droits les plus précieux de l'homme : tout citoyen peut donc parler, écrire, imprimer librement, sauf à répondre de l'abus de cette liberté dans les cas déterminés par la loi. (art. 11)

One of the provisions that was declared unconstitutional and had to be removed appeared eight times; it stated that "use of a foreign term or expression shall be prohibited if a French term or expression exists having the same meaning as approved in compliance with regulations governing the enhancement of the French language"[23] (my translation). However, what is clear in the Act is that the "right to the French language" has been

---

[20] Formery, Simon-Louis, *La Constitution commentée*, Paris, Hachette Supérieur, 2007, p. 104.
[21] Article 75-1, *Loi constitutionnelle* n° 2008-724, July 23, 2008, "Les langues régionales appartiennent au patrimoine de la France."
[22] Loi n° 94-665 du 4 août 1994 relative à l'emploi de la langue française.
[23] "Le recours à tout terme étranger ou à toute expression étrangère est prohibé lorsqu'il existe une expression ou un terme français de même sens approuvé dans les conditions prévues par les dispositions réglementaires relatives à l'enrichissement de la langue française".

enshrined. This right is threefold: the right for all French citizens to express themselves in French in their own country; the right to hear French spoken; and, for French nationals, the right, especially as consumers, to be able to read any information that is provided in a form of French that is comprehensible. Although many people support the idea of defending the French language, not everyone agrees that legislation is the best way of going about it, as argued by a participant during the debates at the National Assembly on May 3, 1994, for whom a law *"ne traduit-elle pas plutôt une sorte de réflexe identitaire, dans un climat d'inquiétude où vient s'alimenter la peur de quelque impérialisme culturel à dimension planétaire ?"*[24] Here, the language planning method used is seen as being negative rather than affirmative.

But even if the principle of language planning is accepted, is it efficient in practice? "Ironically, attempts at protecting the integrity of a language are often counterproductive, accelerating its stylistic deterioration and eventual demise instead of safeguarding it for future generations. [...] English is the very opposite of a protected market, functioning as the biggest donor and borrower language at the centre of worldwide linguistic exchange. The resultant lexical and structural properties reflect the multifarious uses to which English has been put and are at the same time conducive to its application to ever new tasks and domains."[25] This view of English as an "unprotected market" is not, perhaps, totally false, but needs to be qualified by looking at the way it is or is not protected in English-speaking countries. Three cases should be mentioned: the United States of America, with a written constitution; that of the Republic of Ireland, with a written constitution and two official languages; and the United Kingdom, with no single constitutional text and different regional official language policies.

The first example may come as something of a surprise since, contrary to popular belief, the United States has no *national* official language de-

---

[24] MANDON, D., "Déb. Parl. Ass. Nat., 3e séance du 3 mai 1994", p. 1409, quoted in PONTIER, *ibid.*, p. 19.
[25] COULMAS, *ibid.*, p. 167-8.

spite many – unsuccessful – attempts to introduce one, of course English. There are, however, certain *state* official language laws: Alabama, Alaska, Arkansas, California, Colorado, Florida, Georgia, Hawaii, Illinois, Indiana, Iowa, Kentucky, Louisiana, Massachusetts, Mississippi, Missouri, Montana, Nebraska, New Hampshire, North Carolina, North Dakota, South Carolina, South Dakota, Tennessee, Utah, Virginia and Wyoming. Several are quite old, such as Louisiana (1811) and Nebraska (1920), but most official language statutes have been passed since the 1970s. What is important is that this only concerns status planning and not corpus planning. Arguments in favour of a national official language suggest that English-only laws would not be a problem for the millions of non English-speakers living in the country, since where state legislation exists there are generally exceptions for public safety and health needs. Those against, such as the American Civil Liberties Union, argue "that English-only laws can violate the U.S. Constitution's protection of due process (especially in courts where no translation service would be offered) and equal protection (for example, where English-only ballots would be used where bilingual ones were available in the past)".[26]

The second case, that of the Republic of Ireland, is somewhat different. Enacted on July 1, 1937, the Constitution makes a number of clear references to the legal status of two languages, the Irish and the English ones.[27] The first and obvious point to be made is that the title of the document is itself in the two languages, Bunreacht na hÉireann – Constitution of Ireland, as is the name of the State, "Article 4: The name of the State is Éire, or, in the English language, *Ireland*."[28] Article 8 defines the constitutional status of the two languages: "1. The Irish language as the national language is the first official language; 2. The English language is recognised as a second official language; 3. Provision may, however,

---

[26] MOUNT, Steve, "Constitutional Topic: Official Language", *USConstitution.net*, March 15 2006, consulted April 22, 2008, www.usconstitution.net/consttop_lang.html.

[27] References are taken from the online version, valid November 2004. www.taoiseach.gov.ie/attached_files/Pdf%20files/Constitution%20of%20IrelandNov2004.pdf.

[28] See Article 7 on another national attribute: The national flag is the tricolour of green, white and orange.

be made by law for the exclusive use of either of the said languages for any one or more official purposes, either throughout the State or in any part thereof." Article 25 adds more detail, concerning the signing and promulgation of laws: "4.3 [...] if a Bill is so passed or deemed to have been passed in both the official languages, the President shall sign the text of the Bill in each of those languages; 4.4 Where the President signs the text of a Bill in one only of the official languages, an official translation shall be issued in the other official language; 4.6 In case of conflict between the texts of a law enrolled under this section in both the official languages, the text in the national language shall prevail."[29]

The third example, that of the United Kingdom, is somewhat complex as the situation is not homogeneous. There is no general legal protection as such of the English language, which is assumed to be the norm, though its use is specified in a certain number of laws (including those listed in footnote 30 below). In Wales, specific laws and decrees define or limit the legal status of Welsh, the main ones being the Welsh Courts Act 1943, the Welsh Language Act 1967 and the Welsh Language Act 1993; this latter entailed the complete or partial repeal of existing legislation, some of which goes back quite a long way.[30] The long title of the 1993 Act is as follows:

> An Act to establish a Board having the function of promoting and facilitating the use of the Welsh language, to provide for the preparation by public bodies of schemes giving effect to the principle that in the conduct of public business and the administration of justice in Wales the English and Welsh languages should be treated on a basis of equality, to make further provision

---

[29] Similar provisions govern the language of amendments to the Constitution, which must be in both the official languages. In case of conflict between the texts, the text in the national language prevails.

[30] Including the Laws in Wales Act 1535, (27 Hen. 8. c. 26), the whole Act, so far as unrepealed; the Laws in Wales Act 1542, (34 & 35 Hen. 8. c. 26), the whole Act, so far as unrepealed, except section 47; the Ministry of Health Act 1919, (9 & 10 Geo. 5. c. 21), Section 11(3); the Representation of the People Act 1985 (1985 c. 50), in Schedule 4, paragraph 85(a); the Charities Act 1993 (1993 c. 10), in sections 5(2) and 68(1), the words "in English".

relating to the Welsh language, to repeal certain spent enactments relating to Wales, and for connected purposes. [21st October 1993]

In order to make this effective, Part I set up a Board: "There shall be a body corporate to be known as Bwrdd yr Iaith Gymraeg or the Welsh Language Board." Furthermore, the Government of Wales Act 1998, which brought devolution to Wales with the setting up of a deliberative and executive Assembly, has a section on language (sec. 47),[31] which was reinforced by section 78 of the Government of Wales Act 2006.[32] Though not in a position to comment on the efficacy of the legislation or to say whether or not it meets the demands of Welsh speakers, suffice to say that since its introduction more people have started to learn and use the language.

In Scotland, the situation changed in 2005 when the Scottish Parliament passed the Gaelic Language (Scotland) Act, the first piece of

---

[31] Section 47 Equal treatment of English and Welsh languages: (1) The Assembly shall in the conduct of its business give effect, so far as is both appropriate in the circumstances and reasonably practicable, to the principle that the English and Welsh languages should be treated on a basis of equality; (2) In determining how to comply with subsection (1), the Assembly shall have regard to the spirit of any guidelines under section 9 of the [1993 c. 38.] Welsh Language Act 1993; (3) The standing orders shall be made in both English and Welsh.

[32] Section 78 The Welsh language: (1) The Welsh Ministers must adopt a strategy ("the Welsh language strategy") setting out how they propose to promote and facilitate the use of the Welsh language. (2) The Welsh Ministers must adopt a scheme ("the Welsh language scheme") specifying measures which they propose to take, for the purpose mentioned in subsection (3), as to the use of the Welsh language in connection with the provision of services to the public in Wales by them, or by others who—(a) are acting as servants or agents of the Crown, or (b) are public bodies (within the meaning of Part 2 of the Welsh Language Act 1993 (c. 38)). (3) The purpose referred to in subsection (2) is that of giving effect, so far as is both appropriate in the circumstances and reasonably practicable, to the principle that in the conduct of public business in Wales the English and Welsh languages should be treated on a basis of equality. [...] (8) After each financial year the Welsh Ministers must publish a report of— (a) how the proposals set out in the Welsh language strategy were implemented in that financial year and how effective their implementation has been in promoting and facilitating the use of the Welsh language, and (b) how the proposals set out in the Welsh language scheme were implemented in that financial year, and must lay a copy of the report before the Assembly.

legislation to give formal recognition to the Scottish Gaelic language. The long title of the Act is as follows:

> An Act of the Scottish Parliament to establish a body having functions exercisable with a view to securing the status of the Gaelic language as an official language of Scotland commanding equal respect to the English language, including the functions of preparing a national Gaelic language plan, of requiring certain public authorities to prepare and publish Gaelic language plans in connection with the exercise of their functions and to maintain and implement such plans, and of issuing guidance in relation to Gaelic education. [1st June 2005]

As was the case for Wales, a Board was set up: 1(1) There is established a body corporate to be known as Bòrd na Gàidhlig (in this Act referred to as "the Bòrd"), with the general functions of promoting the use and understanding of the Gaelic language, and Gaelic education and Gaelic culture, and monitoring and reporting to the Scottish Ministers on the implementation of the European Charter for Regional or Minority Languages dated 5 November 1992 in relation to the Gaelic language.

Having looked very rapidly at the situation in four countries, three of which are members of the European Union, it is time to look at the status of the different languages in the EU. The first point to be noted is that although the European Economic Community as it then was is not the first international organisation ever to exist, what distinguishes it from the others is its specific multilingual language policy, which is one of its defining features. Language, remember, contributes to the construction of a citizen's national identity and culture, considered to be part of the democratic values that needed to be protected, especially in the aftermath of the Second World War. It is therefore easy to understand why the Treaty of Rome (1957) was drawn up in a single original in each of the four languages (Dutch, French, German and Italian) that were official languages in one or more of the Member States and why it was stated that all four texts were to be "equally authentic", even though in fact the original drafting language was French.[33] This policy was confirmed on April 15, 1958, with the adoption of EEC Council Regulation No 1 determining the languages to be used by the European Economic Community: Article 1 states that "the official languages and the working languages of the institutions of the Community shall be Dutch, French, German and Italian." This principle is not, however, absolute, and both the Community itself and the Member States were given a certain amount of leeway. Article 6 provides that "the institutions of the Community may stipulate in their rules of procedure which of the languages are to be used in specific cases"; Article 7 says that "the languages to be used in the proceedings of the Court of Justice shall be laid down in its rules of procedure"; while Article 8 provides that "if a Member State has more than one official language, the language to be used shall, at the request of such State, be governed by the general rules of its law." The article concludes: "This Regulation shall be binding in its entirety and directly applicable in all Member States."

The European Union's threefold language regime – treaty languages (in which primary law is drafted), official or regulation languages (for secondary law and external communication with the citizens[34]) and working languages (used within the institutions) – raises a number of practical questions as well as questions of principle, which become

---

[33] When the treaty setting up the European Coal and Steel Community (ECSC) was signed in Paris on April 18, 1951, there was only one authentic language, French. Just over a year later, on July 23-24, 1952, the Foreign Ministers of the six Member States met in Paris and recognised Dutch, French, German and Italian as being official and working languages, though this informal agreement was never published.

[34] Art. I-10(2)(d) of the Constitution for Europe stipulate that "[Citizens of the Union shall enjoy the rights and be subject to the duties provided for in the Constitution. They shall have] the right to petition the European Parliament, to apply to the European Ombudsman, and to address the institutions and advisory bodies of the Union in any of the Constitution's languages and to obtain a reply in the same language." Art. II-101(4) says the same thing, but differently: "Every person may write to the institutions of the Union in one of the languages of the Constitution and must have an answer in the same language." The fact that the first article mentions *Citizens* while the second refers to *person* is a possible source of confusion and disagreement, as not all people living on EU territory are EU citizens.

ever more acute with each enlargement: "[It is] vital to democracy that Community legislation should be available to Europe's citizens in their own languages, as a guarantee of equality before the law. Ignorance of the law is no defence, so the law cannot be imposed on anyone in an incomprehensible foreign language."[35] True though this may be, it does seem to be begging the question of 'legalese', as few lay people are able to understand legal jargon, whatever the language. To compound the problem, many terms either have a different meaning in European and in domestic law or are deliberately formed neologisms, precisely in order to avoid confusing the two systems of law.

Language and law

It is therefore perhaps necessary to briefly consider the relationship between language and law, which is very different from the relationship between language and technical or scientific domains, or other social sciences. The first and most important observation is that, without language, law itself would not exist, whereas in other areas of human activity the 'thing' being named or expressed exists independently of language.[36] "Plumbers and mechanics have many tools, but we lawyers have only one instrument: our language. Jurists, judges, law professors all work and live in words, indeed in particular languages [...]. Our language defines our ability to formulate rules, to express our values, to persuade our opponents, and to write opinions explaining legal decisions. Our idiom also defines our horizons and separates us

---

[35] CUNNINGHAM, Kristina, "Translating for a Larger Union – Can We Cope with More than 11 Languages?", *Terminologie & Traduction* 2 (2001), p. 22, 24. Quoted in Creech, *op. cit.*, p. 150, note 108.

[36] COSERIU, E., "On connaît les 'signifiés' des terminologies dans la mesure où l'on connaît les sciences et les techniques auxquelles elles répondent et non pas dans la mesure où l'on connaît la langue", "Structures lexicales et enseignement du vocabulaire", *Les théories linguistiques et leurs applications*, Didier, 1967, p. 17, quoted in SOURIOUX, Jean-Louis & LERAT, Pierre, *Le langage du droit*, Paris, PUF, 1975, p. 59.

from members of the same profession working in a different linguistic world."[37]

Why is this? "Most exact sciences are international in scope, sharing common assumptions and vocabulary that transcend political borders. [...] Legal systems, by comparison, are highly parochial. [...] Precise language is possible only when there is a unified speech community that consistently uses a term in the same way. With [...] splintered jurisdictions, attaining agreement on the exact use of legal terminology is close to impossible."[38] In other words, "it is unrealistic to expect the legal vocabulary to achieve the exactitude of the scientific lexicon. Scientific language is often quite precise because the concepts or categories themselves are well defined. [...] legal vocabulary tends to refer to legal and social institutions that change frequently, which results in the meaning of associated terminology changing as well."[39] This would suggest that lawyers working in Ireland, the UK and the EU, for example, would not necessarily understand each other, despite having the same profession and language; however, people working in other fields, particularly the sciences, have less difficulty in communicating with each other, even with language differences.

One question that needs to be asked is how legal language, as opposed to technical or scientific language, changes. "The function of legal language is a performative one, for as legal language carries the force of the law, the statement is the act."[40] It therefore changes by authoritative pronouncements of courts and legislatures. Consequently, "[l]egal language as social discourse is a hierarchic, authoritarian, monologic and alien

---

[37] FLETCHER, George P., "Fair and Reasonable. A Linguistic Glimpse into the American Legal Mind", *Les multiples langues du droit européen uniforme*, SACCO, Rodolfo (ed.) Paris, L'Harmattan, 1999, p. 57.

[38] TIERSMA, Peter M., *Legal Language*, University of Chicago Press, Chicago and London, 1999, p. 109.

[39] *Ibid*.

[40] RESTA, Simonetta, "Words and social change. The impact of power and ideology on the language of Economics and Law", *ASp* n° 19-22, 1998, p. 92.

use of language and therefore obscure and archaic"[41] and, whether they are aware of it or not, judges and legislators indicate that, "like others in society, they come from a particular area, or belong to a certain social group. [L]awyers use language to set themselves apart from the mass of the population and to create group cohesion. In the words of Jeremy Bentham, legal language serves lawyers as a 'bond of union: it serves them, at every word, to remind them of that common interest, by which they are made friends to one another, enemies to the rest of mankind'."[42]

A case in point is the language produced in Brussels, so much so that it has various nicknames, such as Eurobabble in English, or *eurobabillage*, in French.[43] This phenomenon where insiders communicate in a way that excludes outsiders can, of course, be observed in many professions, though popular versions of technical documents are often made available for the lay person. This is, however, often a top-down approach where the specialist chooses to communicate with the non-specialist, and should be contrasted with the 'plain English movement', for example, which is bottom-up, with the demand coming from the citizen, not only for specific texts to be rewritten in comprehensible language, but also for plain English to be adopted as a basic principle in the drafting of all legal and administrative texts.[44] Although ignorance of the law is no excuse – one of the reasons, as we have seen, for drafting the Treaty of Rome in all four languages – we know only too well that even though the law is as much part of society as the language through which it is expressed, knowledge of the law is reserved to the happy few, a paradox if ever there was one. When, in addition, the law in question is not national but, in the case

---

[41] *Ibid.*

[42] TIERSAM, *op. cit.*, p. 51, quoting *The Works of Jeremy Bentham*, John Bowring (ed.), 1843, p. 282.

[43] MCCLUSKEY, Brian has observed that, "as in all enclosed systems, a special language has emerged inside the EU apparatus. It takes two forms, Euro-jargon, a set of terms created by the need to name new things invented by the EU, and Eurospeak, the hermetic insider medium with its own idiosyncratic grammar and syntax", "English as a Lingua Franca for Europe", *The European English Messenger*, N° XI/2, Coimbra, 2002.

[44] In France the COSLA (*Conseil pour la simplification du langage administratif*) is working on a kind of 'plain French' for similar reasons.

that interests us here, European, the problems are compounded. The EU is aware of the gap between the 'insiders' and 'outsiders' and the feeling of alienation and distance that many citizens have. On December 14-15, 2001, after the European Council meeting, the so-called Laeken Declaration addressed, among other things, the "democratic challenge facing Europe". Implicit is the question of language.

> Within the Union, the European institutions must be brought closer to its citizens. Citizens undoubtedly support the Union's broad aims, but they do not always see a connection between those goals and the Union's everyday action. They want the European institutions to be less unwieldy and rigid and, above all, more efficient and open. Many also feel that the Union should involve itself more with their particular concerns, instead of intervening, in every detail, in matters by their nature better left to Member States' and regions' elected representatives. This is even perceived by some as a threat to their identity. More importantly, however, they feel that deals are all too often cut out of their sight and they want better democratic scrutiny.[45]

We must not forget that the European Union was an entirely new creation, a system *sui generis*; the development of new legal categories and concepts goes hand in hand with the language(s) used to define and express them and has given birth to what Goffin calls a Eurolect.[46] These languages do not, however, exist in a vacuum; each one comes with its own legal, economic, cultural, social and political traditions, the frontiers of which gradually become blurred in the European context while remaining more or less as they were in the different national contexts. Of course, each national variety of language evolves and changes, they are not static. Within the European Union, as new lexical items and new semantic structures are forged to meet new needs and developments in the construction of Europe they gradually become lexicalised terms, set

---

[45] Laeken Declaration, January 1 2002.
[46] GOFFIN, Roger, "L'eurolecte: oui, jargon communautaire: non", *Méta*, 39-4, 1994, p. 636-642.

formulae and linguistic patterns that are repeated from one text to the next, often in 'chunks', with the problem that unusual turns of phrase and strange neologisms are propagated and, once they have become entrenched, especially in authentic versions, are nigh on impossible to remove. For obvious reasons, many of these new terms and expressions come from the national model which served as a source of inspiration for specific European texts, be it a question of legal tradition and legal thought or a matter of style: German law informed European competition law, while the text on the status of European civil servants was largely based on the French national text. The language used inevitably reflects this and now is perhaps an opportune moment to rapidly consider the impact of French on legal English.

Malcolm Harvey[47] has observed three linguistic areas where French has had a strong influence on English in international treaties in general and European legal documents in particular, in the latter case due, no doubt, to the fact that France was one of the founding fathers of the European Community and that it was only in 1972 that two English-speaking countries (Ireland and the UK) joined. The first is terms and expressions; examples include the old term 'value-added tax' (a calque from the French *taxe sur la valeur ajoutée* which should logically read 'added-value tax') and the more recent ones 'democratic deficit'[48] and 'social partners' (my example).[49] He also quotes two commonly used expressions, 'Whereas' for *Considérant* and 'Done at [Rome]' for *Fait à [Rome]*, neither of which is found in monolingual English-language legislation. Semantic structures, the second area, are similarly influenced and nouns are frequently used instead of verbs, which would again have

---

[47] "Pardon my French: the influence of French on legal English", GÉMAR, Jean-Claude & KASIRER, Nicholas (eds.), *Jurilinguistique entre langues et droits / Jurilinguistics between Law and Language*, Bruylant / Les éditions Thémis, Montreal and Brussels, 2005, p. 261-275.
[48] Rather than 'absence or lack of accountability'.
[49] For a detailed study of the linguistic and cultural questions surrounding 'social partners', see GREENSTEIN, Rosalind, "Les partenaires sociaux, pour le meilleur et pour le pire", GREENSTEIN, Rosalind (ed.), *Langue et culture: mariage de raison?*, Paris, Publications de la Sorbonne, 2009, p. 205-256.

been more usual in monolingual English texts, as in the example 'from the date of entry into force of the withdrawal agreement'[50] rather than 'from the date the withdrawal agreement entered/came into force'. The third area is that of layout, where both legislation and rulings follow the French tradition.[51] One of the questions one might ask oneself about all this is 'does it matter?' Although language change is inevitable, Harvey – and he is not alone – has a few reservations. "International English is a convenient means of cross-cultural communication and will become even more predominant as a result of EU enlargement. It is however disconnected from national English-language cultures and can alienate native speakers."[52] It should now be patently obvious that if communication is to be made possible and alienation reduced, whatever the language(s) used, three questions have to be addressed: how the documents were or should be drafted, how they should be understood and, lastly, how they should be translated. Whether in a monolingual or a multilingual situation, the difference is one of degree.

Problems of drafting, construction and translation

What better way to start thinking about this complex matter than to take two divergent points of view, the first working from the premise that linguistic and legal cultures are intimately linked, the second assuming that languages are a-contextual and totally equivalent to each other.

> For if we all speak differently, and there is no super-language in which these differences can be defined and adjudicated, what is necessarily called for is a kind of negotiation between us, I from my position – embedded in my

---

[50] Treaty establishing a Constitution for Europe, Article I-60 (3), my example.
[51] For a detailed study, see GREENSTEIN, Rosalind, "De l'influence mutuelle de cultures linguistiques et juridiques différentes", GREENSTEIN, Rosalind (ed.), *Langue, culture, et code: regards croisés*, Paris, L'Harmattan, 2003, p. 131-203.
[52] HARVEY, Malcolm, *op. cit.*, p. 271.

language and culture – you from yours. We can and do make judgments, but we need to learn that they are limited and tentative; they can represent what we think, and can be in this sense quite firm, but they should also reflect the recognition that all this would look quite different from some other point of view.[53]

The judge instructed the interpreter to function as a translation machine. 'Translate the responses of the witness word for word [...] just translate it verbatim, word for word.' This is impossible, of course, since no one language can be mapped directly onto another in 'verbatim' fashion. As Haviland puts it, the judge's instruction rested on the fallacy that 'the truth-functional core of what someone says can be decoupled from the actual saying itself'.[54]

The position of the second is, at best, naïve, at worst ignorant, and one wonders how the judge goes about the task of interpreting the law itself. In the courtroom, judges regularly have to juggle with two functions of interpretation, "the *cognitive* function of interpretation (the *ascertainment* of meaning) and the *creative* function (*assignment* of meaning)",[55] whether within a monolingual monojuridical system such as France, a bilingual monojuridical system such as Belgium, a bilingual bijuridical system such as Canada, or a multilingual monojuridical system such as the EU. It is the last case which will be examined here.

As one might imagine, the more languages there are, the more complex the drafting process and the greater the gap between theory and practice. Given that all those involved – politicians, civil servants and others who work in or with the institutions – are only able to function

---

[53] WHITE, James Boyd, *Justice as Translation: An Essay in Cultural and Legal Criticism*, Chicago, University of Chicago Press, 1994, p. 264, quoted in CARVALHO, Evandro Menezes de, "Le français et la différence. À propos de l'importance du plurilinguisme dans les rapports juridiques et diplomatiques", *Revue générale du droit*, Ottawa, Vol. 37, 2007, p. 12 (online version).
[54] CONLEY & O'BARR, *op. cit.*, p. 150, quoting HAVILAND, John B., "Ideologies of language: Some reflections on language and US law", *American Anthropologist* 105(4), 2003, p. 768.
[55] DICKERSON, Reed, *The Interpretation and Application of Statutes*, Boston, Little, Brown and Company, 1975, p. 15, quoted in TIERSMA, *op. cit.*, p. 278.

in a limited range of languages (mainly English and French) in addition to their own, it is hardly surprising that most of the versions are actually translations and not what one would traditionally expect, i.e. an original source document. In his university dissertation, Fogliazza[56] studies what he calls the legal fiction whereby every community act is said to have been *drafted* in the 23 different language versions, and not *translated*, thus turning something that is legally conceivable into concrete reality. In practice, the text is often published simultaneously, segment by segment, in the different languages, to allow the negotiators, each steeped in their own social, legal, linguistic and ideological traditions, to reach a compromise. Inevitably, the original language of the first draft informs the successive stages so that the result is a set of equally authentic versions, legally speaking, but not linguistically speaking.[57] In other words, what we have in European law is not just one *single* normative *text* but a system of 23 normative texts which, taken together, create *one single norm*.[58] There is nothing new here, international law functions in a similar way; despite the number of languages involved, a common meaning is gradually crafted, where the terms used in the various conventions have a specific international meaning that is detached from the national (municipal) traditions from which they have often been borrowed.[59]

Giving new meaning to existing words is only one method, developing and using neologisms is another, and in both cases EU drafters and

---

[56] FOGLIAZZA, Federico Donati, "Traduire au sein de l'Union européenne. Analyse des procédés et processus à partir d'un corpus français, anglais, italien", dissertation, Università degli Studi di Bergamo, 2006-2007. www.tesionline.com/intl/pdfpublicview.jsp?url=../__PDF/20213/20213p.pdf.

[57] For a detailed discussion, see GOFFIN, *op. cit.*, p. 640-41.

[58] CÔTÉ, Pierre-André, "La tension entre l'intelligibilité et l'uniformité dans l'interprétation des lois plurilingues", GÉMAR, Jean-Claude & KASIRER, Nicholas (eds.), *Jurilinguistique entre langues et droits / Jurilinguistics between Law and Language*, Bruylant / Les éditions Thémis, Montreal and Brussels, 2005, p. 132. See also, FLÜCKIGER, Alexandre, "Le multilinguisme de l'Union européenne: un défi pour la qualité de la législation", p. 357.

[59] MORÉTEAU, Olivier, "L'anglais pourrait-il devenir la langue juridique commune en Europe?", SACCO, Rodolfo (ed.), *Les multiples langues du droit européen uniforme*, Paris, L'Harmattan, 1999, p. 144.

translators have an arsenal of tools and online resources to help them, for reasons of efficiency, internal consistency and thus legal certainty. Guidelines have also been published:

> In order for Community legislation to be better understood and correctly implemented, it is essential to ensure that it is well drafted. Acts adopted by the Community institutions must be drawn up in an intelligible and consistent manner, in accordance with uniform principles of presentation and legislative drafting, so that citizens and economic operators can identify their rights and obligations and the courts can enforce them, and so that, where necessary, the Member States can correctly transpose those acts in due time. [...] the three institutions involved in the procedure for the adoption of Community acts, the European Parliament, the Council and the Commission, adopted common guidelines intended to improve the quality of drafting of Community legislation by the Interinstitutional Agreement of 22 December 1998.[60]

From time to time, other linguistic choices have to be made, and not only for abstract legal concepts, which are obviously culture-bound. Certain terms used in French are not the same in France and Belgium, for example, or English terms in the UK or Ireland. The same thing goes for German, and when Austria joined the European Union in 1995, Protocol no. 10 took this into account for 23 terms – mainly concerning food – which aren't the same in the two countries.[61] This is a good example of the linguistic com-

---

[60] (OJ C 73, 17.3.1999, p. 1).
[61] On the use of specific Austrian terms of the German language in the framework of the European Union. In the framework of the European Union, the following shall apply: 1. The specific Austrian terms of the German language contained in the Austrian legal order and listed in the Annex to this Protocol shall have the same status and may be used with the same legal effect as the corresponding terms used in Germany listed in that Annex 2. In the German language version of new legal acts the specific Austrian terms mentioned in the Annex to this Protocol shall be added in appropriate form to the corresponding terms used in Germany. See also Declaration no. 50 by the Republic of Latvia and the Republic of Hungary on the spelling of the name of the single currency in the Treaty establishing a constitution for Europe. Without prejudice to the unified spelling of the name of the single currency of the EU referred to in the Treaty [...]

plexities arising out of the enlargement process. For Austria it was enough to obtain minor additions to the accepted German-language terminology, but for many countries nothing exists and they have to start from scratch, since the principle of *acquis communautaire* requires each new member to translate all existing community legislation into their own language. It is at this point that a new "community jargon" will be developed, a huge responsibility for those involved,[62] and some of these new expressions will find their way into the everyday language, with more or less felicitous results."[63]

The last type of choice that should be mentioned is the language regime of the European Court of Justice (ECJ). Although judges are free to use whatever language they wish, for reasons of confidentiality they work during the decision-making process without interpreters and have therefore decided to adopt a common language, French, as the internal working language of the Court. Cases can in theory be brought in any of the treaty languages, though many parties in fact prefer to bring them in French, for fear that using a lesser-known language may prejudice the outcome of the case. All judgments are drafted in French and then translated into all other treaty languages but only the version of the case is authentic. One drawback of this common language is possible discrimination against judges who are unable to argue persuasively in French, their lack of fluency perhaps putting them at a disadvantage.

---

and displayed on the banknotes and on the coins, Latvia and Hungary declare that the spelling of the name of the single currency, including its derivatives as applied throughout the Latvian and Hungarian text of the Treaty [...], has no effect on the existing rules of the Latvian and Hungarian languages.

[62] GUGGEIS, Manuela & GALLAS, Tito, "La traduction juridique dans l'expérience des juristes-linguistes du Conseil de l'Union européenne" GÉMAR, Jean-Claude & KASIRER, Nicholas (eds.), *Jurilinguistique entre langues et droits / Jurilinguistics between Law and Language*, Bruylant / Les éditions Thémis, Montreal and Brussels, 2005, p. 494.

[63] PYM, Anthony, "The Use of Translation in International Organization", reproduced here as a contribution to the Translation and Institutions workshop, SLE Congress, Leuven, August 2001, www.tinet.org/~apym/on-line/translation/transinst.html, summarises the observations of Yves GAMBIER: "EU accession has actually reintroduced into Finnish legal prose some of the long convoluted sentence-constructions, excessive nominalizations, connected subordinate clauses, ambiguities, and general jargon that the previous historical tendency had been eliminating".

A final point is that the main part of this paper is only concerned with the written word, not the spoken one. Whereas in oral communication nonverbal clues can sometimes be helpful, written language is more autonomous, and the receivers of the message are often not only unknown but also distant in time and space. This is particularly true of legal texts, where the drafter is addressing an absent category of people now and in the future (court rulings address known and unknown receivers). Autonomy does not mean, however, that the results are not embedded in culture, and it should be remembered that since "[l]aw is in constant interaction with context, there can be no self-sufficient legal language of self-referential concepts",[64] which leads onto the next difficulty, even assuming that the documents are of a high linguistic standard.

Whenever a text has been written, it has to be construed. The question is what we should be looking at or for in order to do so. For Tiersma, "assuming that language is mainly concerned with the communication of information and ideas, it should be evident that the ultimate question is the *speaker's meaning*" rather than *word meaning* or *sentence meaning*.[65] Not everyone agrees. The Appellate Body of the World Trade Organisation would appear to be interested first in a textual interpretation, and "consecrates the interpretative act as a search for the *text's intention*, thus avoiding exorbitant interpretations resulting from an exaggeration in the search for the *author's intention* or the inappropriate imposition of the *reader's intention*."[66] Who is right? And what should be done in the case of multiple language versions? The answer may raise eyebrows and it is the Court that has the hard task of resolving disputes as to meaning: "[t]he Court has consistently kept the implications of the authenticity of all language versions in mind. The characterization of all language

---

[64] MACDONALD, Roderick with Kehler SIEBERT, "Orchestrating legal multilingualism", GÉMAR, Jean-Claude & KASIRER, Nicholas (eds.), *Jurilinguistique entre langues et droits / Jurilinguistics between Law and Language*, Bruylant / Les éditions Thémis, Montreal and Brussels, 2005, p. 395.
[65] *Op. cit.*, p. 125.
[66] CARVALHO, Evandro Menezes de, "The decisional juridical discourse of the Appellate Body of the WTO: among treaties and dictionaries as referents", *International Journal for the Semiotics of Law/Revue Internationale de Sémiotique Juridique*, Springer, 2007.

versions of Treaty Articles and of secondary legislation as being 'equally authentic' places them in a relationship of interdependence. Rather than each bearing the authentic content of the text in question, they form that content together".[67] Since, therefore, a "text in many languages has at once many originals and no original",[68] no one form can claim priority and they must all be taken together. But "[a]s a result, a citizen of a Member State cannot simply rely on the text of a piece of Community legislation in his own language; in theory he must also, if he is to have an accurate understanding of its meaning, consult each and every other language version."[69] This raises serious ideological and practical questions and we find ourselves confronted once more to the maxim that ignorance of the law is no excuse, not to mention notions of democratic accountability and transparency.

> In order to ensure uniformity in the interpretation and the application of legislation, both the Supreme Court of Canada and the European Court of Justice favour a method for the interpretation of multilingual enactments which rejects the idea that the meaning of legal norms can be validly established on the basis of only one linguistic version of the law. Yet the expression of law in more than one language seeks, in particular, to render it intelligible for persons who are primarily unilingual. Moreover the principle of the equal authority of the linguistic versions is rightly interpreted by those unilingual persons as an invitation to rely exclusively on the text drafted in their own language. We are thus in the presence of a paradox: the method of legal expression which aims at making law understandable for unilingual persons gives rise to a method of legal interpretation which disqualifies those very persons from being truly competent interpreters of the law.[70]

---

[67] VAN CALSTER, Geert, "The EU's Tower of Babel – The Interpretation by the European Court of Justice of Equally Authentic Texts Drafted in more than one Official Language", 17 *Yearbook of European Law*, 1997, p. 375, quoted in CREECH, *op. cit.*, p. 29.
[68] MACDONALD, Roderick with Kehler SIEBERT, *op. cit.*, p. 402.
[69] CREECH, *op. cit.*, p. 29.
[70] CÔTÉ, *op. cit.*, p. 127.

All the above has to be qualified, however. Given the very nature of the EU, the apparently linear discrete sequence of events described here – drafting, construction, translation – is not in fact a true reflection of what happens in the EU context.[71] In practice, the drafting process of EU acts cannot be separated from translation, which means understanding and translating the successive stages, drafting amendments and then starting the whole process again with a constant reworking until the final text has been produced. Consequently, "[l]egal multilingualism is fusion understood as a process (a verb) and not as an outcome (a noun)."[72] This impacts on the way those involved in the production of texts work. "The resulting anonymity of the individual translator [and even text originators] underlies the ethics of 'collective responsibility' that is indeed an EU norm; the phenomenon of the 'signed translation', which would encourage and underscore individual creativity in the translation process, thus becomes a rarity in the larger international organizations [...]. Multiple directionality encourages translators to think in terms of the immediate factors of their institutional setting, working for their peers rather than with a lived image of actual readers beyond the organization. [...] A correlative of anonymity and multiple directionality is institutionally required equivalence, which becomes a legal fiction necessary for the working of regulations and directives that are binding in all language versions."[73]

What we seem to have, therefore, are texts that have been produced and translated in a kind of self-contained system, with institutional equivalence as the result. However, the final texts still need to be construed in order to be implemented, yet the EU seems to have "glossed over the fact that translation exacts a high price in terms of the impairment of communication. [...] The Commission has stated that 'all [its] translations have to be faultless', but there is simply no such thing as a fault-free translation."[74]

---

[71] See PYM, *op. cit.*
[72] MACDONALD, *op. cit.*, p. 401.
[73] PYM, *op. cit.*
[74] CREECH, *op. cit.* p. 27.

One cannot expect different language versions of the same act or treaty always to say the same. Indeed, this would suppose a level of perfection difficult, probably even impossible to reach and/or to maintain. Words do not have a meaning as such, they only receive their meaning within their context at a certain moment. Further, each language possesses its own genius, which influences the choice of words and the arrangement of the sentence. The differences in language versions do not only appear because of this intrinsic semantic reason, they also exist because of the slovenliness or, in the case of old texts, because of semantic evolution. Another reason is time pressure.[75]

As if this weren't problematic enough, a final point has to be observed. Since the arrival of so many new Member States, many of whose official languages are lesser-known ones, not only has the theoretical number of language combinations increased dramatically, but in addition there are too few translators, sometimes none at all, capable of working between all the language pairs. To cope with this problem, the use of pivot or relay languages has been introduced and expanded, but the downside is that it greatly compounds the problem of textual corruption.[76] How, then, do translators, judges and other experts go about trying to understand the meaning of a text? It is here that the differences between legislation, a constitution and treaties have to be discussed briefly, insofar as they influence the task in hand.

A good place to start is by looking at the Canadian situation, where the changing status of English and French has long been a factor in the construction of texts in two linguistic versions, particularly since the adoption of the Canadian Charter of Rights and Freedoms, under the

---

[75] VAN CALSTER, Geert, "The EU's Tower of Babel – The Interpretation by the European Court of Justice of Equally Authentic Texts Drafted in more than one Official Language", 17 *Yearbook of European Law*, 1997, p. 369, in CREECH, *op. cit.*, p. 25.

[76] CREECH, *op. cit.*, p. 18, mentions the atrocious quality of translations into Finnish and quotes a colleague who said that she and other Finns do not even refer to the EU's Finnish materials and use the English language ones instead.

Constitution Act 1982.[77] The Canadian Supreme Court adopts a so-called gradual approach, seeing the Constitution as a 'living tree' which develops progressively. In a case in 1984 involving the construction of the word 'reasonable', a distinction was made between legislation and a constitution.[78]

> 16. [...] The task of expounding a constitution is crucially different from that of construing a statute. A statute defines present rights and obligations. It is easily enacted and as easily repealed. A constitution, by contrast, is drafted with an eye to the future. Its function is to provide a continuing framework for the legitimate exercise of governmental power and, when joined by a *Bill* or a *Charter of Rights*, for the unremitting protection of individual rights and liberties. Once enacted, its provisions cannot easily be repealed or amended. It must, therefore, be capable of growth and development over time to meet new social, political and historical realities often unimagined by its framers. The judiciary is the guardian of the constitution and must, in interpreting its provisions, bear these considerations in mind.

For US Justice John Marshall, the Constitution was not a "legal code" that contained "immutable rules" for every possible contingency, because certain terms are sufficiently flexible for their meaning to evolve as our society changes.[79] Nevertheless, legislation, too, can be – and often is – drafted with an eye to the future and all laws contain more or less fuzzy notions that have to be construed by the court. Indeed, "[d]espite its limitations, vague or flexible language has several useful functions. It allows a legislature to use a general term without having to articulate in advance exactly what is included within it [...]. It permits the law to adapt to differing circumstances and communities within a jurisdiction.

---

[77] Article 16(1) English and French are the official languages of Canada and have equality of status and equal rights and privileges as to their use in all institutions of the Parliament and government of Canada.
[78] *Per* Dickson (Chief Justice), *Hunter v Southam*, [1984] 2 R.C.S 145, 155.
[79] *Jacobellis v. Ohio*, 378 US 184, 197, 1964.

The 'European Constitution'

And it enables the law to deal with novel situations that are certain to arise in the future, as well as changing norms and standards. For these reasons, flexible and often quite abstract language is typical of constitutions, which are ideally written to endure through time."[80] This would seem to suggest that the level of abstraction, flexibility and clarity of legal language is a matter of degree and that legislation and constitutions form a continuum, on which treaties have to find a place.

Campana[81] discusses the utility of fuzzy notions in both international and European law, pointing out that it enables States with their different ideologies and/or legal systems to reach agreement on the wording of a text, if not on the interpretation. For Flückiger, too, imprecise notions and variations between different linguistic versions are typical of public international law and are deliberate, in order to reach a compromise. He quotes the French *Conseil d'État*, which has observed that one of the characteristics of European law is its 'diplomatic' nature.

> [...] là où les juristes cherchent la précision, les diplomates pratiquent le non-dit et ne fuient pas l'ambiguïté. Il arrive donc, plus souvent qu'on ne croit, qu'ils ne se mettent d'accord sur un mot que parce qu'il n'a pas la même signification pour tout le monde. [...] De même encouragent-ils des techniques de rédaction qui permettront de laisser subsister ici et là d'intéressantes – et prometteuses – contradictions.[82]

Who is to be believed, especially as far as the Treaty establishing a Constitution for Europe is concerned, with the ambiguity of its title (is it a constitution or a treaty?) and of the method of adoption (each state had to sign and then ratify it, as is the case for treaties, not constitutions)? For Valéry Giscard d'Estaing, former French President and proud to be head of the Convention whose task was to draft the document, the style

---

[80] TIERSMA, *op. cit.*, p. 80.
[81] CAMPANA, Marie-Jeanne, "Vers un langage juridique commun en Europe?", SACCO, Rodolfo (ed.), *Les multiples langues du droit européen uniforme*, Paris, L'Harmattan, 1999, p. 24.
[82] Conseil d'État, *Rapport public 1992*, d'Études et documents n° 44, in Flückiger, *op. cit.*, p. 346.

of the Constitution should not be that of a notarised act or even of an international treaty [...] but a clear and precise text [...] that will stand up to the passing of time [...].[83] One of the British members of the European Convention, President of the working group on national parliaments, was less than impressed: "The Constitution is hardly anybody's ideal bedtime reading. It's long, turgid and complicated. That's why MPs should have to read it first, debate it and then explain."[84]

Returning now to the problems of how to construe EU texts, one possibility would seem to be to address the problem in the same way as with treaties in general, given that there are a certain number of similarities between the two. Articles 31-33 of the Vienna Convention on the Law of Treaties (May 23, 1969) provide rules which correspond perfectly to the specificities of European legislation and rulings.[85] They are also very similar to the rules of interpretation used in British courts, though this time in a multilingual context and with emphasis on a purposive approach

---

[83] "Le style de la Constitution ne doit pas être celui d'un acte notarié, voire d'un traité international, où l'on cherche à se protéger de toutes les malversations et de toutes les ruses imaginables. Ce doit être un texte rigoureux, entraînant, créatif, où apparaissent à la fois la volonté de répondre à des attentes fortes, et le désir de mettre en place une architecture qui résistera au temps, en protégeant les faibles et en facilitant les avancées vigoureuses du progrès." *Le Monde*, January 13, 2003.

[84] Gisela Stuart, Daily Telegraph, April 29, 2004.

[85] *Article 31: General rule of interpretation.* 1. A treaty shall be interpreted in good faith in accordance with the ordinary meaning to be given to the terms of the treaty in their context and in the light of its object and purpose. 4. A special meaning shall be given to a term if it is established that the parties so intended.
Article 32: Supplementary means of interpretation. Recourse may be had to supplementary means of interpretation, including the preparatory work of the treaty and the circumstances of its conclusion, in order to confirm the meaning resulting from the application of article 31, or to determine the meaning when the interpretation according to article 31: (*a*) leaves the meaning ambiguous or obscure; or (*b*) leads to a result which is manifestly absurd or unreasonable.
Article 33: Interpretation of treaties authenticated in two or more languages. 1. When a treaty has been authenticated in two or more languages, the text is equally authoritative in each language, unless the treaty provides or the parties agree that, in case of divergence, a particular text shall prevail. [...] 3. The terms of the treaty are presumed to have the same meaning in each authentic text. 4. [...] when a comparison of the authentic texts discloses a difference of meaning which the application of articles 31 and 32 does not remove, the meaning which best reconciles the texts, having regard to the object and purpose of the treaty, shall be adopted.

not unlike that of the 'mischief rule'.[86] The problem, of course, is to ascertain the intention of the drafters and, in order to do so, to decide what guidelines, either internal or external, should be used, and how. As former judge Hans Kutscher remarked, "the special feature of the interpretation of texts in several languages lies *inter alia* in the very fact that questions of interpretation arise only if the meaning and significance of the wording in the various languages appear to differ from each other, that is, if the ascertainment of the meaning of a provision cannot just be based on one version or equally on the versions in all the languages."[87] In other words, as we have already seen, other language versions can and must be taken into account when there are problems of construction. Should these different versions be considered as external guidelines or as internal ones? In a monolingual setting the question would not arise, as the search for meaning would be within the same text, i.e. an internal guideline. But here we have 23 *different* texts, theoretically expressing the *same* norm. In practice, and despite the fiction of equally authentic texts, some language versions are preferred by the Court to others, usually those in which the text was originally drafted[88] or in which the "*travaux préparatoires*" were done,[89] i.e. they would be considered as external guidelines.[90]

---

[86] Laid down in *Heydon's Case*, 1584.

[87] KUTSCHER, Hans, "Methods of interpretation as seen by a judge at the Court of Justice", *Reports presented at the Judicial and Academic Conference of the Court of Justice of the European Communities*, 27-28 September 1976, I-18, quoted in ŠARČEVIĆ, Susan, "Problems of interpretation in an enlarged European Union", SACCO, Rodolfo (ed.), *L'interprétation des textes juridiques rédigés dans plus d'une langue*, L'Harmattan, Italie, 2002, p. 248.

[88] In certain cases the Court explicitly recognises the French version as being the original version, SCHÜBEL-PFISTER, Isabel, "Enjeux et perspectives du multilinguisme dans l'Union européenne: après l'élargissement, la 'babélisation'?", *Revue du Marché commun et de l'Union européenne*, n° 488, May 2005, p. 331.

[89] See MATTILA, Heikki E.S., "Les matériaux non finnois dans l'interprétation juridique en Finlande", SACCO, Rodolfo (ed.), *L'interprétation des textes juridiques rédigés dans plus d'une langue*, L'Harmattan, Italie, 2002, p. 179. See also CARVALHO, "Within the scope of the WTO, the superiority in the negotiation was one of the reasons which made English become a predominant language in the interpretation of covered agreements", *op. cit.*, 2007, p. 13.

[90] Rules governing interpretation of law in England and Wales allow very limited recourse to external guidelines: part of the debates in parliament during the law-making process, and official

One of the situations where the Court is asked to interpret ambiguities and uncertainties in meaning in European law is where national courts request clarification through the preliminary rulings mechanism,[91] in order to give the correct construction when deciding a case in their own jurisdictions. During the drafting process of these texts, the translators had come up against the same difficulties, particularly when confronted to problematic expressions in would-be English (as used by non-native speakers), and their strategy might help shed light on the matter. What translators sometimes do is translate these expressions back into the author's own language and use that as the starting point for the official translation. However, although these [22] new translations may sometimes make better sense than the original, because the translators have injected clarity and style into the texts, there is no guarantee that the translations will all make the *same* sense.[92] What this does highlight, as already pointed out by Van Culster, is that the quality of the original is not always as it should be.

Having said this, non-native speakers are not always to 'blame'; the haste in which translations are often done because the translation services are overworked and understaffed, the constraints of internal consistency – which means that earlier errors are not corrected but propagated from one document to another, as frequent quotations from the Court's own judgments are almost equally binding on the translator[93] – and of layout conventions which obey French legal traditions, plus the fact that everyone

---

reports by commissions that were appointed by parliament to study the matter and that are used as a basis for the legislation.

[91] For example, Erich Stauder v City of Ulm – Sozialamt, Case 29-69 (European Court reports 1969, p. 00419); Robert Unkel v Hauptzollamt Hamburg-Jonas, Case 55-74 (European Court reports 1975, p. 00009); Regina v Pierre Bouchereau, Case 30-77 (European Court reports 1977, p. 01999 – authentic language specified, English); Sas Prodotti Alimentari Folci v Amministrazioni delle finanze dello Stato, Joined cases 824-79 and 825-79 (European Court reports, p. 03053).

[92] McCluskey, *op. cit.*, p. 42.

[93] Weston, Martin, "Characteristics and constraints of producing bilingual judgments: the example of the European Court of Human Rights", Gémar, Jean-Claude & Kasirer, Nicholas (eds.), *Jurilinguistique entre langues et droits / Jurilinguistics between Law and Language*, Bruylant / Les éditions Thémis, Montreal and Brussels, 2005, p. 458.

is part of a microcosm and is using jargon without even being aware of it, all combine to produce texts that can be bewilderingly difficult to understand. For Vanderlinden,[94] plurilingualism itself has to be understood as something other than the coexistence of different languages. When several language versions of the same norm are potentially different, or even conflicting, the court can decide one way or the other what the true meaning is. As for the translators who produced these versions, given that they are working in a specialised domain, the language of law, with its own conventions (that have to be used not only to encode the information but also to decode it, with the added complication of the different legal cultures underpinning these conventions), there is a good chance that they work with lawyers in mind, and not the end-user, the ordinary citizen. To make matters worse, those who actually drafted the texts are often unaware of what good communication means. They too are entrapped in their own little world, and the ultimate receiver is far from their minds. For Gémar,[95] at the end of the day, the question comes down to the will of those who hold political power, when deciding that two or more language versions of a text are saying the same thing, and I would add, what that thing is.

A Constitution by any other name...

We have seen in this paper that a number of countries have a clearly identifiable written constitution: i) Canada, ii) France, iii) Ireland and iv) the United States of America.[96] We also know that although the United

---

[94] VANDERLINDEN, Jacques, "D'un paradigme à l'autre à propos de l'interprétation des textes législatifs plurilingues", GÉMAR, Jean-Claude & KASIRER, Nicholas (eds.), *Jurilinguistique entre langues et droits / Jurilinguistics between Law and Language*, Bruylant / Les éditions Thémis, Montreal and Brussels, 2005, p. 293-316.

[95] "Langage du droit et traduction: enjeux, difficultés et nuances de la traduction juridique", MATZNER, Elsa (ed.), *Droit et langues étrangères 2*, Perpignan, Presses universitaires de Perpignan, 2001, p. 144.

[96] The names are worth noting: i) The Constitution Act 1982, ii) La Constitution du 4 octobre 1958, iii) Bunreacht na hÉireann – Constitution of Ireland, Enacted by the People 1st July, 1937, In operation as from 29th December, 1937, iv) The Constitution of the United States of America (1787).

Kingdom doesn't have a written constitution in the sense of one single document enshrining all the principles, there are a number of written documents that establish the constitutional make-up of the State: Magna Carta (1215), Habeas Corpus (1679), the Bill of Rights (1689), the European Communities Act (1972), the Human Rights Act (1998), the Constitutional Reform Act (2005) and various other statutes. Moreover, the increasing recourse to judicial review reflects the constitutional role of the judiciary, particularly with the development of European law, be it from the EU or under the European Convention on Human Rights.[97] As for the European Union, after its unsuccessful attempt to introduce change with the signing, on October 29, 2004, of the Treaty establishing a Constitution for Europe, it is currently in the process of ratifying the new Treaty of Lisbon, which was signed on December 13, 2007 by all 27 heads of state and government. Its official title is the Treaty of Lisbon amending the Treaty on European Union and the Treaty establishing the European Community.[98]

A quick glance at the names of the various documents shows that the distinction between the three types of act examined here – statute law, constitution, treaties – is blurred, to say the least. As far as the 2004 text is concerned, the discussion is, to a certain extent, academic, given that the ECJ is seen as exercising functions combining those of a constitutional court, an administrative court and a civil court.[99] The ways in which they have been adopted are also quite different, but a detailed analysis is beyond the scope of this paper.[100] What is important is the

---

[97] FAIRGRIEVE, Duncan & MUIR WATT, Horatia, *Common Law et tradition civiliste*, Coll. Droit et justice, Paris, PUF, 2006.

[98] The Treaty establishing the European Community is the Treaty of Rome (1957), as modified by the Single European Act (1986), the Treaty of Maastricht (1992), the Treaty of Amsterdam (1997) and the Treaty of Nice (2001).

[99] ŠARČEVIĆ, *op. cit.*, p. 247. See also QUATREMER, Jean, in his preface to SAURON, Jean-Luc, *Comprendre le Traité de Lisbonne*, Paris, Gaulino éditeur, 2008, p. 8-9.

[100] The major difference with previous treaties is that the 2004 text was the result of a long consultation process under the aegis of the Convention (February 2002-July 2003), during which time the 105 members, appointed by their national governments and parliaments – including some from the applicant countries – plus representatives from the European Parlia-

symbolic value, for those who recognise themselves as being governed by the various texts, even though the vast majority of people have not, and never will, read them. Although, in 2005, two of the countries that held referendums, France and the Netherlands, rejected the constitutional treaty, thus bringing the ratification process to a halt, this final part will examine various linguistic items from the French and English versions, and see whether or not the two versions of the "Constitution for Europe" say the same thing.

Before going into detail, however, a general remark needs to be made. As we have seen, European texts are often inspired by a limited number of languages and translated back and forth, segment by segment, into the other languages as the negotiations take place, with the result that no version sounds authentic. The 'Constitutional Treaty', however, was drafted entirely in one language, French (which means that all the countries had to find qualified French-speaking jurists), though two working languages were used for the negotiations, French and English.[101] Given the length of the text, it is more than likely that different teams of translators were involved, and/or that different parts were taken wholesale from existing treaties, without any attempt to clean the whole thing up and remove internal inconsistencies, as a close reading of the document showed. To take but one example, in Title VI (The functioning of the Union), Articles III-348 and III-355 use the two pronouns *he or she*, when referring in general to a member of the Commission and the Judges of the Court of Justice, respectively. Later

---

ment and Commission, worked with different groups representing 'civil society' in order to draft the document. For more details, see MONTAGNER, Maxime, *Le secteur associatif face à la Convention sur l'Avenir de l'Europe: La mobilisation et la contribution de la société civile dans la rédaction de la Constitution européenne*, December 2005. www.institut-gouvernance.org/en/analyse/fiche-analyse-53.html.

[101] See QUATREMER, Jean, *Coulisses de l'UE*, on his blog of September 8, 2007. He is also correspondent for the French newspaper *Libération*. http://bruxelles.blogs.liberation.fr/coulisses/2007/09/trait-simplifi-.html. One of the comments added to this blog remarked that this was perfectly understandable, given that those whose task it is to interpret the constitution, i.e. the ECJ, work in French.

on, in Protocol 8, On the treaties and acts of accession of the Kingdom of Denmark..., Article 13 uses the masculine pronoun *he*, presumably to refer to people of both genders. Although there is no doubt as to meaning, and although British legislation continues to use *he* meaning *he or she*, it is a pity that the attempt to bring the English language version in line with equality legislation has not permeated all levels of European drafting and translation, not to mention national texts.

In the following analytical comparison, the differences between the French and English versions have been divided into arbitrary categories which sometimes overlap. Several internal contradictions have also been observed.

The first point is not specific to the Treaty establishing a Constitution for Europe, but is a general observation of asymmetrical change over the last two hundred years and of the differences that exist between languages and between countries using the same language. On August 26, 1789, the French Constituent Assembly adopted the *Déclaration des droits de l'homme et du citoyen*, known in English as the "Declaration of the Rights of Man and the Citizen". On December 10, 1948, the General Assembly of the United Nations adopted and proclaimed the Universal Declaration of Human Rights, the official French title of which is the *Déclaration universelle des droits de l'homme*. As we can see, English has changed, but not French, with the notable exception of Canada, where the term *Droits de la personne* is used to speak of human rights. In the 2004 Treaty (example 1), Article I-2 shows the internal contradiction since, if the first occurrence of *homme* included women, there would be no need for the second. The word is not even written with a capital (*Homme*), which some French people claim distinguishes the generic of the species from the male of that species. Having said this, equality between women and men is laid down in the English version, too, of course, both as a translation and because it is a basic principle which the notion of non-discrimination obviously does not protect.

Example 1

Traité établissant une constitution pour l'Europe, Rome, le 29 octobre 2004	Treaty establishing a Constitution for Europe, Rome, 29 October 2004
Titre I Définition et objectifs de l'Union	Title I Definition and objectives of the Union
Art. I-2 Les valeurs de l'Union L'Union est fondée sur les valeurs de respect de la **dignité humaine**, de liberté, de démocratie, d'égalité, de l'État de droit, ainsi que de respect des **droits de l'homme**, y compris des droits des personnes appartenant à des minorités. Ces valeurs sont communes aux États membres dans une société caractérisée par le pluralisme, la non-discrimination, la tolérance, la justice, la solidarité et *l'égalité entre les femmes et les hommes*.	Art. I-2. The Union's values The Union is founded on the values of respect for **human dignity**, freedom, democracy, equality, the rule of law and respect for **human rights**, including the rights of persons belonging to minorities. These values are common to the Member States in a society in which pluralism, non-discrimination, tolerance, justice, solidarity and *equality between women and men* prevail.

The next category of differences concerns ambiguities or differences within and between the two languages, often a matter of connotation. Starting with the French version, one of the provisions (example 2), *Son mandat est renouvelable*, is mentioned twice (Articles III-335, 2§1 and III-355, §3), whereas in English there are two different terms which do not mean the same thing: being eligible for reappointment does not necessarily imply an election, being re-elected does. It seems to be a slovenly translation, since the context makes it clear that in both cases the person has been elected. The more surprising difference, however, concerns the choice of "may be dismissed" (Art. III-335, 2§2), "is compulsorily retired" (Art. III-3, 1) and "compulsory retirement" (Art. III-3, 2). The French makes no reference to retirement, and the question of pension rights could arise if the English text is taken, even if the person had no choice. Compulsory retirement might well exist when an employer (private or state) wishes to reduce the workforce and there would be no idea of fault on the part of the person retiring. Interestingly, for once it is the French version which uses repetition, usually avoided as far as possible in favour of synonyms, and the English one which uses several different expressions. By accident, by design, because different excerpts had been taken from earlier documents which had not used the same terminology?

Example 2

Titre VI Le fonctionnement de l'Union	Title VI The functioning of the Union
Art. III-335 2§1. [...] *Son mandat est renouvelable*. 2§2. Le médiateur *peut* être *déclaré démissionnaire* par la Cour de justice	Art. III-335 2§1. [...] The Ombudsman **shall be eligible for reappointment**. 2§2. The Ombudsman **may be dismissed** by the Court of Justice...
Art. III-348 1. En dehors des renouvellements réguliers et des décès, les fonctions des membres de la Commission prennent fin individuellement *par démission volontaire ou d'office*. 2. Le membre de la Commission *démissionnaire ou décédé* est remplacé...	Art. III-348 1. Apart from normal replacement, or death, the duties of a member of the Commission shall end when he or she **resigns or is compulsorily retired**. 2. A vacancy caused by **resignation, compulsory retirement or death** shall be filled...
Art. III-355 §3. *Son mandat est renouvelable*. (cf art. III-335)	Art. III-355 §3. He or she **may be re-elected** (cf art. III-335)

The differences in example 3 below raise other questions. The French version refers to *Lapons*, the morphological English equivalent of which, "Lapps", is today considered derogatory by many Sami. Article 60 refers in French to *régions traditionnellement habitées par*, while the English doesn't talk about inhabiting an area, but about an area where a certain activity is carried out. One could imagine disputes over use of territory and a distinction between living and working. The third point is the discrepancies between the French (*mode de vie, moyens d'existence*, twice) and the English (means of livelihood, three times). The two French terms are not synonymous.

Example 3

Protocole 8 relatif aux traits et actes d'adhésion du Royaume de Danemark...	Protocol 8. On the treaties and acts of accession of the Kingdom of Denmark...
Art. 60 Nonobstant les dispositions de la Constitution, des droits exclusifs peuvent être accordés au peuple lapon pour l'élevage de rennes dans les *régions traditionnellement habités par les Lapons*.	Art. 60 Notwithstanding the provisions of the Constitution, exclusive rights to reindeer husbandry within **traditional Sami areas** may be granted to the Sami people.
Art. 61 La présente section peut être étendue pour tenir compte du développement éventuel des droits exclusifs reconnus au peuple lapon en liaison avec son *mode de vie traditionnel*.	Art. 61 This Section may be extended to take account of any further development of exclusive Sami rights linked to their **traditional means of livelihood**.

Déclaration 32 sur le peuple Lapon §2 La Conférence note que la Suède et la Finlande se sont engagées à préserver et à développer les ***moyens d'existence*** [...] et considère que la culture et les ***moyens d'existence*** traditionnels du peuple lapon [...] dans les ***régions traditionnelles du peuplement lapon***.	Declaration 32 on the Sami people §2 The Conference notes that Sweden and Finland are committed to preserving and developing the ***means of livelihood*** [...] and considers that traditional Sami culture and ***livelihood*** [...] in the ***traditional areas of Sami settlement***.

The following are calques from the French; either they don't sound very natural, but are more or less comprehensible to those who only speak English and who have no contact with Brussels, or they are totally meaningless. A Google search on May 3, 2008 produced only 70,500 occurrences for the expression "secondary residences", but 4,310,000 for "second homes" (example 4). Even allowing for repetition and error, the difference is considerable. The first expression seems to be used in other English-speaking countries around the world, but they are not members of the EU.

Example 4

Protocole 9 République Tchèque etc. Titre VI Dispositions relatives à l'acquisition de *résidences secondaires* à Malte	Protocol 9 Czech Republic etc. Title VI Provisions on the acquisition of *secondary residences* in Malta
Art. 61 §1 Compte tenu du nombre très limité de ***résidences*** existant à Malte [...] aux ***fins de résidences secondaires***...	Art. 61 §1 Bearing in mind the very limited number of ***residences*** in Malta [...] for ***secondary residence purposes***...
Protocole 26 Sur l'acquisition de biens immobiliers au Danemark Article unique Nonobstant les dispositions de la Constitution, le Danemark peut maintenir sa législation en vigueur en matière d'acquisition de ***résidences secondaires***.	Protocol 26 On the acquisition of property in Denmark Sole article Notwithstanding the provisions of the Constitution, Denmark may maintain the existing legislation on the acquisition of ***second homes***.

As for "professional secrecy" (example 5), it certainly makes some kind of sense to a native speaker of English, but is rarely, if ever, found in documents drafted in a monolingual English-speaking country, the expressions "duty of confidentiality", "patient confidentiality", "client confidentiality" or "legal privilege" being far more common, depending on the context.[102] To make

---

[102] For a detailed study, see GREENSTEIN Rosalind, "Secret de la déontologie, déontologie du secret", GREENSTEIN, Rosalind (ed.), *Regards linguistiques sur le secret*, Paris, L'Harmattan, 2001, p. 29-69.

matters worse, "secrecy" in English has a negative connotation and implies that something is being hidden, that the person who is not disclosing the information is doing so to the detriment of the other, rather than in order to protect them.

Example 5

Titre VII Dispositions communes	Title VII Common provisions
Art. III-430 [...] sont tenus, même après la cessation de leurs fonctions, de ne pas divulguer les informations qui, parleur nature, sont couvertes par le *secret professionnel*, [...]	Art. III-430 [...] shall be required, even after their duties have ceased, not to disclose information of the kind covered by the *obligation of professional secrecy*, [...]
Protocole 4. Objectifs et missions du système européen de banques centrales Art. 37 *Secret professionnel* 1. [...] ne pas divulguer les informations qui, par leur nature, sont *couvertes par le secret professionnel*. 2. Les personnes ayant accès à des données soumises à un acte juridiquement contraignant de l'Union imposant *l'obligation du secret* sont *assujetties* à *cette obligation*.	Protocol 4. On the statute of the European System of central banks and of the European Central Bank Art. 37 *Professional secrecy* 1. [...] not to disclose information of the kind *covered by the obligation of professional secrecy*. 2. Persons having access to data covered by a legally binding Union act imposing an *obligation of secrecy* shall be *subject to that obligation*.

The "socio-educational instructors" referred to in Art. III-282 below (example 6), however, are unknown to English native speakers who do not work with the European institutions. A Google search on May 3, 2008 only produced 926 occurrences, many of which, after a superficial check, were European institution-based websites. "Youth workers" or "social workers" would be two possibilities, but here we can see that the professions are not organised in the same way in the different countries and the term is clearly culture-bound.

Example 6

Ch V Domaines où l'Union peut décider de mener une action d'appui, de coordination ou de complément	Ch V Areas where the Union may take coordinating, complementary or supporting action
Art. III-282 1e) à favoriser le développement des échanges de jeunes et d'*animateurs socio-éducatifs* [...].	Art. III-282 1e) encouraging the development of youth exchanges and of exchanges of *socio-educational instructors* [...].

The final example in this category (example 7) is that of an expression which, in English as spoken in England, Wales, Scotland and the

Republic of Ireland, raises a smile or a look of complete mystification, and is associated, if at all, with social relationships (including sexual, but not with one's married partner), clubs such as chess or bridge, alumni associations, etc. In Northern Ireland it means groups (the different churches, consumer associations, etc.) acting as pressure groups to lobby in favour of their interests. Only in Brussels does it have a meaning which is taken literally from the French. Art. I-48 is totally meaningless to the vast majority of English speakers and it is only if read in conjunction with Articles III-209, III-211 and III-212 that they would see that "social partners" are representatives of management and labour.[103]

Example 7

Titre VI La vie démocratique de l'Union	Title VI The democratic life of the Union
Art. I-48 Les *partenaires sociaux* et le *dialogue social* autonome L'Union reconnaît et promeut le rôle des *partenaires sociaux* [...]. Elle facilite le *dialogue entre eux*, dans le respect de leur autonomie.	Art. I-48 The *social partners* and autonomous *social dialogue* The Union recognises and promotes the role of the *social partners* [...]. It shall facilitate *dialogue between the social partners*, respecting their autonomy.
Partie III Les politiques et le fonctionnement de l'Union. Titre III Politiques et actions internes	Part III The policies and functioning of the Union Title III Internal policies and action
Art. III-209 L'Union et les États membres, conscients des *droits sociaux fondamentaux*, tels que ceux énoncés dans la *Charte sociale européenne* [...] permettant [...] une *protection sociale* adéquate, le *dialogue social*...	Art. III-209 The Union and the Member States, having in mind *fundamental social rights* such as those set out in the *European Social Charter* [...] so as to make possible [...] proper *social protection*, *dialogue between management and labour*...
Art. III-211 1. La Commission promeut la consultation des *partenaires sociaux* au niveau de l'Union (4 occurrences + 2 occurrences, Art. III-212)	Art. III-211 1. The Commission shall promote the consultation of *management and labour* at Union level (4 occurrences + 2 occurrences, Art. III-212)

Languages evolve all the time, words 'exchange' meanings with each other in the same language, conceptual boundaries are blurred, usages overlap, with the possibility that some readers will have an anachronistic understanding of the term. Sometimes it doesn't matter, sometimes two meanings in one can be perfectly acceptable, but not always. If we take

---
[103] For a detailed analysis of the expression, see GREENSTEIN, Rosalind, *op. cit.*, 2009.

the French word *sécurité* in Art. III-257 (example 8), we understand it to mean that there is no violence, no threat of war, no risk of unauthorised access to places. The English word "security" corresponds. The French word *sûreté* (Article 19§3a), on the other hand, suggests here (but only when read in conjunction with the English word "safety") that there is no physical danger, the reactor will not explode and contaminate the area. But what about the use of *sécurité* in 3c)? Are we worried about unauthorised access to reactors other than fast ones (as the French would suggest) or is it still a question of making sure there is no risk of contamination, as the English says? The appropriate measures to meet requirements of security, safety, *sécurité* or *sûreté* (this term has made a recent comeback in French, but at airports in the sense of security checks for bombs and explosives) are not the same, nor is the connotation.[104]

Example 8

Ch IV Espace de liberté, de *sécurité* et de justice	Ch IV Area of freedom, *security* and justice
Art. III-257 1. L'Union constitue un espace de liberté, de **sécurité** et de justice [...]	Art. III-257 1. The Union shall constitute an area of freedom, **security** and justice [...]
Protocole 8 relatif aux traits et actes d'adhésion du Royaume de Danemark...	Protocol 8. On the treaties and acts of accession of the Kingdom of Denmark...
Art. 19 3a) recherche et développement en matière de réacteurs rapides (y compris **sûreté**) c) **sécurité** des réacteurs autres que rapides	Art. 19 3a) fast reactor research and development (including **safety**) c) reactor **safety** (other than fast reactors)

The final category is that of stylistic differences due to national language traditions and drafting conventions. Generally speaking, as mentioned earlier, repetition in French is avoided and synonyms (or synonymous expressions) are preferred, even at the risk of doubt as to whether the

---

[104] See GREENSTEIN, Rosalind, "La 'sécurité' au croisement des langues et des disciplines", GREENSTEIN, Rosalind (ed.), *Langues et cultures: une histoire d'interface*, Paris, Publications de la Sorbonne, 2006, p. 115-164. A good example of the difference between the two terms is 'food safety', meaning that the food is fit for human consumption and will not make us ill, and 'food security', which means having a regular supply of food so as not to go hungry.

terms chosen are true synonyms or in fact introduce different shades of meaning.[105] In English, however, repetition is perfectly acceptable, even desirable, especially in scientific and legal texts, where it is essential to be as sure as possible as to the meaning (textual and speaker's). In example 9 below, the two adjectives *obligatoire* and (*juridiquement*) *contraignant*, plus the verb *lier*, do have the same meaning; in English the same adjective "(legally) binding" is used in all three excerpts.

Example 9

Art. I-33 Les actes juridiques de l'Union	Art. I-33 The legal acts of the Union
1.§2. La loi européenne est un acte législatif de portée générale. Elle est **obligatoire** dans tous ces éléments [...]. La loi-cadre européenne est un acte législatif qui **lie** tout État membre [...].	1.§2. A European law shall be a legislative act of general application. It shall be **binding** in its entirety [...]. A European framework law shall be a legislative act **binding**, [...] upon each Member State [...]
Protocole 4. Objectifs et missions du système européen de banques centrales Art. 37 Secret professionnel 2. Les personnes ayant accès à des données soumises à un acte **juridiquement contraignant** de l'Union [...]	Protocol 4. On the statute of the European System of central banks and of the European Central Bank Art. 37 Professional secrecy 2. Persons having access to data covered by a **legally binding** Union act [...].

Example 10 below not only illustrates the preference in French of nouns rather than verbs – in English it tends to be the reverse – but also the problem of a literal translation which is probably unintelligible. A more natural rendering might have been "The Union shall foster the cultures of the Member States".

Example 10

Art. III-280	Art. III-280
1. L'Union contribue à l'épanouissement des cultures des États membres.	1. The Union shall contribute to the ***flowering*** of the cultures of the Member States...

Clarity is a quality that one might expect of a text that is supposed to symbolise a union of peoples, with the emblematic term "constitution"

---

[105] CORNU, Gérard, *Linguistique juridique*, Paris, Montchrestien, 2000, p. 179-80.

in its title. Article 13 of Protocol 8 (example 11), concerning the accession of the Kingdom of Denmark, Ireland, the United Kingdom…, in French at least is a perfect illustration of the contrary and is unlikely to "bring Europe closer to its citizens". Although the term *ressortissant* could be a noun, it is probably here a present participle, which would allow and explain the complicated mixture of masculine and feminine nouns, pronouns and adjectives. The English version uses the traditional "he", presumably meaning "he or she", as it is unlikely today that citizenship is transmitted through the male line only, which would contradict the principle of equality between women and men laid down in Article I-2 of the treaty.

Example 11

Protocole 8 relatif aux traits et actes d'adhésion du Royaume de Danemark…	Protocol 8. On the treaties and acts of accession of the Kingdom of Denmark…
Art. 13 Est considéré au sens de la présente section comme **ressortissant** des îles Anglo-Normandes ou de l'île de Man, tout **citoyen** britannique qui détient cette citoyenneté en vertu du fait que **lui**-même, l'un de ses parents ou l'un de ses grands-parents est né […] une telle **personne** n'est pas considérée à cet égard comme **ressortissant** de ces territoires si **elle**-même…	Art. 13 In this section, **Channel Islander** or **Manxman** shall mean any British **citizen** who holds that citizenship by virtue of the fact that **he**, a parent or grandparent, was born […] but such a **person** shall not for this purpose be regarded as a **Channel Islander** or **Manxman** if **he**…

All the examples so far are more or less successful attempts to render the same ideas, concepts, institutions in the different languages of the EU. But there are times when it is absolutely impossible, in which case a completely different solution is adopted in order to allow for national particularities while conforming to the spirit of the European text (example 12). The way it is done is simply to define the problematic term, as in Articles 28 and 29 of Protocol 8 (concerning Spain and Portugal, respectively).[106]

---

[106] The Spanish and Portuguese versions are to be found at the end of this paper.

Example 12

Art. 28	Art. 28
§2 Dans le cas où le renversement de la charge de la preuve n'est pas applicable, le Royaume d'Espagne continue à faire supporter la preuve de la contrefaçon par le titulaire du brevet. Dans tous ces cas, le Royaume d'Espagne applique une procédure judiciaire de *saisie-description*.	§2 In cases where shifting the burden of proof does not apply, the Kingdom of Spain shall continue to require the patent holder to adduce proof of infringement. In all these cases the Kingdom of Spain shall apply a judicial procedure known as "*distraint-description*".
§3 Par « *saisie-description* », on entend une procédure s'insérant dans le système visé aux premier et deuxième alinéas par laquelle toute personne disposant du droit d'agir en contrefaçon peut, par décision judiciaire rendue à sa requête, faire procéder, sur les lieux du contrefacteur présumé, par huissier assisté d'experts, à la description détaillée des procédés litigieux, notamment par la prise de photocopie de documents techniques, avec ou sans *saisie réelle*. Cette décision judiciaire peut ordonner le versement d'un cautionnement, destiné à accorder des dommages et intérêts au contrefacteur présumé en cas de préjudice causé par la *saisie-description*.	§3 "*Distraint-description*" means a procedure forming part of the system referred to in the first and second paragraphs by which any person entitled to bring an action for infringement may, after obtaining a court order, granted on his application, cause a detailed description to be made, at the premises of the alleged infringer, by a bailiff assisted by experts, of the processes in question, in particular by photocopying technical documents, with or without *actual distraint*. This court order may order the payment of a security, intended to grant damages to the alleged infringer in case of injury caused by the "*distraint-description*".

Conclusion

Language, as we have seen, is an essential parameter in the construction of identity, be it individual, professional, national or "international". It is a social fact, informed by interaction between people in different contexts, and cannot exist or develop in a vacuum. Although much of the world that it names or describes exists independently of the language (the combination of hydrogen and water in a ratio of two to one will always form water), the way this world is conceptualised is through language. Law is a special case, however, as without language it does not and cannot exist. Language for law is thus totally culture-bound, so much so that two law specialists speaking the same language but coming from different legal systems will possibly be unable to communicate, at least meaningfully, never mind two people from different legal systems and with two different languages.

The European Union is a special case, since it is a single system of norms expressed in a multitude of languages, where multilingualism is at the very heart of the law-making process and not just a tool to move between systems. It is therefore logical that "the different language versions of a Community text must be given a uniform interpretation and hence in the case of divergence between the versions the provision in question must be interpreted by reference to the purpose and general scheme of the rules of which it forms a part."[107] The paradox is that, in order to understand this purpose, it is necessary to be competent in a number of languages, something that not only the ordinary citizen but also the majority of lawyers are not. Another paradox is that, like national law, European law is binding and often directly applicable, i.e. it has direct legal effect, whereas the drafting and construction processes are often more akin to those of international treaties. Whether or not this has an effect on the clarity and precision of the texts is debatable, whether or not the language is more of a diplomatic nature or of a traditional legislative nature, and what the place is of European texts on the continuum of statute law, a constitution or treaties, are also open questions. One thing, however, is clear. The 'legalese' of texts that directly affect so many people from so many countries is something that should be borne in mind when drafting and translating. The microcosm with Brussels at its centre needs to reach out to the citizen in terms that are neither stereotyped 'Brussels--speak' nor an incomprehensible jargon that is even more opaque than standard jargon, legal or otherwise.

Some people suggest that, in order to address the complexities and cost[108] of dealing with 23 official languages and 506 language pairs, a small number should be chosen and everything should be drafted and translated from and into them. They would thus be considered as the only authentic versions and would give the *de facto* pivot languages a

---

[107] Regina v Pierre Bouchereau, point 14.
[108] In 2008 the total budget for the Directorate-General for Translation (including staff and infrastructure) was 302.9 million euros; that of the Directorate-General for Interpreting was 128.23 million euros. This may sound a lot but corresponds, in fact, to roughly €2.20 per person per year.

different status. However, despite the difficulties described in this paper, the various languages, as a collective heritage, a vector of culture and the reflection of the genius of the different peoples are too precious to be sacrificed in the name of a so-called efficiency which may well create far more problems than it solves.

Article 28 (in Spanish) and Article 29 (in Portuguese) of Protocol 8

Art. 28	Art. 29
§2 En los casos en que la inversión de la carga de la prueba no sea aplicable, el Reino de España seguirá imponiendo al titular de la patente la carga de la prueba de la usurpación de la patente. No obstante, en todos estos supuestos, el Reino de España aplicará un procedimiento judicial conocido con el nombre de «*diligencias previas de comprobación de hechos*».	§2 Nos casos em que a inversão do ónus da prova não for aplicável, a República Portuguesa continua a fazer incidir o ónus da prova da violação do direito de patente sobre o titular da patente. Em todos estes casos, a República Portuguesa aplica um processo judicial de «*arbitramento cautelar*».
§3 Se entenderá por «*diligencias previas de comprobación de hechos*», un procedimiento que se inscribe en el sistema contemplado en los párrafos primero y segundo por el que toda persona con derecho a actuar ante los tribunales en casos de usurpación de patente puede solicitar una decisión judicial para que se proceda, en las instalaciones del posible demandado, mediante agente judicial asistido por peritos, a la descripción detallada de los procedimientos objeto de litigio, en particular mediante toma de fotocopias de documentos técnicos, con o sin *retención real de pruebas*. La decisión judicial puede ordenar el depósito de una fianza destinada a indemnizar al posible demandado de los daños y perjuicios que puedan causarle las «*diligencias*».	§3 Por «*arbitramento cautelar*» entende-se um processo que se insere no âmbito do sistema referido nos primeiro e segundo parágrafos, através do qual qualquer pessoa que disponha do direito de agir judicialmente por violação do direito de patente pode, por decisão judicial proferida a seu pedido, mandar proceder, nas instalações do presumível infrator, por funcionário judicial assistido por peritos, à descrição pormenorizada dos processos litigiosos, nomeadamente através da fotocópia de documentos técnicos, com ou sem *apreensão efectiva*. A decisão judicial pode ordenar o depósito de caução, destinada a indemnizar o presumível infrator em caso de prejuízo causado pelo «*arbitramento cautelar*».

Bibliography

BASTARACHE, MICHEL, "Les difficultés relatives à la détermination de l'intention législative dans le contexte du bijuridisme et du bilinguisme législatif canadien", GÉMAR, JEAN-CLAUDE & KASIRER, NICHOLAS (eds.), *Jurilinguistique entre langues et droits / Jurilinguistics between Law and Language*, Thémis and Bruylant, Montreal and Brussels, 2005, p. 93-117.

CAMPANA MARIE-JEANNE, "Vers un langage juridique commun en Europe?", *Les multiples langues du droit européen uniforme,* SACCO, RODOLFO (ed.), Paris, L'Harmattan, 1999, p. 7-34.

CARVALHO, EVANDRO MENEZES DE, "The decisional juridical discourse of the Appellate Body of the WTO: among treaties and dictionaries as referents", *International Journal for the Semiotics of Law/Revue Internationale de Sémiotique Juridique*, Springer, 2007.

CARVALHO, EVANDRO MENEZES DE, "Le français et la différence, à propos de l'importance du plurilinguisme dans les rapports juridiques et diplomatiques", *Revue générale du droit*, Ottawa, Vol. 37, 2007.

CONLEY, JOHN M. and O'BARR, WILLIAM M., *Just Words*: *Law, Language and Power*, University of Chicago Press, Chicago and London, 2005.

CORNU, GÉRARD, *Linguistique juridique*, Paris, Montchrestien, 2000, p. 179-80.

CÔTÉ, PIERRE-ANDRÉ, "La tension entre l'intelligibilité et l'uniformité dans l'interprétation des lois plurilingues", GÉMAR, JEAN-CLAUDE & KASIRER, NICHOLAS (eds.), *Jurilinguistique entre langues et droits / Jurilinguistics between Law and Language*, Thémis and Bruylant, Montreal and Brussels, 2005, p. 127-143.

COULMAS, FLORIAN, *Sociolinguistics: the study of speakers' choices*, Cambridge University Press, Cambridge, NY, 2005

CREECH, RICHARD, *Law and Language in the European Union*, Groningen, Europa Law Publishing, 2005.

DIDIER, EMMANUEL, "La traduction juridique en Europe. État et perspectives de la Common Law en Français (CLEF) et du Droit Civil en Anglais (DCA)", *Les multiples langues du droit européen uniforme,* SACCO, RODOLFO (ed.), Paris, L'Harmattan, 1999, p. 35-56.

FLETCHER, GEORGE P., "Fair and Reasonable. A Linguistic Glimpse into the American Legal Mind", *Les multiples langues du droit européen uniforme,* SACCO, RODOLFO (ed.), Paris, L'Harmattan, 1999, p. 57-70.

FLÜCKIGER, ALEXANDRE, "Le multilinguisme de l'Union européenne: un défi pour la qualité de la législation", GÉMAR, JEAN-CLAUDE & KASIRER, NICHOLAS (eds.), *Jurilinguistique entre langues et droits / Jurilinguistics between Law and Language*, Thémis and Bruylant, Montreal and Brussels, 2005, p. 339-361.

FORMERY, SIMON-LOUIS, *La Constitution commentée*, Paris, Hachette Supérieur, 2007.

GÉMAR, JEAN-CLAUDE, "Langage du droit et traduction: enjeux, difficultés et nuances de la traduction juridique", MATZNER, ELSA (ed.), *Droit et langues étrangères 2*, Perpignan, Presses universitaires de Perpignan, 2001, p. 129-149.

GÉMAR, JEAN-CLAUDE, "L'interprétation du texte juridique ou le dilemme du traducteur", *L'interprétation des textes juridiques rédigés dans plus d'une langue*, SACCO, RODOLFO (ed.), Turin, L'Harmattan – Italie, 2002, p. 103-142.

GÉMAR, Jean-Claude & KASIRER, Nicholas (eds.), *Jurilinguistique entre langues et droits / Jurilinguistics between Law and Language*, Thémis and Bruylant, Montreal and Brussels, 2005

GOFFIN, ROGER, "L'eurolecte: oui, jargon communautaire: non", *Méta* XXXIX, 4, 1994, p. 637-642.

GREENSTEIN, ROSALIND, "Le rôle de la langue dans la construction de l'euro", GREENSTEIN, Rosalind (ed.), *Regards linguistiques et culturels sur l'euro*, Paris, L'Harmattan, 1999, p. 67-96.

GREENSTEIN, ROSALIND, "Secret de la déontologie, déontologie du secret", GREENSTEIN, ROSALIND (ed.), *Regards linguistiques sur le secret*, Paris, L'Harmattan, 2001, p. 29-69.

GREENSTEIN, ROSALIND, "De l'influence mutuelle de cultures linguistiques et juridiques différentes", GREENSTEIN, ROSALIND (ed.), *Langue, culture, et code: regards croisés*, Paris, L'Harmattan, 2003, p. 131-203.

GREENSTEIN, ROSALIND, "La 'sécurité' au croisement des langues et des disciplines", GREENSTEIN, ROSALIND (ed.), *Langues et cultures: une histoire d'interface*, Paris, Publications de la Sorbonne, 2006, p. 115-164.

GREENSTEIN, ROSALIND, "Les partenaires sociaux, pour le meilleur et pour le pire", GREENSTEIN, ROSALIND (ed.), *Langue et culture: mariage de raison?*, Paris, Publications de la Sorbonne, 2009, p. 205-256.

GUGGEIS, MANUELA and GALLAS, TITO, "La traduction juridique dans l'expérience des juristes-linguistes du Conseil de l'Union européenne", GÉMAR, JEAN-CLAUDE & KASIRER, NICHOLAS (eds.), *Jurilinguistique entre langues et droits*

/ *Jurilinguistics between Law and Language*, Thémis and Bruylant, Montreal and Brussels, 2005, p. 491-503.

HARVEY, MALCOLM, "Pardon my French: the influence of French on legal English", GÉMAR, JEAN-CLAUDE & KASIRER, NICHOLAS (eds.), *Jurilinguistique entre langues et droits / Jurilinguistics between Law and Language*, Thémis and Bruylant, Montreal and Brussels, 2005, p. 261-275.

LEHMANN, ALISE and MARTIN-BERTHET, FRANÇOISE, *Introduction à la lexicologie*, Paris, Nathan, 2000.

LERAT, PIERRE, "Le vocabulaire juridique entre langue et texte", GÉMAR, JEAN-CLAUDE & KASIRER, NICHOLAS (eds.), *Jurilinguistique entre langues et droits / Jurilinguistics between Law and Language*, Thémis and Bruylant, Montreal and Brussels, 2005, p. 59-70.

MACDONALD, RODERICK A. with SIEBERT, KEHLER, "Orchestrating legal multilinguism", GÉMAR, JEAN-CLAUDE & KASIRER, NICHOLAS (eds.), *Jurilinguistique entre langues et droits / Jurilinguistics between Law and Language*, Thémis and Bruylant, Montreal and Brussels, 2005, p. 377-406.

MATTILA, HEIKKI E. S., "Les matériaux non finnois dans l'interprétation juridique en Finlande", *L'interprétation des textes juridiques rédigés dans plus d'une langue*, SACCO, RODOLFO, (ed.) Turin, L'Harmattan, Italie, 2002, p. 151-182.

MATZNER, ELSA (ed.), *Droit et langues étrangères 2*, Perpignan, Presses universitaires de Perpignan, 2001.

MCCLUSKEY, BRIAN, "English as a Lingua Franca for Europe", *The European English Messenger*, N° XI/2, Coimbra, 2002, p. 40-45.

MONTAGNER, MAXIME, "Le secteur associatif face à la Convention sur l'Avenir de l'Europe. La mobilisation et la contribution de la société civile dans la rédaction de la Constitution européenne", Institut de recherche et débat sur la gouvernance, 05-12. www.institut-gouvernance.org/en/analyse/fiche-analyse-53.html.

MORÉTEAU, OLIVIER, "L'anglais pourrait-il devenir la langue juridique commune en Europe?", *Les multiples langues du droit européen uniforme*, SACCO, RODOLFO (ed.), Paris, L'Harmattan, 1999, p. 143-162.

NIKLAS-SALMINEN, AÏNO, *La lexicologie*, Paris, Armand Colin, 1997.

PESANT GHISLAINE and THIBAULT, ESTELLE, "Terminologie et cooccurrence dans la langue du droit", *Terminologies nouvelles*, n° 10, décembre 1993, p. 23-36.

Pontier, Jean-Marie, *Droit de la langue française*, Paris, Dalloz, 1997.
Pruvost, Jean, *La relation lexicographique quaternaire*, Université de Cergy--Pontoise, Laboratoire CNRS Métadif (UMR 8127).
www.u-cergy.fr/rech/labo/equipes/mvd/articles/jp_relation_lexicographique_quaternaire_linx.htm.
Pym, Anthony, *The Use of Translation in International Organizations*, Workshop on Translation and Institutions, SLE Congress, Leuven, August 2001.
www.tinet.org/~apym/on-line/translation/transinst.html.
Pym, Anthony, *What Localization Models Can Learn From Translation Theory*
www.lisa.org/globalizationinsider/2003/05/what_localizati.html.
Quatremer, Jean, *Coulisses de Bruxelles, UE. Traité simplifié: les* États *refusent les prolongations*, blog, 08.09.2007, http://bruxelles.blogs.liberation.fr/coulisses/2007/09/trait-simplifi-.html.
Resche, Catherine, "Les attributs de l'euro dans la presse anglo-saxonne en 1997 et 1998: de la syntaxe au discours…", Greenstein, Rosalind (ed.), *Regards linguistiques et culturels sur l'euro*, Paris, L'Harmattan, 1999, p. 97-149.
Resta, Simonetta, "Words and social change. The impact of power and ideology on the language of Economics and Law", *ASp* n° 19-22, 1998, p. 89-98.
Sacco, Rodolfo, "Langue et droit", *Les multiples langues du droit européen uniforme,* Sacco, Rodolfo (ed.), Paris, L'Harmattan, 1999, p. 163-185.
Sacco, Rodolfo, "L'interprète et la règle de droit européenne", *L'interprétation des textes juridiques rédigés dans plus d'une langue*, Sacco, Rodolfo, (ed.) Turin, L'Harmattan, Italie, 2002, p. 226-238.
Sauron, Jean-Luc, *Comprendre le Traité de Lisbonne*, Paris, Gualino éditeur, 2008.
Schübel-Pfister, Isabel, "Enjeux et perspectives du multilinguisme dans l'Union européenne: Après l'élargissement, la 'Babélisation'?", Revue du Marché commun et de l'Union européenne, 488, 2005, p. 325-333.
Schübel-Pfister, Isabel, Interpretation of Multilingual Texts in the European Union, talk, April 2, 2008, Université Paris 1.
Snow, Gérard, "Techniques de transfert du droit dans un contexte multilingue", *Les multiples langues du droit européen uniforme,* Sacco, Rodolfo (ed.), Paris, L'Harmattan, 1999, p. 187-192.
Sourioux, Jean-Louis and Lerat Pierre, *Le langage du droit*, Paris, PUF, 1975.

Tiersma, Peter M., *Legal Language*, University of Chicago Press, Chicago and London, 1999.

Vanderlinden, Jacques, "Le futur des langues du droit ou le dilemme du dernier orateur", *Les multiples langues du droit européen uniforme*, Sacco, Rodolfo (ed.), Paris, L'Harmattan, 1999, p. 193-221.

Vanderlinden, Jacques, "D'un paradigme à l'autre à propos de l'interprétation des textes législatifs plurilingues", Gémar, Jean-Claude & Kasirer, Nicholas (eds.), *Jurilinguistique entre langues et droits / Jurilinguistics between Law and Language*, Thémis and Bruylant, Montreal and Brussels, 2005, p. 293-316.

Weston, Martin, "Characteristics and constraints of producing bilingual judgments: the example of the European Court of Human Rights", Gémar, Jean-Claude & Kasirer, Nicholas (eds.), *Jurilinguistique entre langues et droits / Jurilinguistics between Law and Language*, Thémis and Bruylant, Montreal and Brussels, 2005, p. 445-459.

L'OHADA, un exemple d'intégration communautaire : défis méthodologiques et linguistiques dans un espace multiculturel et multilingue

Eva Tsalpatouros*

Introduction

L'Organisation pour l'Harmonisation en Afrique du Droit des Affaires (OHADA) a de quoi surprendre et interroger le chercheur en droit, notamment le comparatiste. Cette organisation internationale, créée par le traité de Port-Louis du 17 octobre 1993 et entré en vigueur le 18 septembre 1995, est née du rêve post-colonial de « sauver l'acquis d'un droit commun des pays francophones d'Afrique »[1]. L'ancêtre de l'OHADA, le Bureau africain et mauricien des recherches et études législatives (BAMREL), créé par une convention du 5 juillet 1975[2], est rapidement « abandonné »[3] faute de moyens. Conçue pour les pays francophones de la zone franc, l'OHADA est maintenant ouverte à

---

* Docteure en droit de l'Institut universitaire européen de Florence.
[1] K. Mbaye, « L'histoire et les objectifs de l'Ohada », *LPA* n° 205, 13 octobre 2004, p. 4.
[2] Convention de Port Louis, signée dans le cadre de l'Organisation commune africaine et malgache.
[3] K. Mbaye, « L'histoire et les objectifs de l'Ohada », op.cit. L'OCAM a été dissoutée en 1986.

tout pays africain, francophone ou non, et regroupe actuellement seize États[4].

D'après son préambule, le traité se veut largement panafricain et a l'ambition de se développer sur l'ensemble du continent africain pour créer un véritable doit communautaire des affaires. Ainsi, l'article 53 alinéa 1 du traité dispose que « le présent Traité est, dès son entrée en vigueur, ouvert à l'adhésion de tout État membre de l'OUA[5] et non signataire du Traité. Il est également ouvert à l'adhésion de tout autre État non membre de l'OUA invité à y adhérer du commun accord de tous les États Parties ».

En vertu de l'article premier du traité de Port-Louis, l'OHADA a pour mission : « [...] l'harmonisation du droit des affaires dans les États Parties par l'élaboration et l'adoption de règles communes simples, modernes et adaptées à la situation de leurs économies, par la mise en œuvre de procédures judiciaires appropriées, et par l'encouragement au recours à l'arbitrage pour le règlement des différends contractuels ». Ainsi, d'après sa principale mission, l'OHADA entre dans le phénomène maintenant bien connu, mais en phase de renouvellement, de l'intégration régionale. Le droit dit communautaire n'est plus l'apanage de l'Union européenne, mais la construction européenne sert de modèle à un processus qui s'est révélé particulièrement efficace dans le cas européen, et opère « une force d'attraction »[6] incontestable sur certaines régions du monde dont le vœu

---

[4] Bénin, Burkina-Faso, Cameroun, Congo (Brazzaville), Côte d'Ivoire, Gabon, Guinée (Conakry), Guinée Bissau, Guinée équatoriale, Mali, Niger, République centrafricaine, Sénégal, Tchad, Togo, Union des Comores. Tous, hormis la Guinée Conakry et les Comores, sont dans la zone franc. Si on prend la langue officielle *de facto*, la Guinée-Bissau est lusophone, la Guinée équatoriale est un pays à la fois hispanophone et francophone, le Cameroun est à la fois anglophone et francophone, le Tchad est à la fois francophone et arabophone tout comme les Comores, qui ajoutent en plus la langue shikomor, la République centrafricaine ajoute le sango au français comme langue officielle, et tous les autres États sont francophones. L'adhésion de La République démocratique du Congo, également francophone, est actuellement imminente.

[5] Organisation de l'Union africaine, créée en 1963, et qui est devenue, depuis l'accord de Lomé du 12 juillet 2000, l'Union africaine. Presque tous les États africains en sont membres.

[6] L. Burgorgue-Larsen, « Prendre les droits communautaires au sérieux ou la forme d'attraction de l'expérience européenne en Afrique et en Amérique latine », in *Les dynamiques du droit européen en début de siècle. Etudes en l'honneur du Professeur Jean-Claude Gautron*, Paris, Pedone, 2004, pp. 563-580.

le plus cher est très certainement celui qui conduisait les pères fondateurs des Communautés européennes, la paix et la prospérité. Comme le disait le président Kéba M'Baye, l'un des pères fondateurs du traité OHADA : « il n'y a pas en Afrique des pays riches et des pays pauvres. Il n'y a que des pays qui ne pourront se développer s'ils ne sont pas unis. Et l'unité passe obligatoirement par l'intégration juridique ».

L'OHADA est ainsi un exemple d'intégration régionale parmi d'autres[7], mais certainement un des plus dynamiques. Elle permet, d'une part, de remplir une mission de développement essentiellement mais non exclusivement juridique et économique, face aux innombrables défis lancés par la mondialisation et les interconnections entre les politiques, les économies et les cultures et, d'autre part, d'assurer aussi une coopération efficace en cas de tensions et de conflits peu pacifiques.

L'objet de cette contribution n'est pas de présenter l'OHADA dans son ensemble, mais bien d'analyser quelques-unes des difficultés liées à la construction communautaire et, plus particulièrement, les problèmes concernant la méthode d'intégration et le monolinguisme dans un contexte multilingue et multiculturel. Mais tout d'abord, il serait utile d'introduire de façon très succincte les aspects institutionnels de l'organisation.

D'après le traité de Port-Louis, l'OHADA est une organisation dotée de la personnalité juridique internationale dont la démarche est fondée sur l'intégration juridique d'un espace économique, et dont l'outil principal est représenté par l'adoption d'actes uniformes, applicables sur l'ensemble du territoire des États Parties au traité. Ainsi, depuis l'origine l'OHADA a adopté huit Actes uniformes, traitant d'un droit des affaires élargi : l'Acte uniforme relatif au droit commercial général, l'Acte uniforme relatif au

---

[7] Il existe de nombreuses organisations internationales à vocation régionale en Afrique et des conflits de compétence entre elles peuvent surgir. Bien que les autres organisations soient principalement de coopération, l'OHADA se veut une organisation d'intégration. Sur les conflits entre droit régional africain et droit communautaire OHADA, voir notamment J. Issa-Sayegh, « Conflits entre droit communautaire et droit régional dans l'espace OHADA », *Ohadata* D-06-05, www.ohada.com, ou encore P. Meyer, « Les conflits de juridiction dans l'espace OHADA, UEMOA et CEDEAO », Communication au colloque sur *La sensibilisation au droit communautaire de l'UEMOA*, Paris, éd. Giraf, 2004, pp. 177 et s.

droit des sociétés commerciales et au groupement d'intérêt économique, celui portant organisation des sûretés[8], l'Acte portant organisation des procédures simplifiées de recouvrement et des voies d'exécution[9], l'Acte uniforme relatif aux procédures d'apurement passif[10], l'Acte uniforme sur l'arbitrage[11], celui portant organisation et harmonisation des comptabilités des entreprises[12] et, enfin, l'Acte uniforme relatif au contrats de marchandises par route[13].

Le nouvel ordre juridique créé par l'OHADA est autonome de l'ordre juridique des États membres mais bénéficie à la fois de la primauté et de l'applicabilité directe, à l'instar du droit communautaire. L'article 10 du traité affirme que les actes uniformes sont « directement applicables et obligatoires dans les États Parties, nonobstant toute disposition contraire de droit interne, antérieure ou postérieure ». Cet article, interprété par la Commune de Justice et d'Arbitrage (CCJA) d'Abidjan dans un avis consultatif du 30 avril 2001, « [...] contient une règle [dite] de supranationalité parce qu'il prévoit l'application directe et obligatoire des Actes uniformes et institue, par ailleurs, leur suprématie sur les dispositions de droit interne (...) »[14]. La Cour reprend là des arguments classiques en droit communautaire depuis les jurisprudences *Costa* et *Simmenthal*, ce qui démontre à la fois sa volonté de contribuer activement à l'intégration communautaire et le lien de filiation indéniable avec la construction européenne.

La Conférence des chefs d'État et de Gouvernement composée par les chefs d'État et de Gouvernement des États Parties, et présidée par le chef d'État ou de Gouvernement dont le pays assure la présidence du Conseil

---

[8] Les trois premiers Actes uniformes ont été adoptés le 17 avril 1997 et sont entrés en vigueur le 1er janvier 1998.
[9] Adopté le 10 avril 1998 et entré en vigueur le 10 juillet 1998.
[10] Adopté le 10 avril 1998 et entré en vigueur le 1er janvier 1999.
[11] Adopté le 11 mars 1999 et entré en vigueur le 15 juin 1999.
[12] Adopté le 23 mars 2000 et entré en vigueur en janvier 2001 pour les comptes personnels des entreprises, et en janvier 2002 pour les comptes consolidés et combinés.
[13] Adopté le 22 mars 2003 et entré en vigueur le1er janvier 2004.
[14] CCJA, avis consultatif n°001/2001/EP, 30 avril 2001 (demande d'avis de la Côte d'Ivoire).

des Ministres, est un nouvel organe formalisé par le traité de Québec portant révision du traité de Port-Louis, en cours de ratification[15]. Elle statue sur toute question relative au traité lui-même et fonctionne par consensus ou à la majorité absolue des États présents[16]. Cette dernière disposition démontre bien la volonté de dépasser le simple stade de la coopération et, au contraire, va très loin dans l'intégration juridique de la zone.

Le pouvoir d'élaboration des actes normatifs est dévolu au Conseil des Ministres, qui réunit les ministres de la Justice et des Finances des États Parties. Le Conseil des Ministres est l'organe décisionnel, puisqu'il n'existe pas de parlement. Même si ce Conseil a parfois été analysé comme organe législatif et exécutif à la fois[17], sa fonction uniquement législative a été clarifiée dans le traité de Québec, puisque le Secrétariat permanent y est expressément mentionné comme instance exécutive[18]. Sa présidence revient à chaque État membre à tour de rôle, suivant l'ordre alphabétique, et pour la durée d'un an[19]. Les actes uniformes sont préparés par le Secrétariat permanent, qui est à la fois l'organe administratif de l'Organisation et son organe exécutif (art 40 traité révisé). Le Secrétaire permanent est nommé par le Conseil des Ministres pour une durée de quatre ans, renouvelable une fois.

Enfin, en plus de l'Ecole Régionale Supérieure de la Magistrature, dont il sera question plus avant dans cette étude, l'OHADA s'est dotée d'une institution spécialisée qu'est la Cour Commune de Justice et d'Arbitrage (CCJA), dont le modèle est unique et qui se trouve au cœur de l'Organisation. L'intégration ne peut se faire sans le rôle primordial exercé par la Cour et c'est par elle que nombre d'évolutions sont attendues pour réguler les actions engagées. Actuellement, la CCJA compte sept juges, élus

---

[15] Traité signé à Québec le 17 octobre 2008 portant révision du traité sur l'Organisation pour l'Harmonisation en Afrique du Droit des Affaires signé à Port-Louis le 17 octobre 1993. Ce traité n'entrera en vigueur qu'après ratification par huit membres de l'Organisation.
[16] Article 27 du traité révisé.
[17] J. Issa-Sayegh, « Introduction au traité et aux Actes uniformes de l'OHADA », *Ohadata* D-02-17, www.ohada.com.
[18] Article 40 du traité de Québec portant révision du traité OHADA de 1993.
[19] Article 27 (2) du traité de Québec.

pour une période de sept ans[20] par le Conseil des Ministres[21], et a pour fonction principale de faire respecter la bonne application du droit uniforme. Elle exerce des fonctions consultatives, notamment dans le cadre de l'élaboration des actes uniformes[22], et contentieuses pour l'interprétation et l'application de ces mêmes actes[23], dans le cadre d'un recours en cassation dans lequel elle peut évoquer le conflit et statuer au fond[24]. Enfin, elle détient des pouvoirs en matière d'arbitrage international, en tant qu'organe de nomination des arbitres et régulatrice de la procédure[25]. Les décisions de la Cour ont autorité de la chose jugée et force exécutoire[26].

Certains, comme Kéba M'Baye, voient en l'OHADA « un outil juridique imaginé et réalisé par l'Afrique pour servir à l'intégration économique et à la croissance », d'autres la « survivance d'un néo-colonialisme »[27], ou un « modèle parfait de despotisme éclairé »[28]. La question peut donc bien évidemment se poser de savoir si l'OHADA, comme modèle d'intégration communautaire en Afrique, se situe dans le cadre légitime d'un développement économique et juridique proprement africain, ou si on y retrouve le spectre de la « Françafrique ».

Contrairement à ce qu'on pourrait penser, l'OHADA prend ses origines non pas dans le droit comparé, mais plutôt dans un droit importé

---

[20] Renouvelable une fois (art. 31 traité de Port-Louis).

[21] Là encore la volonté d'intégration s'affirme, car le nombre de juges n'est pas équivalent au nombre de pays membres. Le traité de Québec prévoit une évolution : le nombre de juges passerait de sept à neuf, pour une durée de sept ans non renouvelable (art. 31).

[22] Mais les juges nationaux peuvent également demander à la CCJA une interprétation d'un acte uniforme, à titre consultatif. Article 14 du traité.

[23] Article 14 du traité.

[24] Article 14 du traité. Sur ce point, voir notamment E.A. Assi, « La Cour commune de justice et d'arbitrage : un troisième degré de juridiction ? », in *Revue internationale de droit comparé*, n°4, 2005, pp. 943-955.

[25] Articles 21 à 26 du traité. Sur la question, voir notamment R. Amoussou-Guenou, « L'arbitrage dans le traité relatif à l'harmonisation du droit des affaires en Afrique (OHADA) », in *Revue de droit des affaires internationales*, n°3, 1996, pp. 321 et s.

[26] Article 20 du traité.

[27] P. Bourel, « A propos de l'OHADA : libres opinions sur l'harmonisation du droit des affaires en Afrique », *Recueil Dalloz*, 2007, p. 969.

[28] L. Benkemoun, « Le droit européen et la création du droit », *LPA* n°20, 28 janvier 2008, pp. 5 et s.

reconstruit, dont l'intérêt est de répondre aux attentes des investisseurs étrangers et, surtout, des investisseurs français et francophones. Le but affirmé était, et reste, le rétablissement de la sécurité juridique dans des pays où la lutte pour l'indépendance et la recherche d'une stabilité du système politique a fragilisé l'environnement juridique et économique. L'ambition de développement économique de cette région du monde était donc et subsiste encore le moteur de la création de l'OHADA. En conséquence, et de façon logique, le but de l'OHADA recoupe les deux objectifs qui sont généralement attribués au processus d'uniformisation du droit.

La théorie[29] identifie en effet un double aspect, d'une part, le macro-objectif, c'est-à-dire le but politique d'une telle uniformisation, qui correspond ici à la promotion du développement économique et, d'autre part, un micro-objectif, celui du perfectionnement du système juridique par l'établissement de normes cohérentes entre elles, fiables, claires et dans la mesure du possible, équitables. Ces deux objectifs vont inévitablement de paire, le premier ne pouvant se réaliser sans le second.

La modernisation du droit est donc un élément important de sécurité juridique et de prédictibilité, dont les enjeux ne sont pas à négliger dans une région du monde où le développement des transactions commerciales et des investissements est une question de survie du système économique. Elle permet également aux partenaires de mieux se connaître et mieux se comprendre en installant le dialogue[30], tout en mettant en place des instruments particulièrement utiles pour un règlement apaisé des conflits.

Les caractéristiques des phénomènes d'intégration se manifestent à plusieurs niveaux, comme on le voit ici dans le cadre de l'OHADA. On trouve tout d'abord l'objectif de développement économique et de croissance, dont le résultat escompté pourra être mesuré à l'aune de ses répercussions sur le niveau de vie des habitants de la région, ainsi qu'à la place conquise dans le dialogue mondial grâce à une plus grande indépendance par rapport aux puissances dominantes. On peut également analyser le

---

[29] C. Baasch Andersen, « Defining Uniformity in Law », *Uniform Law Review*, 2007, pp. 5 et s.
[30] A l'instar du dialogue entre les nations européennes au sein des Communautés européennes à la sortie de la Seconde Guerre mondiale.

processus d'intégration à travers l'existence d'une structure institutionnelle et d'une collaboration des partenaires vers un objectif commun dans le cadre d'une égalité entre les parties de cette organisation, ainsi que d'une certaine solidarité et entre-aide. Enfin, l'aspect pluridimensionnel est une caractéristique à ne pas négliger, puisque non seulement l'économie est affectée par ce processus, mais aussi les domaines politique, juridique, social et culturel. Ces caractéristiques relativement classiques se trouvent dans d'autres processus d'intégration et, au premier chef bien sûr, dans le modèle que représente l'Union européenne.

Pourtant, l'OHADA, en tant que modèle d'intégration juridique de plusieurs États au sein d'une organisation internationale dont le but est de rendre plus accessible un droit des affaires et un ensemble de normes régulant les rapports économiques, est assez spécifique et différente d'autres types d'intégration plus connus. Les difficultés que rencontre l'OHADA semblent également être d'une autre nature, même si on y trouve aussi certains aspects plus classiques des difficultés inhérentes aux processus d'intégration.

Ce n'est pas ici le lieu de juger de son succès ou de son échec quant à l'attractivité économique, au degré de développement et de libre circulation des biens et des personnes, ou encore à l'édification d'institutions économiques et financières plus compétentes et rationalisées ; sur ce point les opinions sont partagées. En effet, si les premières années de l'OHADA ont vu naître un enthousiasme bien compréhensible pour ces réussites, l'expérience conduit aujourd'hui à un réalisme plus critique, mais également plus constructif. On pourra néanmoins tenter de voir si le processus d'intégration tel que proposé par l'OHADA a quelque pertinence en termes d'effets sur le développement de la légitimité démocratique, les intégrations régionales ne portant pas en elles-mêmes cette garantie d'une société plus démocratique et plus respectueuse des droits.

La particularité de ce droit élaboré dans le cadre d'un processus d'intégration se situe dans le parallélisme qui peut être fait avec l'élaboration des différents droits nationaux des États africains, libérés de l'empire colonial français. L'harmonisation du droit OHADA passe par la construction d'un ordre juridique au droit uniformisé, qui se réalise à travers des actes uniformes[31] applicables dans tous les États Parties, mais qui entraîne une limitation de certains éléments de souveraineté de ces États. Ceci peut étonner, puisque la directive avec transposition des dispositions en droit interne constitue le type de norme généralement privilégié dans les organisations d'intégration, notamment par le modèle européen, en raison de l'équilibre qu'elle permet d'établir entre les compétences des institutions supranationales et le respect de la souveraineté des États[32]. La diversité n'est donc pas envisageable dans de telles conditions et cette technique n'est pas flexible. « Elle présente [néanmoins] l'avantage d'éviter les dérives ou les distorsions entre les lois nationales issues d'une même norme indicative (directive) et entre les textes réglementaires nationaux d'application d'une même norme internationale de portée générale »[33].

Les phénomènes d'harmonisation et d'uniformisation du droit sont profondément ancrés dans la problématique plus large qu'est la mondialisation, en général, et la concurrence des systèmes et modèles juridiques, en particulier. Après avoir accepté cette compétition en son sein, et très largement tranché en faveur du modèle dit de droit continental, l'OHADA entend à présent exporter son propre modèle d'intégration régionale à d'autres espaces, aux économies et institutions politiques fragiles, notamment dans les Caraïbes[34], avec une aide et un engagement poussés de la France. Le contexte caribéen est très différent de celui de l'espace

---

[31] Titre II du traité relatif à l'harmonisation en Afrique du droit des affaires (Journal Officiel OHADA n° 4 du 1er novembre 1997, p. 1).
[32] Voir R. Vander Elst, « Les notions de coordination, d'harmonisation, de rapprochement et d'unification du droit dans le cadre juridique de la CEE » in D. de Rinpansel-Landy et al., *Les instruments de rapprochement des législations dans la CEE*, Institut d'études européennes, ULB, Bruxelles, 1976.
[33] J. Issa-Sayegh, « L'OHADA, instrument d'intégration juridique des pays africains de la zone franc », Revue de jurisprudence commerciale, 1999, p. 237.
[34] Les États de la région des Caraïbe concernés par le projet OHADAC sont : Antigua et Barbuda, Antilles néerlandaises, Bahamas, Barbade, Belize, Cuba, Dominique, Grenade, Guyana, Haïti, Jamaïque, Porto Rico, République dominicaine, St Christophe et Nevis, Ste Lucie, St Vincent et les Grenadines, Suriname, Trinidad et Tobago, Venezuela, ainsi que la Guadeloupe, la Martinique et la Guyane française.

OHADA, sur le plan juridique et judiciaire. Dans ce secteur coexistent, sous la même latitude, des systèmes de *common law* propres au pays anglophones et des systèmes majoritairement de droit romano-germanique pour les pays hispanophones, francophones et néerlandophones. L'espace OHADA est, quant à lui, plus homogène, mais a l'ambition de s'ouvrir à des pays dont la tradition juridique est différente ; il s'agit là d'un des prochains défis que l'OHADA devra relever.

Il s'agira donc ici de tenter une analyse des mutations de l'OHADA à venir dans un contexte multiculturel et multilingue. La première partie examinera la méthode qui sous-tend le processus d'intégration, à savoir l'uniformisation, méthode rarement utilisée dans un tel contexte et qui tend nécessairement à évoluer ; la seconde partie portera sur la question du monolinguisme institutionnel proposé initialement par le traité, actuellement en cours de bouleversement.

La méthode d'intégration retenue par l'OHADA

Contrairement à son objectif premier d'« harmoniser » le droit des affaires au sein d'un espace géographique non limitativement déterminé, le droit de l'Organisation pour l'Harmonisation en Afrique du Droit des Affaires relève d'une méthode d'intégration très particulière et rarissime qu'est l'« uniformisation ». Il serait intéressant de soulever la singularité d'une telle démarche pour de jeunes États souverains, qui sont *a priori* soucieux de protéger leur nouvelle souveraineté et donc l'ensemble de leurs prérogatives normatives. Il est d'ailleurs symptomatique à ce sujet de constater la résistance dont peuvent faire preuve les juridictions internes[35], et la mise en valeur de quelques arguments tirés d'aspects constitutionnels[36]. Toutefois, ce point ne sera pas développé ici.

---

[35] J. Lohoues-Oble, « Le traité OHADA, 5 ans après », CCEJ, Les Grands débats du CAFIDA, 2003. *Ohadata* D-03-06 www.ohada.com.

[36] Notamment pour les pays en cours d'adhésion qui arguent de leurs dispositions constitutionnelles en vue de faire évoluer le traité.

L'« uniformisation » peut se définir comme l'absence de distinction, la standardisation et donc l'égalisation, tandis que l'« harmonisation » appartient au champ de la coordination et de l'équilibre. Pourtant, l'« uniformisation du droit » est ontologiquement impossible étant donné la nature du phénomène juridique. Une application absolument identique du droit relève de l'absurde, même lorsqu'elle se situe dans le contexte classique de droit d'un État-nation. Il faut donc comprendre le phénomène d'« uniformisation du droit » à partir de deux critères, l'un organique, l'origine centralisée de la compétence normative, que se soit pour la conception des textes de référence ou pour leur concrétisation par le juge, et l'autre fonctionnel, la volonté des partenaires d'aboutir au plus haut degré d'intégration possible du système. L'uniformisation est donc « une méthode [bien] plus radicale consistant à écrire et appliquer les textes dans les mêmes termes et conditions d'un pays à l'autre. Malgré les apparences suggérées par son appellation, l'OHADA a résolument opté pour l'uniformisation et non pour l'harmonisation »[37]. Cependant, et en dépit de ce que pouvaient affirmer dès l'origine les fondateurs de cette organisation internationale, la question de l'uniformisation ou de l'harmonisation reste encore vivace, notamment dans la perspective de nouvelles adhésions, en particulier issues de pays de tradition de *common law*[38].

Par conséquent, l'harmonisation du droit se rapprocherait davantage d'une vision classique de la comparaison juridique, du fait de l'existence de plusieurs ordres juridiques différents. La plupart des auteurs ayant traité de la question de l'OHADA s'inspirent d'une démarche comparatiste, qui paraît pourtant relativement mal adaptée jusqu'à maintenant. Une telle démarche pourrait cependant servir une organisation en évolution. En effet, le terme « droit comparé » est souvent utilisé de façon imprécise ; parle-

---

[37] J. Issa-Sayegh « L'OHADA, instrument d'intégration juridique des pays africains de la zone franc », *Revue de jurisprudence commerciale*, 1999, p. 237.
[38] Voir, par exemple, A. Adejumoke, « Diffusion of OHADA law under a bijuridical point of view. OHADA with common law systems using Nigeria as a case study in perspective », Actes du séminaire de Yaoundé sur *Le Bi-juridisme au service de l'intégration et de la sécurité juridique*, déc. 2004, Agence internationale de la francophonie, pp. 55 et s. *Ohadata* D-07-36, www.ohada.com.

-t-on de « science des droits comparés »[39], de « discipline scientifique »[40], de « méthode comparative »[41], de « voie de connaissance du droit »[42], de « droit comparé universel »[43] ou même d'« analyse différentielle des juriscultures »[44] ? Ajoutons que, si la plupart des auteurs reconnaissent à l'heure actuelle que le « droit comparé » est à la fois une discipline et une méthode, il faut néanmoins souligner l'absence de consensus sur la question. Il n'y a jamais eu, à notre connaissance, un authentique débat doctrinal aboutissant à une systématisation épistémologique de la discipline[45]. Pourtant, la comparaison juridique serait une comparaison neutre – entre plusieurs ordres juridiques – qui demande de prendre du recul par rapport à l'ordre juridique le mieux connu afin que chaque ordre juridique étudié devienne également connu pour lui-même et non uniquement en comparaison avec l'ordre juridique de référence[46]. C'est cet effort de décentration qui est le point le plus ardu lors d'une étude de droit comparé[47].

Pour ce faire, le comparatiste identifie les sources de droit valides dans plusieurs ordres juridiques et en détermine le contenu, avant de les systématiser dans un ensemble cohérent en passant par la construction théorique[48]. Cette identification des normes est généralement facilitée par la référence

---

[39] L-J. Constantinesco, *Traité de droit comparé*, tome 3, *La science des droits comparés*, Paris, LGDJ, 1983, 511 p.

[40] E. Picard, « L'État du droit comparé en France, en 1999 », in *Revue internationale de droit comparé*, 4-1999, p. 887.

[41] L-J. Constantinesco, *Traité de droit comparé, tome 2, La méthode comparative*, Paris, LGDJ, 1974, 412 p.

[42] R. Sacco, *La comparaison juridique au service de la connaissance du droit*, Paris, Economica, 1991, 175 p.

[43] G. Del Vecchio, « Le basi del diritto comparato e i principi generali del diritto », in M. Rotondi (dir.), *Inchieste di diritto comparato,* tome 2, *Buts et méthodes du droit comparé*, Padova, C.E.D.A.M., 1973, p. 115.

[44] P. Legrand, « Sur l'analyse différentielle des juriscultures », in *Revue internationale de droit comparé*. 4-1999, pp. 1053-1071.

[45] En dehors du congrès de Paris de 1900. Le congrès de Bruxelles de l'automne 2002 avait cependant cette ambition.

[46] E. Picard, « L'État du droit comparé en France, en 1999 », in op.cit., p. 894.

[47] Nous ne prétendons pas que cela soit possible de façon parfaite ; il s'agit d'un idéal.

[48] M. Van Hoecke, « Deep Level Comparative Law », *EUI Working Papers, Department of Law*, 2002/13, p. 3.

à la jurisprudence, aussi incomplet et imparfait que soit cet instrument[49]. Elle suppose de travailler à partir de concepts et de rechercher, d'un point de vue théorique, des définitions qui puissent se concevoir dans tous les ordres juridiques étudiés de façon indifférente. Une telle construction est rendue nécessaire pour plusieurs raisons. D'une part pour des raisons de langue et de traduction[50], d'autre part pour des raisons tenant aux types de questions qui sont induites par un système donné. En effet, les juristes de pays différents ne se posent pas les mêmes questions dans les mêmes termes et il n'est pas du tout rare de voir qu'un problème discuté de façon intense par la doctrine d'un système donné ne l'est pas du tout dans un autre.

Or, une telle méthode aurait pu être utilisée de façon très efficace dans le contexte africain, où des problèmes linguistiques peuvent exister mais ne sont pas insurmontables, étant donné l'usage très largement dominant du français[51] ainsi que l'interconnexion des doctrines africaines. De plus, les liens filiaux qu'entretiennent les droits africains avec le droit des anciens pays colonisateurs auraient probablement simplifié la tâche, tout en respectant mieux les souverainetés nationales. L'OHADA a cependant retenu une autre méthode, celle d'une législation transnationale. En effet, l'histoire de l'évolution de la science juridique montre que, depuis la disparition du *jus commune*, certains ont aspiré à concevoir un « *jus commune* nouveau, fondé sur la comparaison des droits »[52]. Il n'existe pas un ordre juridique qui serait la somme des solu-

---

[49] Notamment parce que la jurisprudence ne représente que la partie pathologique du droit. Néanmoins, les décisions juridictionnelles sont des instruments uniques pour une bonne compréhension de la pratique et du fonctionnement concret d'un système.

[50] R. Greenstein (dir.), *Langue et culture : mariage de raison ?*, Publications de la Sorbonne, Paris, 2009, 262 p.

[51] Cette affirmation doit bien entendue être relativisée par la probabilité de l'existence de 'faux amis' dans le langage juridique, mais est en partie compensée par le fait que la doctrine et les praticiens du droit africain francophone sont le plus souvent issus des bancs des universités françaises, ou sont imprégnés de culture juridique française, principalement en raison la diffusion des écrits de la doctrine française.

[52] R. David, « Méthode et buts de la recherche comparative en matière de droit », in M. Rotondi (dir.), *Inchieste di diritto comparato*, tome 2, *Buts et méthodes du droit comparé*, op. cit., p. 90. Pour plus de précisions, voir aussi J-L. Halpérin, « L'approche historique et la problématique du *jus commune* », in *Revue internationale de droit comparé*, 4-2000, pp. 717-731.

tions idéales proposées par les ordres juridiques, pas plus qu'il ne revient à la doctrine de proposer une version unifiée des ordres juridiques dans le but de déterminer un droit qui serait universel. Le « droit comparé », qui s'entend comme une discipline scientifique, est supposé se limiter à la description et à l'analyse du droit et non pas revendiquer la possibilité d'harmoniser ou d'unifier le droit, car ceci reviendrait à prescrire et non plus à décrire. C'est justement ce que propose la forme d'intégration particulière du droit OHADA, ce droit étant bien évidemment entendu non pas comme une discipline, mais bien comme un ordre juridique spécifique.

La fonction du droit comparé correspond donc ici à une « ambition programmatique », qui recouvre la volonté du juriste d'harmoniser et même d'unifier les droits nationaux, notamment pour faciliter les transactions internationales, tandis que l'« utilité sociale » permet de trouver la meilleure solution pour répondre à l'objectif initial de l'OHADA, à savoir, rassurer d'éventuels investisseurs, dans le but de proposer une « amélioration »[53] du système juridique, ou encore de proposer une nouvelle interprétation des règles de droit national. Le résultat d'une recherche effectuée en fonction de tels objectifs a un profit pratique[54]. Ces objectifs sont très souvent invoqués dans les travaux de droit comparé et, dans le cas du droit OHADA, sont très clairement liés à cette position ontologique. De tels objectifs d'harmonisation, d'uniformisation ou de modification des ordres juridiques relèvent strictement du travail politique.

La décision politique d'amorcer un processus d'uniformisation du droit peut se comprendre aisément, surtout dans un contexte tel que celui de l'Afrique de l'OHADA, qui a subi une crise économique majeure dans les années 1980-1990. Cependant, les phénomènes d'uniformisation sont critiquables en raison de leur nature même, et non uniquement en raison de leur mise en œuvre.

---

[53] R. David et C. Jauffret-Spinosi, *Les grands systèmes de droit contemporains*, Précis Dalloz, 11ème éd., Paris, 2002, pp. 4-6.
[54] S.M. Grzybowski, « Le but des recherches et les méthodes des travaux sur le droit comparé », in M. Rotondi (dir.), *Inchieste di diritto comparato*, tome 2, *Buts et méthodes du droit comparé*, op. cit., p. 323.

Ainsi, on pourrait avancer, en faisant « l'avocat du diable », que puisque la diversité des ordres juridiques suppose la diversité des cultures et traditions juridiques, la convergence au sein d'instruments juridiques conçus sur une base de compromis et de négociations risque de produire des normes inconsistantes et incohérentes avec les ordres juridiques de réception. Dans une telle hypothèse, les normes ne seraient donc pas un instrument efficace pour organiser les relations entre les différents acteurs du système et risqueraient par conséquent de ne pas atteindre le but même de cette uniformisation. De plus, les divergences culturelles, et linguistiques s'il y a lieu, vont amener les juges d'application de ce droit uniforme à l'interpréter selon des méthodes d'argumentation, des hypothèses et des précédents variables, ce qui aura comme conséquence des différences, voire des désaccords dans la concrétisation des normes. Enfin, dans le même état d'esprit, on pourrait dire que la sécurité juridique doit également être compensé par une flexibilité minimale, laquelle est particulièrement délicate à maintenir dans un système dans lequel la période d'élaboration et de négociation, puis d'entrée en vigueur des normes, est si longue et incertaine.

D'autre part, et dans un autre ordre d'idées, on pourrait avancer que la diversité est aujourd'hui une valeur précieuse, qu'il faut respecter et même parfois protéger. Cet argument est d'autant plus fort dans le cas qui nous intéresse, l'Afrique ayant subi le colonialisme. Il serait donc tout à fait compréhensible qu'elle rejette l'idée de l'effacement des diversités culturelles, qu'elle revendique sa pluralité linguistique et qu'elle maintienne un modèle qui lui est propre face à des idéaux proposés par les pays développés. Or, si l'Afrique a choisi l'« aventure »[55] de l'OHADA, c'est bien parce que le contexte de la mondialisation des échanges, ajouté à une culture juridique de type romano-germanique commune aux pays fondateurs, a facilité, mais aussi exigé, un tel travail, tout en étendant les enjeux. En effet, l'OHADA a parfois été présentée par la formule « Agir ensemble ou disparaître »[56], tant l'intégration est apparue comme une condition vitale pour l'avenir du développement économique de cette région.

---

[55] K. Mbaye, « L'histoire et les objectifs de l'Ohada » *LPA* n°205, 13 octobre 2004, p. 4.
[56] J. Lohoues-Oble, « Le traité OHADA, 5 ans après », CCEJ, Les Grands débats du CAFIDA, 2003. *Ohadata* D-03-06 www.ohada.com.

Le contexte de l'uniformisation

L'œuvre d'uniformisation entreprise par l'OHADA s'est révélée en réalité moins laborieuse qu'on aurait pu le supposer si on l'avait imaginée dans un autre contexte que celui des pays de la « jurisfrancité » [57]. La « jurisfrancité » englobe, outre les pays de l'Afrique noire francophone, les pays non francophones dont les droits sont inspirés de la technique française de codification, notamment des pays dont les territoires étaient à l'époque coloniale sous administration espagnole ou portugaise (la Guinée équatoriale ou la Guinée Bissau), ou encore ceux administrés par le Royaume-Uni mais ayant subi une influence française, tel le Cameroun. Ces droits africains ont conservé des rapports très proches avec le modèle juridique français et, plus largement, avec le modèle romano-germanique. Cette marque d'influence s'est étendue de façon indirecte aux anciennes colonies belges[58], la Belgique ayant elle-même exporté sa culture juridique d'inspiration française.

Contrairement à l'Empire britannique, qui exportait son droit dans son ensemble à une date déterminée, l'imposait à ses colonies, puis les laissait s'auto-administrer par la suite[59], la France centralisait l'administration dans un but d'assimilation mais n'exportait pas ses normes avec le même automatisme ; il s'agissait d'une volonté expresse du législateur français de faire appliquer du droit également en vigueur dans la métropole, ou de produire un droit spécialement conçu à destination des colonies[60]. Les colonies belges, espagnoles et portugaises se trouvaient dans une situation semblable[61].

---

[57] Voir « L'expression du droit. Le français, langue africaine et internationale. La jurisfrancité », Actes de la 18ème biennale de la langue française de Ouagadougou, 1999.
[58] Notamment la République démocratique du Congo, dont l'adhésion à l'OHADA est imminente.
[59] Le régime juridique des colonies britanniques d'Afrique était variable selon les régions ; le droit anglais (ou d'une autre colonie britannique, tel de droit l'Inde d'inspiration britannique) était exporté à une date déterminée, puis adapté et modifié par le législateur et les juges locaux. Voir R. David, C. Jauffret-Spinosi, *Les grands systèmes de droit contemporains*, op. cit., pp. 450-451. Par exemple, pour le Nigéria, la date d'importation du droit anglais était le 1er janvier 1900.
[60] *Ibid.*, pp. 447-450.
[61] *Ibid.*, p. 450.

Par la suite, « le patrimoine juridique légué par la France à ces pays n'a[vait] pas été dilapidé »[62]. Depuis les années 1960 et les indépendances, les jeunes États ont confirmé le droit des colonisateurs mais ont également entrepris des réformes afin de réaffirmer les valeurs liées aux traditions et coutumes des sociétés précoloniales. Cette réhabilitation du droit traditionnel correspondait à une réponse contre la condescendance des colonisateurs et concernait principalement le droit des relations familiales[63]. De la sorte, l'héritage législatif des anciennes métropoles a été en partie modifié, mais « en droit des affaires de nombreux pans législatifs communs sont restés intacts »[64], et les réformes nationales étaient souvent menées, de façon plus ou moins efficaces, au service du développement économique. La volonté politique de travailler ensemble à la constitution d'un droit commun aux États africains réunis au sein d'une organisation internationale d'intégration a ainsi paru logique et d'accès relativement aisé dans le contexte actuel de mondialisation.

Notons, enfin, la spécificité de l'élaboration du droit OHADA dans le cadre d'un processus d'intégration régionale, spécificité qui réside dans le parallélisme qui peut être fait avec l'élaboration des différents droits nationaux des États africains libérés de l'empire colonial. L'élaboration de ce droit résulterait principalement d'une exportation[65] teintée de comparatisme, même si on peut y retrouver certains éléments de la tradition juridique africaine telle que, notamment, la préférence pour une gestion consensuelle des conflits.

---

[62] J. Issa-Sayegh, « L'OHADA, instrument d'intégration juridique des pays africains de la zone franc », op. cit.
[63] Voir R. David et C. Jauffret-Spinosi, *Les grands systèmes de droit contemporains*, op. cit. p. 456 et s.
[64] *Ibid.*
[65] P. Bourrel « A propos de l'OHADA : libres opinions sur l'harmonisation du droit des affaires en Afrique », *Recueil Dalloz*, 2007, pp. 969 et s. ; L. Benkemoun, « Le droit européen et la création du droit », *LPA* n°20, 28 janvier 2008, pp. 5 et s.

L'exportation comme fondement du droit de l'OHADA ?

Dans leur analyse du droit de OHADA, certains auteurs ont parlé d'« acculturation juridique »[66], ou encore de « droit importé venu d'ailleurs »[67]. La principale critique à retenir ici est celle de la délocalisation de l'élaboration du traité OHADA et des actes uniformes. L'intégration juridique de cette région a été lancée à Paris en 1991 ; le projet de traité a été confié à un directoire de trois membres, dont deux Français, qui ont tout naturellement proposé un schéma fondé sur un modèle français. De même, la plupart des actes uniformes a été rédigée par des universitaires ou des praticiens formés en France, qui ont emprunté très largement au droit français, ou parfois aux conventions internationales[68], mais en ne les adaptant que très maladroitement aux circonstances africaines et sans grande cohérence systémique au sein du nouvel ordre juridique.

Ces auteurs ne voient pas dans le droit OHADA une acculturation par soumission, comme on pouvait l'imaginer au temps des colonies, ni même une acculturation par assimilation pure et simple[69]. Néanmoins, on peut retenir l'idée selon laquelle l'Afrique, après avoir subi une acculturation par soumission, a accepté et même mené sa propre acculturation par réinterprétation, à savoir par la volonté d'adopter pour son propre compte un modèle extérieur auquel on prête des qualités particulières dans un but précis, celui qui favorise le développement et la libéralisation des échanges économiques et bénéficie surtout aux acteurs de stature internationale. L'Afrique et l'OHADA sont ainsi, et malgré elles, devenues en quelque sorte un symbole de « la compétition juridique »[70] entre deux modèles

---

[66] L. Benkemoun, op. cit., p. 5.
[67] P. Bourrel « A propos de l'OHADA : libres opinions sur l'harmonisation du droit des affaires en Afrique », op. cit., pp. 969 et s.
[68] I-K. Diallo, « La problématique de l'intégration africaine : l'équation de la méthode », Bulletin de transport multimodal, n° 00, pp. 8 et s. *Ohadata* D-05-16 www.ohada.com.
[69] Sur le concept, voir N. Roulaud « Acculturation juridique », in D. Alland et S. Rials, *Dictionnaire de la culture juridique*, PUF, Paris, 2003, pp. 4-6.
[70] M. Delmas-Marty, « Le pluralisme ordonné et les interactions entre ensembles juridiques », *Recueil Dalloz*, 2006, pp. 951 et s.

à tendance hégémonique issus du monde occidental, celui dit romano--germanique (ou continental) et celui de *common law*.

Pourtant, étant donné l'objectif initial de mettre le droit au service du développement économique, il aurait été intéressant d'analyser la « performance » du modèle de référence choisi au regard de cet objectif, dans un contexte de mondialisation et de concurrence des modèles. Ici, la « performance » n'est pas analysée par rapport à des critères nécessairement quantifiables et, en particulier, d'efficacité exclusivement économique[71], mais à partir de critères plus sociologiques, qui mettent en exergue la réception sociale ainsi que l'appropriation culturelle. En effet, il est toujours risqué de transplanter aussi bien un modèle de culture juridique que son contenu normatif, sans avoir, au préalable, analysé sa faisabilité[72], puis de l'adapter, le cas échéant, au nouveau système, sans une parfaite connaissance des deux systèmes, le modèle et le récepteur[73]. Ceci conduirait à une mauvaise compréhension de la norme et de ses finalités dans un contexte donné, tout comme son application erronée ou partielle et, de plus, aurait comme conséquence majeure et dévastatrice le déficit de légitimité et le discrédit d'un fonctionnement démocratique des institutions chargées de l'élaboration des normes.

Ainsi, par exemple, l'Acte uniforme de 1997 relatif au droit des sociétés commerciales[74] retient la forme classique en droit français d'une conception hybride, mi-contractuelle, mi-commerciale, alors qu'une telle conception est largement ignorée à l'étranger. Il aurait semblé logique pour une organisation d'intégration dont le but est justement de faciliter les investissements étrangers d'opter pour un modèle plus largement accepté dans un monde globalisé. Le même raisonnement peut être avancé en

---

[71] C. Jamin, « Les pièges de l'évaluation économique de la réglementation », in G. Canivet et M-A. Frison-Roche, *Mesurer l'efficacité économique du droit*, LGDJ, Paris, 2005, pp. 103 et s.
[72] J. Robert, *Le droit comparé aujourd'hui et demain* (introduction), Actes du colloque du 1er décembre 1995, Société de législation comparée, Paris, 1996, p. 11.
[73] R. David, *Le droit comparé, Droits d'hier, droits de demain*, Economica, Paris, 1982, p. 248.
[74] Acte uniforme relatif au droit des sociétés commerciales et du groupement d'intérêt économique, adopté le 17 avril 1997, 920 articles, JO OHADA n° 2 du 1er octobre 1997, p. 1.

ce qui concerne les actes de commerce[75]. De même, l'Acte uniforme sur les voies d'exécution est calqué sur les réformes françaises de 1992[76], sans prise en compte des particularités régionales.

Mais la méthode d'emprunt pose également de sérieux problèmes lorsqu'elle concerne les conventions internationales sans adaptation particulière. Pourtant, étant donné la nature juridique spécifique des Actes uniformes, leur rédaction ne peut pas être calquée sur celle d'une convention internationale pour laquelle les critères et les exigences sont inévitablement différentes. L'importation presque totale de la Convention de Genève (CMR) de 1956 dans l'Acte uniforme sur le transport de marchandises par route, adopté le 22 mars 2003, montre de nombreux problèmes engendrés par cette technique d'analyse de texte, notamment l'inadaptation du texte ou encore la présence de dispositions superfétatoires[77].

Avenir et perspectives de la méthode d'intégration OHADA

« Qu'il s'agisse de prestige, ou de contrainte, ou plus probablement d'un mélange des deux, le principal défaut de la transplantation tient au caractère unilatéral d'un mode d'intégration juridique (…) »[78]. Cependant, cette critique doit être tempérée et il faudrait tenter une certaine reconstruction, notamment par ce que la professeure Mireille Delmas-Marty nomme « l'hybridation »[79], qui suppose une certaine alternance entre l'harmonisation et la simple uniformisation.

Certes, le droit de l'OHADA emprunte beaucoup et on peut constater une certaine forme de précipitation, conséquence de l'enthousiasme qu'il

---

[75] Acte uniforme relatif au droit commercial général, adopté le 17 avril 1997, 289 articles, JO OHADA n° 1 du 1er octobre 1997, p. 1.

[76] Acte uniforme portant organisation des procédures simplifiées de recouvrement et des voies d'exécution, adopté le 10 avril, 338 articles, JO OHADA n° 6 du 1er juillet 1998.

[77] Pour l'analyse des dispositions importées et inadaptées ou inconsistantes, voir I-K. Diallo, « La problématique de l'intégration africaine : l'équation de la méthode », op. cit.

[78] M. Delmas-Marty, op. cit.

[79] *Ibid.*

a suscité. A l'heure actuelle, en revanche, la procédure de maturation est plus longue et les actes uniformes en cours d'élaboration (en particulier les actes uniformes sur les contrats, sur le droit du travail ou encore sur les sociétés coopératives et mutualistes) font l'objet de débats entre spécialistes et professionnels concernés et d'une consultation beaucoup plus large qu'auparavant. Ensuite, l'avant-projet proposé par le comité d'experts sera soumis au Secrétariat permanent, lequel saisit les Commissions nationales dans chaque État membre. Enfin, le projet est transmis pour avis à la Cour Commune de Justice et d'Arbitrage. Cette méthode devrait logiquement entraîner une amélioration qualitative des textes par leur adaptation aux réalités juridiques et pratiques des États membres.

Par ailleurs, l'adaptation des contenus normatifs importés aux systèmes locaux ne peut pas se limiter à un processus d'élaboration des normes et doit également s'effectuer par la concrétisation organique grâce aux juges, dont le rôle, après celui de l'interprétation, est de parfaire la construction de l'ordre juridique[80]. Pour ce faire, la CCJA a opté pour une méthode dynamique et constructive, qui traduit sa volonté de jouer pleinement son rôle dans le développement de l'ordre juridique de l'OHADA[81], tout en espérant que celle-ci fera sienne l'instrument de flexibilité nécessaire qu'est la « marge nationale d'appréciation », combinée au principe de subsidiarité, bien connue des Européens[82]. Enfin, cette hybridation peut également se traduire par un rapprochement des législations nationales dans le cadre du mouvement d'intégration régionale, mais aussi à sa marge, notamment par emprunt de standards au plus haut dénominateur commun.

Consciente des difficultés liées au multiculturalisme de son espace, mais aussi des disparités existantes entre les niveaux et connaissances du

---

[80] Traité relatif à l'harmonisation en Afrique du droit des affaires (JO OHADA n° 4 du 1er novembre 1997, p. 1), Article 14 : « La Cour Commune de Justice et d'Arbitrage assure dans les États Parties l'interprétation et l'application communes du présent Traité, des règlements pris pour son application et des actes uniformes ».

[81] K.L. Johnson, « Communication au séminaire sur le bi-juridisme », 13 et 17 décembre 2004, Yaoundé, *Ohadata* D-07-31 www.ohada.com.

[82] P. Dima Ehongo, « L'intégration juridique des économies africaines à l'échelle régionale ou mondiale », in M. Delmas-Marty, *Critique de l'intégration normative*, PUF, Paris, 2004, pp. 194 et s.

droit positif dans les différents États Parties, l'OHADA a fait le choix particulièrement judicieux de mettre en place une école de la magistrature spécifique, l'Ecole Régionale Supérieure de la Magistrature (ERSUMA)[83]. Il s'agit d'une structure détachée des autres institutions qui jouit d'une autonomie financière et bénéficie d'une personnalité juridique propre, bien qu'elle soit rattachée au Secrétariat permanent. Cette démarche est non seulement bénéfique à l'Organisation internationale, mais aussi et plus généralement à la promotion de l'État de droit au sein des pays concernés, comme de la zone OHADA dans son ensemble ; ainsi, « l'État de droit est indissociable de la connaissance du droit positif par ceux qui le reçoivent et par ceux qui sont chargés de sa mise en œuvre »[84].

Toutefois, la dénomination de l'ERSUMA a régulièrement été remise en cause et la révision du traité devait être l'occasion de la modifier pour mieux correspondre à ces fonctions ; or, la révision du mois d'octobre 2008, non encore en vigueur, néglige ce point[85]. En effet, l'ERSUMA, créée pour la formation et à la promotion du droit OHADA, ne s'adresse pas exclusivement aux magistrats, mais également à tous les auxiliaires de justice, les avocats, les notaires, les experts comptables et financiers, les greffiers, les huissiers de justice. D'ailleurs, certains auteurs préconisent d'ouvrir les formations dispensées par l'école à d'autres encore, notamment aux fonctionnaires des administrations financières (impôts, douanes, commerce...), aux juristes d'entreprise, etc.

L'ERSUMA reste pour l'heure une école monolingue, mais devra s'adapter très rapidement au multilinguisme prévu par le traité révisé en cours de ratification, en recrutant non pas uniquement des interprètes mais aussi des formateurs anglophones, hispanophones et lusophones. Ces formateurs doivent être d'origine biculturelle afin que soit représentée la multiplicité des cultures juridiques et pas seulement la

---

[83] Prévue au traité OHADA, l'École est issue d'un texte spécifique adopté le 3 octobre 1995 à Bamako.
[84] K. Kouadio, cité par P-G Pougoué et Y.R. Kalieu Elongo, *Introduction critique à l'OHADA*, Presses Universitaires d'Afrique, Yaoundé, 2008, p. 48.
[85] Elle prévoit simplement que le Conseil des Ministres est compétent à ce sujet.

culture francophone. En effet, l'ERSUMA contribue à une meilleure connaissance à la fois du système OHADA et des systèmes juridiques internes des États Parties ; les magistrats et professionnels de justice se rencontrent, discutent, échangent, et c'est là que réside la force de cette école. Elle constitue un instrument extraordinaire de mise en confiance et de respect mutuel, qui permettent de concrétiser la raison d'être principale de l'OHADA, à savoir la création d'un espace judiciaire intégré. Ce dernier ne peut pas être envisagé sans confiance dans la justice de l'autre, puisque le droit OHADA dépasse les frontières et suppose une équivalence de qualité et d'impartialité. Cette confiance mutuelle est gage de sécurité juridique et de respect de l'État de droit dans l'ensemble de l'espace OHADA. De plus, les formations OHADA permettent une diversification de la méthodologie des juges et autres acteurs judiciaires, avec pour conséquence principale un certain détachement de la filiation méthodologique actuelle, principalement issue du système éducatif français.

L'uniformisation du droit dans le cadre du traité OHADA est ainsi issue d'une exportation du droit, mais la méthode relève également de la « création de quelque chose de nouveau, et qui est *a priori* meilleur que les normes existantes »[86] dans les ordres juridiques nationaux. Elle est en cours d'évolution et devra s'adapter notamment aux nouveaux défis qui l'attendent dans le cadre d'un élargissement de l'Organisation par l'adhésion d'États non issus de façon exclusive de la zone d'influence culturelle du droit romano-germanique.

La problématique de la langue au sein de l'espace OHADA

La question linguistique apparaît essentielle dès lors que la problématique classique de l'élargissement / approfondissement de l'Organisation se pose, mais pas uniquement. Dès l'origine du traité, il a semblé logique

---
[86] S. Kozuka « The Economic Implications of Uniformity in Law », *Uniform Law Review*, 2007, p. 685.

de retenir comme langue de l'OHADA la langue commune aux différents États Parties, à savoir le français. Sur les seize États membres, seule la Guinée Bissau[87] – qui est membre de l'Organisation internationale de la francophonie – n'a pas de langue officielle constitutionnellement reconnue (cette langue étant *de facto* le portugais), mais hormis cette exception notable, tous les autres États ont opté pour le français comme langue officielle unique ou en parallèle avec d'autres langues[88].

Le français est ainsi assez logiquement la langue de l'OHADA depuis l'origine, cette nouvelle Organisation ayant été très largement soutenue par la France et la francophonie, et ayant été conçue dans le cadre de l'Afrique francophone. Ainsi, l'article 42 du traité du 17 octobre 1993 actuellement en vigueur stipule simplement que « Le français est la langue de travail de l'OHADA » ; il est complété par l'article 63 selon lequel « Le présent traité, rédigé en deux exemplaires en langue française, sera déposé dans les archives du gouvernement de la République du Sénégal ». Ces deux dispositions établissent donc un monolinguisme formel dans une zone géographique multilingue et multiculturelle. Pourtant, l'hégémonie du français a toujours été remise en cause et soumise à la critique, et ce d'autant plus à l'heure actuelle dans la perspective de l'adhésion de pays anglophones, en particulier le géant nigérian.

La question linguistique est d'autant plus sensible qu'il existe un lien très intime entre le droit et la langue comme facteur culturel. Le droit n'est

---

[87] A noter que la Guinée Bissau n'est pas « membre fondateur » de l'Organisation, mais l'a rejointe presque aussitôt.

[88] Le français apparaît comme langue officielle dans les constitutions suivantes : Bénin (art. 1), Burkina Faso (art. 35 qui, par ailleurs, promeut et officialise les langues nationales), Cameroun (art. 1, avec l'anglais, et qui protège et promeut aussi les langues nationales), Congo (art. 6, et le lingala et le kituba comme langues véhiculaires), Côte d'Ivoire (art. 29), Gabon (art. 2, et qui protège et promeut également les langues nationales), Guinée (art. 1, et de plus la promotion des langues des peuples de la Guinée), Guinée Bissau (pas de dispositions constitutionnelles), Guinée équatoriale (art. 4, avec l'espagnol), Mali (art. 25, avec la possibilité d'officialiser par la loi des langues nationales), Niger (art. 3, et toutes les langues des communautés sont langues nationales), République centrafricaine (art. 18, avec le sango), Sénégal (art. 1, avec comme langues nationales le diola, malinké, pular, sérère, soninké, wolof et toute autre langue qui sera codifiée), Tchad (art. 9, avec l'arabe, et la « promotion législative des langues nationales »), Togo (art. 3), Union des Comores (art. 1, avec l'arabe, et une langue nationale, le comorien).

rien en dehors de la langue puisque cette dernière est son unique médium ; à travers elle, le droit construit des concepts reflétant les complexités d'une société, son histoire, ses traditions, ses valeurs, ses méthodes. On comprend alors aisément que, si les pays des anciennes colonies françaises ont un héritage culturel et une histoire semblables, les autres pays africains, qui ne partagent pas ce patrimoine, puissent exiger la prise en compte de leur spécificité par le biais de la reconnaissance de leurs langues au sein d'une organisation d'intégration ayant vocation à s'approfondir.

L'OHADA, par ses succès, proclamés ou réels, nous n'entrerons pas dans le débat, devient incontestablement une organisation de plus en plus puissante et reconnue en Afrique, et commence à susciter un réel intérêt pour ses voisins qui, constatant l'attractivité de la zone, ne veulent pas être laissés sur le bord du chemin. Comme toute organisation d'intégration, plus l'approfondissement fait ressentir ses effets positifs par rapport aux objectifs initiaux – ici la clarification des normes, la sécurisation des procédures et donc la confiance des investisseurs dans un monde globalisé – plus sa force d'attraction est grande et donc susceptible, si cela est juridiquement possible, de conduire à un élargissement par une ouverture géographique. Dès l'introduction de cette étude, il a été rappelé que l'OHADA se veut une organisation panafricaine[89] et que tout État africain peut y être intégré, soit qu'il en fasse la demande (États membres de l'Union africaine), soit qu'il soit coopté.

A l'heure actuelle, cinq États sont candidats à l'adhésion, ce qui démontre le dynamisme de l'Organisation, mais en même temps rend la question linguistique d'autant plus vivace. La République démocratique du Congo est le candidat le plus avancé dans les négociations d'adhésion à l'heure actuelle, ce qui ne pose pas de problème de ce type puisque ce pays est francophone (tout comme Djibouti et Madagascar[90]). En revanche, le Ghana, et surtout le Nigéria, forts de leurs millions d'acteurs

---

[89] Article 53 du traité OHADA.
[90] Le cas de Madagascar est d'ailleurs symptomatique de la force d'attraction de l'OHADA car ce pays, bien que non membre de l'Organisation, a déjà adopté et intégré à son ordre juridique des textes émanant des instances de l'OHADA.

économiques et de leur vitalité au niveau régional, sont deux candidats anglophones qui, s'ils entraient dans l'Organisation, seraient des moteurs particulièrement puissants, à la fois pour le développement économique et pour la force d'attractivité de l'OHADA auprès des autres États anglophones de la région. Or, pour que ces deux États aient au final une réelle volonté politique d'adhésion, l'Organisation aura certainement quelques efforts à faire de son côté, notamment en termes de multilinguisme et de multiculturalisme juridique.

Incontestable succès diplomatique pour la francophonie, le monolinguisme originel de l'Organisation peut grandement surprendre, étant donné la réalité linguistique des États fondateurs ; s'ils sont tous francophones, ils ne le sont pas exclusivement. De plus, la francophonie de la Guinée Bissau (et de la Guinée équatoriale) est relativement faible en dehors des élites, et le Cameroun est divisé entre provinces francophones et provinces anglophones. Il est donc assez curieux que ces États au moins n'aient pas exigé l'établissement du multilinguisme, de même que la prise en compte de leurs spécificités, lors de la rédaction des Actes uniformes. Une telle situation aurait été inimaginable pour un pays européen au sein de l'Union européenne, au point où certains exigent la reconnaissance de langues nationales minoritaires comme langue officielle de l'organisation[91]. Les raisons du choix de l'OHADA sont certainement plurielles : tout d'abord, financière, le multilinguisme nécessitant un budget très important, irréductible, voire toujours croissant – l'expérience européenne le démontre – et, ensuite, pour des questions de politique juridique, le monolinguisme permettant une harmonisation, à la fois conceptuelle et jurisprudentielle, assurant une application uniforme chapeautée par la Cour Commune de Justice et d'Arbitrage d'Abidjan.

Cette situation a été critiquée pour ainsi dire depuis l'origine par la doctrine qui, à côté des avantages, a très vite perçu les problèmes pratiques du monolinguisme, notamment en termes d'application du droit OHADA dans les pays membres moins francophones, où les affaires se

---

[91] On pense bien sûr ici au catalan.

traitent non pas en français – même si le français est la langue officielle – mais dans une autre langue (souvent une langue véhiculaire africaine), sans oublier les justiciables non francophones qui n'ont d'autre choix que de ne pas comprendre les actes de procédure devant la Cour ! Le manque de légitimité démocratique de cette situation se fait grandement ressentir à travers un éloignement des sphères politiques et de l'administration par rapport aux situations concrètes et pragmatiques des négociations et transactions commerciales. Ce déficit démocratique, combiné avec une diffusion très partielle de l'information– cette mauvaise diffusion du droit est due à la fois à des infrastructures déficientes et à une certaine résistance –, entraîne un déficit de connaissance de la part des praticiens du droit issu de l'OHADA et contribue fortement à un sentiment d'instabilité et d'insécurité de l'espace juridique, obstacle incontestable au développement des investissements.

L'autre critique majeure porte sur la question éminemment politique des zones d'influence des systèmes juridiques modèles, question qui s'étend inévitablement à celle de la langue à travers les concepts et la culture juridique qu'elle véhicule. La dernière critique, très rarement mise en avant[92] alors que la plus incontestable, est fondée sur constat tout à fait désolant de l'absence totale de langue africaine, l'éventualité d'en intégrer une ou plusieurs parmi celles les plus parlées et / ou transnationales ne se posant même pas...

Il faut néanmoins reconnaître l'effort d'ouverture de l'OHADA envers les trois autres langues d'origine européenne, l'anglais, l'espagnol et le portugais. Dans une décision du Conseil des Ministres du mois d'octobre 2005, l'Organisation proposa une prochaine révision du traité en ce sens, décision qui fut entérinée lors de la révision du traité le 17 octobre 2008, à Québec. Il entrera en vigueur dès ratification par huit des membres de l'Organisation[93]. Il est simplement à regretter que cette révision, certainement très bienvenue, ne porte que sur des langues d'origine européenne.

---

[92] A l'exception notable de Laurent Benkemoun, « Le droit européen et la création du droit », *LPA* n°20, 28 janvier 2008, pp. 5 et s.
[93] Article second du traité de Québec.

Bien que parlées par de très nombreux locuteurs de par le monde, et par conséquent particulièrement bénéfiques pour l'extension du marché africain aux investisseurs étrangers, ces langues restent symboliquement celles des anciens colonisateurs, telles un cordon ombilical impossible à couper à l'heure de la mondialisation. Là encore, ce sont les fonds étrangers qui sont privilégiés, tandis que le dynamisme économique des peuples africains eux-mêmes doit obligatoirement passer par une langue parfois mal connue.

Le français comme langue de travail de l'Organisation

En vertu de l'article 42 du traité actuellement en vigueur, le français est la langue « de travail » de l'Organisation. Nuance de taille, elle n'est pas la langue « officielle », puisque aucune disposition du traité ne traite de cette question. Le français est alors *de facto* la langue officielle, et ceci est renforcé par l'article 63, mais rien n'empêche, par révision du traité, que d'autres langues deviennent « officielles », *de jure*, tandis que la langue de travail pourrait rester exclusivement le français. De plus, comme cela a été affirmé par ailleurs, l'existence normative d'une langue de travail ne signifie pas obligation du monolinguisme[94]. Il s'agit d'un monolinguisme *de facto*, mais qui dans certaines circonstances est mis de côté.

Il ne faut pas oublier que le statut d'une langue de travail est tout à fait différent de celui d'une langue officielle, cette situation juridique étant classiquement présente dans la plupart des grandes organisations internationales, au premier chef l'Organisation des Nations Unies et l'Union européenne. Ainsi la Charte de l'ONU énumère les langues officielles[95], mais chacune de ses instances a le pouvoir discrétionnaire de choisir sa langue de travail[96]. Seuls les documents officiels doivent être publiés dans chacune des langues officielles, mais les documents de travail restent

---

[94] T. Lauriol, « La langue de l'OHADA », in *Revue camerounaise de droit*, n° spécial, octobre 2001, pp. 36 et s.
[95] Article 111 de la Charte de l'ONU.
[96] Indiqué dans le règlement intérieur.

rédigés dans une seule langue. Dans le cas de l'Union européenne[97], il existe en plus les langues de procédure.

On peut donc légitimement se poser la question de savoir si les rédacteurs du traité avaient conscience de la différence concrète entre langue de travail et langue officielle. Cela paraît étonnant, et peut-être joue-t-on sur les mots, mais l'Acte uniforme sur le redressement et la liquidation judiciaire fait référence non à la langue « de travail » mais à la langue « officielle »[98]. De même, et pour confirmer la possibilité de l'OHADA de recourir à d'autres langues que le français en dehors des documents de travail et des documents officiels de ses organes, il faut souligner que le règlement d'arbitrage de la CCJA prévoit que celle-ci tient compte de la langue des parties lorsqu'elle intervient pour la nomination des arbitres ; dès lors la procédure arbitrale peut se dérouler dans une autre langue, mais tous les documents émanant de la CCJA sont en français et les documents qui lui sont transmis dans le cadre de son contrôle doivent également être en français, ou traduits[99].

De la sorte, le problème ne provient pas du fait que le français soit la langue de travail, mais bien de l'absence de versions officielles du traité, des Actes uniformes, et de toutes les normes et décisions OHADA dans d'autres langues que le français, ainsi que la carence d'une véritable politique de traduction, avec une méthode adaptée unique et formalisée, et des normes de gestion des conflits entre versions officielles.

La problématique de la traduction juridique

Avant que la révision du traité relative à l'ajout de l'anglais, de l'espagnol et du portugais ne soit signée puis mise en place, et devant ce déficit im-

---

[97] Voir A. Fenet, « Diversité linguistique et construction européenne », in RTDE n°37-2, 2001, pp. 235-269.
[98] Article 249 de l'Acte uniforme relatif au redressement et à la liquidation judiciaire, cité par T. Lauriol, « La langue de l'OHADA », op. cit, mais aussi l'article 31 de l'Acte uniforme sur le droit de l'arbitrage et l'article 17 de l'Acte unique sur l'organisation et l'harmonisation des comptabilités des entreprises.
[99] Pour plus d'explications sur la question linguistique en matière d'arbitrage OHADA, voir T. Lauriol, « La langue de l'OHADA », op. cit.

portant pour le développement du droit OHADA, son application, ou tout simplement son acceptation parce que connu des acteurs, certains ont commencé à faire circuler des traductions des textes (traité et Actes uniformes). L'Organisation a pris la mesure de cette carence et du risque pour la bonne diffusion du droit de l'OHADA mais, ne disposant pas de services de communication et de traduction adéquats pour mettre en place une méthodologie appropriée, une évaluation de la qualité des traductions et un suivi des travaux, a demandé à des experts d'effectuer le travail de traduction en son nom, pour ensuite les publier au Journal Officiel de l'OHADA.

Cependant, en l'absence d'un cahier des charges précis, fondé sur une politique et une méthodologie de traduction et imposé par les instances de l'OHADA, les experts devaient eux-mêmes identifier les problèmes et effectuer des choix[100]. Le choix le plus redoutable, comme dans toute traduction juridique – hormis celui relatif à la détermination de la langue cible – est celui du terme à employer pour traduire les concepts juridiques issus d'un système donné ayant une culture juridique spécifique.

La langue standard est généralement choisie comme langue cible, mais ce n'est pas une évidence étant donné les variations terminologiques qui pourraient éventuellement apparaître dans le langage spécialisé qu'est celui du droit, d'autant plus dans des pays où la langue des colons a inévitablement évolué depuis les indépendances. Claire Moore Dickerson écrit ainsi que « Franchement, bien qu'étant de tradition *common law*, [elle] constate qu'il [lui] arrive d'avoir des problème de traduction d'anglais en anglais (…) »[101] en raison de l'utilisation courante de termes juridiques dans certain pays mais qui sont tombés en désuétude dans d'autres. Voilà la raison pour laquelle la traduction, intimement liée à la méthode comparative, ne peut se dispenser d'un travail précis sur les concepts juridiques

---

[100] F. Aho, « Quelques éléments de réflexion sur la diffusion du droit uniforme de l'OHADA dans un contexte de multilinguisme et une perspective de bi-juridisme », in *Le bi-juridisme au service de l'intégration et de la sécurité juridique en Afrique*, op. cit., Ohadata D-07-34 www.ohada.com.
[101] C. Moore Dickerson, « Le droit de l'OHADA dans les États anglophones et ses problématiques linguistiques », *Revue internationale de droit comparé* n°1-2008, p. 10.

L'OHADA, un exemple d'intégration communautaire

utilisés à la fois par l'Organisation, et par les différents États membres (francophones ou non).

La principale difficulté de la traduction juridique, tout comme celle de la comparaison juridique, résulte de « la pluralité de langues» usuelles, mais aussi de la « différence entre les niveaux de langage »[102]. La question se complexifie d'autant plus quand la pluralité linguistique se subdivise en deux types, d'une part, la différence de langue (le français et l'anglais par exemple), et d'autre part la dissemblance d'une même langue à la fois dans l'espace et dans le temps (par exemple l'anglais actuel du Cameroun, l'anglais actuel du Royaume-Uni, ou encore l'anglais du Royaume-Uni au début du XXème siècle). Avant d'envisager une comparaison, il faut connaître et comprendre la signification exacte des normes étudiées[103]. Mais il a été démontré par de nombreux auteurs, à la lumière de multiples exemples, que la simple traduction n'est jamais suffisante en raison de son imprécision, et que de grandes dissemblances de signification d'un même énoncé existent, que la langue soit différente ou pas, en raison de l'utilisation et de l'interprétation du dit énoncé dans un ordre juridique distinct. Ainsi la double difficulté se résume en un problème de détermination de la traduction mais aussi d'interprétation[104] qui vient s'y greffer en amont. L'enjeu en est tout simplement la compréhension des ordres juridiques des États Parties et de l'OHADA elle-même.

L'« interprétation » peut être définie comme « un énoncé dont l'objet est la signification d'un autre énoncé, quel que soit le degré de satisfaction auquel il est possible de parvenir »[105]. Pour y parvenir il faut tenir compte des degrés de spécialisation et de technicité d'une terminologie face à la langue usuelle. Ainsi, le juriste[106] doit interpréter des notions et des

---

[102] O. Pfersmann, « Le droit comparé comme interprétation et comme théorie du droit », *Revue internationale de droit comparé* », 2-2001, p. 283.

[103] Voir L.-J. Constantinesco, *Traité de droit comparé*, tome 2, *La méthode comparative*, Paris, LGDJ, 1974, 412 p.

[104] Voir P. Ricœur, *Sur la traduction*, Paris, Bayard, 1994, 70 p.

[105] O. Pfersmann, op. cit., p. 285.

[106] Et non uniquement le comparatiste, puisque ce problème de l'interprétation lié aux degrés de technicité du langage se pose quelle que soit la langue.

concepts juridiques pour les exprimer dans le langage le plus technique possible, même si les énoncés normatifs sont exprimés dans le langage courant[107]. D'autre part, l'interprétation résulte d'une méthode qui peut varier d'un ordre juridique à l'autre. Le comparatiste a pour objectif d'interpréter un énoncé en fonction des méthodes propres à chaque ordre juridique, afin de parvenir à une interprétation juridique la plus précise. La « traduction » permet quant à elle de surpasser le problème de la pluralité des langues, de transposer dans une langue ce qui a été énoncé dans une autre, en cherchant l'équivalence sémantique. Cette « traduction » se fait à la fois dans le cadre de deux langues totalement dissemblables et dans deux versions de la même langue et qui sont distinctes dans le temps ou l'espace.

Il serait donc hasardeux de traduire un terme sans prendre en compte son contexte et de l'interpréter sans prendre en compte son niveau de technicité ; de même, il serait erroné d'interpréter une norme sans observer la méthode de l'ordre juridique considéré[108]. Il convient donc d'interpréter et de traduire les énoncés en fonction de leurs propres contextes et non en fonction de celui du traducteur-interprète. Cette traduction-interprétation se fait par approximations successives et, si une équivalence parfaite n'est pas toujours possible, on part du principe qu'une détermination suffisamment précise l'est. Si, toutefois, le terme s'avère réellement intraduisible, et pour éviter toute équivoque, il est préférable d'en expliquer le contenu tout en le laissant dans sa langue d'origine, afin que le lecteur soit particulièrement attentif et conscient de la différence des concepts[109].

La méthode comparative nécessairement liée à la traduction invite donc à la construction de concepts généraux, « afin d'identifier les objets recherchés dans les ordres juridiques différents indépendamment de leur éventuelle dénomination »[110]. Il s'agit ainsi d'éviter de « poser en valeur

---

[107] L.-J. Constantinesco, op. cit., pp. 144 et s.
[108] L.-J. Constantinesco, op. cit., p. 186.
[109] I. Kisch, « Droit comparé et terminologie juridique », in M. Rotondi (dir.), *Inchieste di diritto comparato*, tome 2, *Buts et méthodes du droit comparé*, op. cit., p. 418.
[110] O. Pfersmann, « Esquisse d'une théorie des droits fondamentaux », in L. Favoreu (dir.), *Droits et libertés fondamentales*, Paris, Dalloz, 2000, p. 93.

absolue ce qui n'est que relatif à un pays »[111] et permet de construire des concepts suffisamment génériques pour qu'ils puissent cerner de nombreuses situations dans tous les ordres juridiques concernés[112]. Ceci permet de simplifier la terminologie, mais surtout de rendre possible et de faciliter la compréhension de la comparaison. Autant que faire se peut, la construction des concepts doit écarter toute connotation liée aux systèmes nationaux afin de ménager les susceptibilités de chacun des partenaires de l'Organisation.

Afin de mettre en œuvre une telle méthode, le traducteur doit donc et avant tout être à la fois un bon juriste, conscient des difficultés liées aux concepts, et biculturel, afin de pouvoir mettre en parallèle puis comparer de façon globale plusieurs systèmes non seulement juridiques, mais simplement culturels[113]. Dans le cas qui nous intéresse ici, la question est plus complexe encore, en raison des renvois et références que font certains actes uniformes à des concepts des droits nationaux que l'OHADA elle-même ne peut modifier. Le rédacteur et son traducteur ne peuvent donc pas simplement postuler des concepts qui ne seraient valides que pour le droit de l'Organisation sans prendre en compte ceux déjà existants dans les ordres juridiques internes. Si jamais ils le faisaient, l'unique solution serait de demander à la Cour d'Abidjan de trancher, en effectuant au besoin une interprétation extensive fondée, non pas sur la lettre mais plutôt sur l'esprit de la disposition en cause[114].

Dans le contexte de l'OHADA, ce sont les méthodes combinées de la traduction et de l'interprétation des concepts qui ont été utilisées par des traducteurs et juristes camerounais, dont l'ordre juridique est à la fois bilingue et bi-juridique (droit dit romano-germanique et de *common law*), pour la

---

[111] M. Ancel, « Quelques considérations sur les buts et les méthodes de la recherche juridique comparative », in M. Rotondi (dir.), op. cit., p. 6.

[112] E. von Caemmerer et K. Zweigert, « Évolution et état actuel de la méthode du droit comparé en Allemagne », in *Livre du centenaire de la société de législation comparée*, tome 2, *Évolution internationale et problèmes actuels du droit comparé*, op. cit., p. 290.

[113] J. Casas, « Le paradoxe de la traduction juridique : équivalence des formes dans le respect des différences », in R. Greenstein, *Langue et culture : mariage de raison ?*, op. cit., pp. 139 et s.

[114] Pour un exemple concret, voir celui cité par C. Moore Dickerson, « Le droit de l'OHADA dans les États anglophones et ses problématiques linguistiques », op. cit., p. 11, relatif à l'Acte uniforme sur les procédures simplifiées de recouvrement et sur les voies d'exécution du 10 avril 1998.

préparation de la version anglaise. Les traductions en espagnol et en portugais suivent le même chemin. Malheureusement, les traductions restent dans une large mesure assez approximatives et de qualité variable, et ne peuvent en aucun cas avoir de valeur normative quelconque. La simple publication de ces traductions au JO de l'OHADA, voire d'un État membre, ne suffit pas pour conférer à un travail de type scientifique et doctrinal un statut normatif, et ces textes ne peuvent donc pas être utilisés comme tels. Pour produire des normes contraignantes dans tout l'espace OHADA, il faudra donc que l'organe compétent de l'Organisation, à savoir le Conseil des Ministres, remplisse son rôle d'organe délibérant et décisionnel et qu'il adopte les versions traduites des Actes uniformes. Dans pareille hypothèse[115], les traductions pourraient alors faire foi et être effectivement valides dans l'ordre juridique intégré, ce qui poserait bien évidemment les problèmes classiques relatifs à l'interprétation et à la langue de référence qui ferait foi en cas de divergence d'interprétation directement liée à une question de traduction.

Il s'agit là bien sûr de l'obstacle le plus évident à la mise en place du multilinguisme institutionnel au sein de l'Organisation, puisque la tâche de toutes les institutions, mais surtout et principalement celle de la Cour Commune de Justice et d'Arbitrage, serait alors multipliée de façon quasi-exponentielle, au risque de ralentir très fortement le processus d'intégration. En effet, des questions de budget de fonctionnement incompressible, mais aussi de personnel compétent et formé se poseraient inévitablement pour les différents organes et entraîneraient inévitablement des retards dans l'adoption de nouveaux actes uniformes. De même, le travail de la CCJA serait freiné, mais aussi contrarié dans son action d'uniformisation, en dépit même du fait qu'elle puisse bien sûr conserver le français comme unique langue de procédure.

Pourtant, contrairement à ce que pensent certains[116], les questions de traduction et d'interprétation des concepts juridiques ne sont pas de

---

[115] Analysée ci-après.
[116] Voir par exemple M.S. Tumnde, « The perception of OHADA by an Anglophone university in Cameroon », in *Le bi-juridisme au service de l'intégration et de la sécurité juridique en Afrique*, op. cit., *Ohadata* D-07-35 www.ohada.com.

simples problèmes techniques pouvant être résolus par des traductions mieux adaptées et par l'introduction éventuelle de concepts proprement de *common law* à côté de ceux déjà existants issus du modèle romano--germanique. Ces « fausses solutions » constituent également une pierre d'achoppement pour les candidats anglophones à l'adhésion comme pour l'élargissement de la zone d'influence du droit OHADA. C'est la raison pour laquelle la révision du traité sur la question du multilinguisme est si importante.

Défis de l'espace multilingue

Le traité de Québec portant révision du traité OHADA de 1993 établit dans son article 42 que les langues de travail de l'Organisation sont désormais le français, l'anglais, l'espagnol et le portugais. Ces langues coexistent déjà dans l'espace culturel et linguistique de l'OHADA – bien que nombreuses sont celles qui en soient absentes – mais on peut se poser la question de savoir si, comme dans l'Union européenne, chaque nouveau membre pourra imposer sa langue comme langue de travail de l'Organisation (même si la question ne sera pas à l'ordre du jour prochainement puisque les candidats actuels ne sont pas dans ce cas). Dans un second alinéa, il est précisé que « (a)vant traduction dans les autres langues, les documents déjà publiés en français produisent tous leurs effets » et que « [e]n cas de divergence entre les différentes traductions, la version française fait foi ».

Pourtant, cela ne clarifie que partiellement la question de la langue de référence en cas de divergence de traduction soulevée plus haut, et il est loisible de se demander si le français en tant que langue de référence prévue par le traité le sera dès lors uniquement pour cette période transitoire (puisque cette précision constitue la deuxième phrase du second alinéa), ou si elle est réellement la langue de référence pérenne en cas de conflit postérieur à cette période. Dans un cas comme dans l'autre, la CCJA sera certainement amenée à trancher. En effet, si le français n'est pas la langue de référence en dehors de cette période, ce qui est probablement préférable et semble être le cas ici, le pouvoir discrétionnaire des juges d'Abidjan sera accru mais les positions doctrinales et conceptuelles des juges issus de cultures juridiques différentes pourront au moins être débattues ; dans le cas inverse, la sécurité juridique sera victorieuse au détriment de la diversité culturelle. Dans les deux cas se posera aux juges le problème de la culture de référence à prendre en compte pour l'interprétation, du moins tant qu'ils n'auront pas, à l'instar du juge communautaire, construit eux-mêmes, par une jurisprudence abondante et extensive, une culture juridique propre à l'espace intégré. En effet, tant qu'une telle culture juridique n'est pas solidement établie, il est toujours à craindre pour la pluralité, mais surtout pour la spécificité culturelle de l'OHADA, que les références en matière d'interprétation se fassent principalement par imitation du modèle importé.

De plus, il faut souligner les difficultés qui vont surgir de ce nouveau multilinguisme, notamment en termes de ralentissement des travaux d'uniformisation, puisqu'il faudra rédiger et adopter de façon simultanée, dans toutes les versions utiles, les différents actes. Des universitaires anglophones[117] mettent en avant la nécessité d'adapter des traductions à la tradition juridique de *common law*, notamment en proposant des traductions annotées et commentées permettant de mieux appréhender les concepts juridiques, certaines dispositions peu claires, les procédures et institutions juridictionnelles, etc. Outre l'allongement notable du temps indispensable à la rédaction, une telle solution entraînerait un risque de dislocation dans le processus d'uniformisation du droit OHADA.

En vertu de l'article 9 du traité de Québec de 2008 précité, les Actes uniformes adoptés sont applicables dans les ordres juridiques des États Parties dans les quatre-vingt-dix jours suivant leur publication, ce qui semble particulièrement court, surtout lorsque des questions de traduction entrent en jeu ; le premier alinéa du même article 9 souligne par ailleurs que la publication de ces Actes dans les Journaux Officiels des États n'a

---

[117] *Ibid.*

aucune incidence sur leur entrée en vigueur. Cette dernière disposition peut néanmoins étonner en raison du risque qu'elle comporte pour la stabilité et la sécurité juridique de l'espace intégré, à moins que la CCJA ne l'interprète comme la CJCE en admettant la validité de la norme, mais en refusant l'opposabilité aux tiers d'une disposition non dûment publiée dans la langue de ces derniers[118].

Dans le même ordre d'idées, l'absence de traduction officielle de l'ensemble des Actes OHADA, et non uniquement du traité et des Actes uniformes, pourrait avoir comme conséquences fâcheuses la non application pure et simple, reconnue par les juridictions internes, au nom des risques engendrés envers la sécurité juridique et la prévisibilité du droit, comme cela a été affirmé par le Cour constitutionnelle polonaise en raison d'actes non traduits et publiés en polonais[119]. Dans pareille hypothèse, et au cas où des droits seraient issus de telles normes, l'État risquerait alors d'engager sa responsabilité au regard des dispositions litigieuses et de devoir assumer des demandes de dommages et intérêts, très conséquents dans le domaine du droit des affaires.

Enfin, le défi du « droit à la langue » dans un État démocratique peut légitimement survenir et les ressortissants d'un État Partie pourraient exiger de pouvoir communiquer directement avec n'importe quelle institution ou administration nationale dans une des langues officielles de l'État, quelle qu'elle soit, sans être contraints de faire traduire les documents dans une des quatre langues envisagées dans le traité OHADA. Ce « droit à la langue », droit culturel et subjectif, suppose une réciprocité de l'obligation pour un administré de communiquer dans une des langues officielles de son pays et il peut donc légitimement attendre de l'administration étatique qu'elle lui réponde dans cette même langue. Dans le cas des États africains, cette situation se complexifie grande-

---

[118] CJCE C-108/1 Consorzio del Proscuitto di Parma 2003 ECR I-521.
[119] Décision non publiée de la Cour constitutionnelle polonaise du 20 juillet 2005, n° I SA/Bd 275/05, citée par M. Bobek, « The Binding Force of Babel. The Enforcement of EC Law Unpublished in the Languages of New Member States », in *EUI Working Papers, Department of Law* n°2007/06.

ment et apparaît pratiquement insoluble dans le cas du Sénégal (art. 1 de la Constitution), par exemple, étant donné la multiplicité des langues véhiculaires reconnues constitutionnellement, mais non reconnues par l'ordre juridique OHADA.

Conclusion

Le commerce, moteur de l'espace d'intégration organisé par l'OHADA, est un vecteur d'échanges culturels, linguistiques et de civilisation en général, qui représentent une opportunité et une très grande chance dans un monde globalisé et standardisé. Par le biais de l'intégration juridique, et bien que la méthode retenue pose aujourd'hui un grand nombre de défis à la jeune organisation internationale, l'OHADA devient un espace où l'Afrique peut s'affirmer de plus en plus face au reste du monde et, d'une certaine façon, distendre peu à peu les liens encore très serrés l'unissant aux grandes puissances coloniales.

L'évaluation, non pas du modèle de référence dont on évoquait plus haut la problématique, mais de l'efficacité même de l'OHADA, est à l'ordre du jour depuis quelques années. Cette évaluation devient de plus en plus nécessaire dans le contexte actuel de compétition internationale des échanges économiques, mais la méthode reste encore à définir. Les évaluations actuelles des États Parties selon les méthodes existantes – *Doing Business* de la Banque mondiale pour l'évaluation des facilités à démarrer et mener une activité, *Transparency International* pour l'état de la corruption, *Ibrahim* pour la bonne gouvernance générale et l'OCDE pour les risques de crédit – montrent un meilleur classement global pour les pays issus d'une tradition de *common law* que pour les autres[120]. Cela tient principalement à l'utilisation de critères quantifiables et ne préjuge en rien d'une évaluation fondée sur des critères valorisant moins le formalisme et l'efficacité économique à court terme que les aspects plus

---

[120] Pour un tableau des évaluations, voir S. Thouvenot, « L'importance d'une évaluation de l'OHADA », RDA n°6, 2008, p. 741.

complexes comme la légitimité démocratique, l'intégration sociale et culturelle harmonieuse des nouvelles dispositions normatives, la cohérence générale des diverses sources du droit dans l'espace d'intégration ainsi que dans leur application concrète, ou encore et plus simplement les progrès en termes de rapprochement vers des standards internationaux de bonnes pratiques démocratiques.

Néanmoins, l'OHADA, comme toute organisation d'intégration en évolution, devra relever sans tarder les défis qui s'imposent à elle, aussi bien en termes d'approfondissement de l'État de droit et de légitimité démocratique qu'en termes de préservation des langues et cultures juridiques qui en font sa richesse. Son élargissement aux pays anglophones de tradition juridique de *common law* dépendra essentiellement de sa détermination à surmonter ces obstacles.

« Là où il y a volonté politique, il n'y a pas de difficultés techniques insurmontables. Là où il n'y a pas de volonté politique, chaque difficulté technique devient un prétexte pour faire échouer une négociation »[121].

---

[121] Propos de l'ancien premier ministre belge Paul-Henri Spaak, tenus aux termes des négociations difficiles du traité de Rome du 25 mars 1957 instituant la Communauté économique européenne, reproduits notamment par M. Ubéda-Saillard, *La coopération des États avec les juridictions pénales internationales*, thèse en cours, chapitre I, Introduction.

A contribuição do direito comparado para a efetividade da regulação transnacional uniforme

*Renata Fialho de Oliveira**

Introdução

O estudo do direito comparado se iniciou no século XIX, amadurecendo, segundo alguns, no século XX,[1] sobretudo por conta da nacionalização das leis e da adoção de codificações no continente europeu.[2] Fortemente inspirado pelo desenvolvimento das ciências físicas e pela taxonomia, os direitos

---

* Advogada em São Paulo.
[1] ÖRÜCÜ, Esin. *Critical comparative law*: considering paradoxes for legal systems in transition. Utrecht, 1999. p. 4; ÖRÜCÜ, Esin. Developing comparative law. In: ÖRÜCÜ, Esin; NELKEN, David et al. (Ed.) *Comparative law*: a handbook. Oxford: Hart, 2007. p. 43; GORDLEY, James. Comparative law and legal history. In: REIMANN, Mathias; ZIMMERMANN, Reinhard. *The Oxford handbook of comparative law*. Oxford: Oxford University Press, 2008. p. 759. Para a história do direito comparado, veja-se ZWEIGERT, Konrad; KÖTZ, Hein. *Einführung in die Rechtsvergleichung*. 6. ed. Tübingen: JCB Mohr (Paul Siebeck), 1996. p. 47 e segs.
[2] Veja-se DAVID, René; BRIERLEY, John E. C. *Major legal systems in the world today*: an introduction to the comparative study of law. Londres: Stevens, 1985. p. 2-3; GORDLEY, James. Comparative law and legal history. In: Reimann e Zimmermann, *The Oxford handbook of comparative law*, 2008. p. 759; GLENN, Patrick. Comparative legal families and comparative legal traditions. In: Reimann e Zimmermann, *The Oxford handbook of comparative law*, 2008, p. 423; DALHUISEN, Jan H. *Dalhuisen on transnational and comparative commercial, financial and trade law*. Oxford: Hart, 2007. p. 41.

dos diversos países foram classificados em sistemas, ou famílias.[3] Desde o início, a comparação como disciplina foi associada com ambiciosos projetos eurocêntricos para a uniformização das leis,[4] como um dos mecanismos para o favorecimento de regime mais adequado às relações da vida internacional.[5] Era uma forma, assim, de combater o nacionalismo exacerbado de então.

A emergência de novas esferas de normatividade distintas do Estado nação[6] durante o século XX e a proliferação de instrumentos para harmonização, uniformização e unificação do direito,[7] universais e regio-

---

[3] Veja-se Glenn, "Comparative legal families and comparative legal traditions", 2008, p. 423 e segs.

[4] Entre outros, MENSKI, Werner. *Comparative law in a global context*. Cambridge: Cambridge University Press, 2006. p. 42; WATT, Horatia Muir. Globalization and comparative law. In: Reimann e Zimmermann, *The Oxford handbook of comparative law*, 2008, p. 581.

[5] DAVID, René; JAUFFRET-SPINOSI, Camille. *Les grands systèmes de droit contemporains*. Paris: Dalloz, 1992. p. 6 e segs., ns. 6, 8. Veja-se a respeito MUNDAY, Roderick. Accounting for an encounter. In: LEGRAND, Pierre; MUNDAY, Roderick (Ed.). *Comparative legal studies*: traditions and transitions. Cambridge: Cambridge University Press, 2003. p. 3-5.

[6] Veja-se, por exemplo, SOUSA SANTOS, Boaventura de. *Towards a new legal common sense*: law, science and politics in the paradigmatic transition. Nova York: Routledge, 2002. p. 89; ÖRÜCÜ, Esin. *The enigma of comparative law*: variations on a theme for the twenty-first century. Leiden: Martinus Nijhoff, 2004. p. 49.

[7] Não existe na doutrina consenso sobre os conceitos de harmonização, uniformização e unificação, os quais são utilizados vezes como sinônimos, vezes com diferentes sentidos. Veja-se, por exemplo, CASELLA, Paulo Borba. Modalidades de harmonização, unificação e uniformização do direito. In: CASELLA, Paulo Borba; ARAÚJO, Nádia de (Coord.). *Integração jurídica interamericana, as Convenções Interamericanas de Direito Internacional Privado (Cidips) e o direito Brasileiro*. São Paulo: LTr, 1988. p. 78; DELMAS-MARTY, Mireille. *Trois défis pour un droit mondial*. Paris: Seuil, 1998. p. 121; FARIA, Werter Rotuno. Métodos de harmonização aplicáveis no Mercosul e incorporação de normas correspondentes nas ordens jurídicas internas. In: BASSO, Maristela (Org.). *Mercosul*: seus efeitos jurídicos, econômicos e políticos nos Estados-membros. Porto Alegre: Livraria do Advogado, 1995. p. 78; PABST, Haroldo. *Mercosul*: direito da integração. Rio de Janeiro: Forense, 1997. p. 1; BAPTISTA, Luiz Olavo. O projeto de princípio para contratos comerciais internacionais da Unidroit, aspectos de direito internacional privado. *Revista Trimestral de Jurisprudência dos Estados*, v. 131, p. 19, 1994; GLENN, Patrick. Harmony of laws in the Americas. *Inter-American Law Review*, v. 34, p. 224-226, 2003; GARRO, Alejandro M. Gap-filling role of the unidroit principles in international sales law. *Tulane Law Review*, v. 69, p. 1189, 1994-1995; MIALOT, Camille; EHONGO, Paul Dima. De l'intégration normative à géometrie et à géographie variables. In: DELMAS-MARTY, Mireille (Dir.). *Critique de l'intégration normative*. Paris: Presses Univ. de France, 2004. p. 26 e segs.; FERRARI, Franco. Einheitsrecht. In: BASEDOW, Jürgen; HOPT, Klaus; ZIMMERMANN, Reinhard (Ed.). *Handwörterbuch des Europäischen Privatrechts*, v. I, Abschlussprüfer — Kartellverfahrensrecht. Tübingen: Mohr

nais, vinculantes e não vinculantes,[8] alterou e altera de forma relevante o cenário jurídico contemporâneo.[9] De fato, eles se fazem cada vez mais presentes e constituem importantes elementos do mosaico da regulação jurídica transnacional.[10] No contexto da multiplicação de fontes do direito

---

Siebeck, 2009. p. 376-380. Em virtude da variação de significados atribuídos aos termos, tanto na doutrina, quanto nos próprios atos jurídicos (convenções, princípios, leis modelo etc.), bem como da proliferação de designações (o art. 3º, "h" Tratado de Roma, acrescenta mais uma, que é a "aproximação das legislações"; Mialot e Ehongo, "De l'intégration normative à géometrie et à géographie variables", 2004, p. 25, tratam da "integração normativa"), entende-se que a melhor forma de tratamento dos conceitos não se relaciona nem com a matéria, nem com o instrumento, mas sim com o grau de identidade de regras objetivado com sua adoção. Há um gênero e suas espécies. O gênero é a "aproximação jurídica" — e muitas vezes é denominado "harmonização" ou referido como "integração normativa" —, e as espécies, a "harmonização", "uniformização" e "unificação" do direito, cada qual com nuances mais ou menos intensos, instrumentalizados diversificadamente, num crescente que vai da harmonização à unificação, passando pela uniformização. Assim, o direito unificado é também uniforme e harmonizado, sem que o caminho contrário seja necessariamente verdadeiro. Veja-se, nesse sentido, FIALHO DE OLIVEIRA, Renata. *Harmonização jurídica no direito internacional*. São Paulo: Quartier Latin, 2008. p. 44. Na obra coletiva em que está inserido este artigo, optou-se pelo uso do termo "integração normativa" para designar o conjunto desses processos. Nesse sentido, também Mialot e Ehongo, "De l'intégration normative à géometrie et à géographie variables", 2004, p. 26. Instrumentos para "aproximação jurídica" e instrumentos para "integração normativa" são duas expressões diferentes para designar a mesma coisa: o conjunto de mecanismos para harmonização, uniformização e unificação de direitos.

[8] A respeito dos instrumentos de aproximação jurídica, *i.e.*, integração normativa, e principais organismos responsáveis por sua criação, veja-se Fialho de Oliveira, *Harmonização jurídica no direito internacional*, 2008, p. 33 e segs. Sobre os diferentes níveis de unificação, também DAVID, René. The legal systems of the world: their comparison and unification, cap. 5, The international unification of private law. In: DAVID, René (Ed.). *International encyclopedia of comparative law*. Nova York: International Association of Legal Science; Oceana, 1971. p. 34 e segs.

[9] Trata-se da comprovação da previsão de DAVID, René. The legal systems of the world: their comparison and unification, cap. 3, Sources of law. In: DAVID, René (Ed.). *International encyclopedia of comparative law*. Nova York: International Association of Legal Science; Oceana, 1972, p. 207, a respeito de renovação das fontes do direito, tendo em vista a crescente internacionalização de todos os tipos de relações no mundo moderno.

[10] Nessa área, o direito caracteriza-se pela multiplicidade de instrumentos regulatórios diversos, incluindo direito público, tratados internacionais e instituições, direito privado, normas não estatais e *expertise* transnacional. Veja-se a respeito, entre outros, TEUBNER, Gunther. "Global Bukowina": legal pluralism in the world society. In: TEUBNER, Gunther (ed.). *Global law without a State*. Aldershot: Dartmouth, 1997. p. 3 e segs.; CACHARD, Olivier. *Droit du commerce international*. Paris: LGDJ, 2008. p. 3 e segs.; BASEDOW, Jürgen. Transjurisdictional codification. *Tulane Law Review*, v. 83, p. 973 e segs., 2008-2009.

voltadas, em grande parte, para a aproximação jurídica, faz-se necessária a reflexão sobre os desafios do direito comparado em face da alteração das fontes e da natureza das regras de direito.

Assim, se o direito comparado surgiu pela necessidade de estudo de sistemas estrangeiros nacionalmente arraigados, hoje em dia, por outro lado, ele se depara com certo desvencilhamento de tradições a um Estado e com questionamentos a respeito do conceito de "sistema jurídico" nacional e sua classificação em famílias.[11] Um de seus desafios é, portanto, assegurar seu sentido e utilidade prática diante desse novo cenário jurídico fortemente alterado, entre outros, pelas diversas forças da globalização.

Pragmaticamente, no entanto, a importância do direito comparado pode ser reafirmada de novas formas.[12] Uma de suas atuais funções é contribuir para o aprimoramento do conteúdo de regras transnacionais uniformes e para a promoção de sua efetividade em contexto multicultural e multilíngue. Para que um texto normativo cujo objetivo é aproximar, em maior ou menor grau, legislações seja efetivo, é necessária inicialmente a avaliação de que ele seja desejável ou necessário. Comprovado esse primeiro questionamento, é preciso ainda que esse texto seja *construído* e *aplicado* de forma a concretizar os objetivos para os quais foi criado.[13] A aproximação jurídica só resulta efetiva quando suas normas são compreendidas e aplicadas nos diversos ordenamentos jurídicos de

---

[11] Além dos mecanismos voluntários para a aproximação de direitos, também o processamento, ao redor do mundo, das mais diversas formas de recepções e transplantes jurídicos criaram cenário que desafia a classificação simplista e modelos fáceis para a identificação de famílias legais. Veja-se, a respeito, Menski, *Comparative law in a global context*, 2006, p. 51; ÖRÜCÜ, Esin. A general view of "legal families" and of "mixing systems". In: Örücü e Nelken (Ed.), *Comparative Law*, 2007, p. 169 e segs.; Glenn, "Comparative legal families and comparative legal traditions", 2008, p. 422 e segs.

[12] Veja-se, a respeito, GOODE, Royston; KRONKE, Herbert; MCKENDRICK, Ewan. *Transnational commercial law*: texts, cases, and materials. Oxford: Oxford University Press, 2007. p. 147 e segs.; Watt, "Globalization and comparative law", 2008, p. 606.

[13] David, "The legal systems of the world", 1971, p. 94 e segs.; FIALHO DE OLIVEIRA, Renata. *Interpretação pelo juiz nacional de convenções internacionais de direito uniforme*. Tese (doutorado) — Faculdade de Direito, USP, São Paulo, 2009.

forma funcionalmente uniforme.[14] Assim, tanto para a avaliação de sua necessidade, quanto para a formação do direito uniforme e sua aplicação, é fundamental o papel do direito comparado.

No presente artigo busca-se identificar e analisar a relevância prática[15] do direito comparado no mundo globalizado, tanto no momento da criação do direito uniforme (Parte 1), quanto na fase de sua aplicação prática (Parte 2). Como se verá adiante, para garantir a efetividade desse direito "comum" é necessário compreender as experiências jurídicas dos povos que com ele interagem, para que se possam determinar seus limites e intensidade,[16] conhecer seu processo de formação e acompanhar sua vivência como direito.[17]

---

[14] David, "The legal systems of the world", 1971, p. 95; KRAMER, Ernst A. "Uniforme interpretation von Einheitsprivatrecht: mit besonderer Berücksichtigung von Art 7 UNKR", *Juristische Blätter*, 1996. p. 139. Sobre os diferentes níveis de uniformidade, veja-se Reata Fialho de Oliveira, *Interpretação pelo juiz nacional de convenções internacionais de direito uniforme*, 2009, p. 92 e segs.

[15] A aquisição de conhecimento é a essência da atividade acadêmica e nesse sentido o direito comparado iguala-se a outras ciências. SACCO, Rodolfo. Legal formants: a dynamic approach to comparative law (installment I of II). *American Journal of Comparative Law*, v. 39, p. 4, 1991. Para além disso, o direito comparado revela-se de grande importância prática também. Entre outros, Goode, Kronke e Mckendrick, *Transnational commercial law*, 2007, p. 147.

[16] Afinal, diferenças entre leis e sistemas jurídicos podem não ser mero acaso, mas podem exprimir características profundas das culturas que os produzem. Veja-se COTTERRELL, Roger. Is it so bad to be different? Comparative law and the appreciation of diversity. In: Örücü e Nelken (Ed.), *Comparative Law*, 2007, p. 135; Menski, *Comparative law in a global context*, 2006, p. 48.

[17] A afirmação é válida também para os casos de transplantes jurídicos (*legal transplants*). De acordo com pesquisas desenvolvidas por Berkowitz, Pistor e Richard, a *forma* como a ordem jurídica moderna formal que se desenvolveu em alguns países ocidentais foi transplantada em outros países é um determinante mais importante do que o fornecimento de um código jurídico particular para o sucesso desse transplante. Assim, se o transplante adaptou a lei para condições locais, ou tinha população que era já familiar com princípios jurídicos básicos da lei transplantada, então poder-se-ia esperar que a lei seria usada. Por outro lado, se a lei não foi adaptada às condições locais, ou foi imposta via colonização e a população abrangida pelo transplante não era familiar com o direito, então poder-se-ia esperar que a demanda inicial para o uso dessas leis seria baixa. Embora não realizados com fim específico de aproximação jurídica, os transplantes de leis de um país ou outro podem resultar, no limite, em uniformização de seus direitos. BERKOWITZ, Daniel; PISTOR, Katharina; RICHARD, Jean-Francois. Economic development, legality, and the transplant effect. *European Economic Review*, v. 47, p. 165 e segs., 2003. Sobre a questão de direito e cultura e os transplantes jurídicos, veja-se, entre outros, Örücü, *Critical Comparative Law*, 1999, p. 11.

O direito comparado na formação do direito uniforme

O direito comparado e a determinação do nível de aproximação jurídica: a busca do equilíbrio entre similaridade e apreciação das diferenças

Já a própria avaliação do interesse em empreitada de harmonização jurídica depende do direito comparado. Muitas vezes, diferenças entre sistemas jurídicos são apenas aparentes e não afetam de maneira relevante o trânsito internacional. Nesses casos, inexiste a necessidade ou mesmo o interesse na elaboração de instrumentos para redução de conflitos ou diversidades. O estudo comparado das ordens jurídicas em questão permite, assim, avaliar em que medida as diferenças são irreconciliáveis ou dependem da adoção de mecanismos internacionais para sua coordenação. A diversidade harmoniosa das leis no nível global não é só viável como também deve ser tolerada e respeitada.[18] Comparatistas não apenas devem ter consciência da pluralidade, como também devem estar preparados para compreender que a diferença em si não é um problema,[19] e não precisa ser necessariamente removida.

O direito comparado é primordial, ainda, para determinação do nível de integração normativa desejável.[20] A adequada coordenação de ordens jurídicas não pressupõe necessariamente a uniformização ou a unificação de regras materiais, pois variações nas leis de diferentes sistemas jurídicos nacionais não só são inevitáveis como também em alguma extensão desejáveis. Obstáculos criados pelas divergências entre direitos de membros de uma organização internacional de integração, por exemplo, podem, muitas vezes, ser removidos ou aliviados com a adoção de regras comuns que apontem a lei aplicável a transações ou a autoridade judiciária com-

---

[18] A respeito, Patrick GLENN, *Legal traditions of the world*. Oxford: Oxford University Press, 2004. p. 359-360.
[19] Veja-se Cotterrell, "Is it so bad to be different? Comparative law and the appreciation of diversity", 2007, p. 133 e segs.; Menski, *Comparative law in a global context*, 2006, p. 49.
[20] ROBERT, Véronique; USUNIER, Laurence Du bon usage du droit comparé. In: Delmas-Marty (Dir.), *Critique de l'intégration normative*, 2004, p. 229 e segs.

petente para decidir determinada controvérsia.[21] Dependendo do nível de coordenação desejada, pode-se avaliar a conveniência da harmonização, uniformização ou unificação de regras materiais ou de regras de conflito de leis e competência internacional.[22]

Há opinião difundida de que configurar um direito internacional privado comum entre os Estados de organização internacional de integração constitui forma equilibrada e praticável de coordenar direitos, pelo menos na etapa inicial da integração de mercados.[23] Dessa forma se mantêm intocados os ordenamentos nacionais e se permite que relações jurídicas transfronteiriças recebam o mesmo tratamento em matéria de conflitos de leis.[24] Isso incrementa a previsibilidade de soluções.

Se, de um lado, o direito material uniforme permite a certeza quanto ao conteúdo de um direito, o direito internacional privado e o processual civil internacional uniformizados incrementam a previsibilidade no que se refere ao direito que será aplicado e à autoridade judicial competente para decidir determinada controvérsia.[25] A vantagem desses últimos consiste em que o processo para seu estabelecimento é muito mais simples do que aquele para o estabelecimento de regras materiais uniformes. Além disso, seu impacto nos sistemas e nas culturas jurídicas nacionais é menor. Assim, no caso de impossibilidades

---

[21] Veja-se HAY, Peter; LANDO, Ole; ROTUNDA, Ronald D. Conflict of laws as a technique for legal integration. In: CAPPELLETTI, Mauro et al. (Ed.). *Integration through law*, v. 1, Methods, tools and institutions; livro 2, Political organs, integration techniques and judicial process. Berlim: De Gruyter, 1986. p. 161.
[22] Sobre vantagens e desvantagens, veja-se ibid., p. 169-170.
[23] JAYME, Erik. Die kulturelle Dimension des Rechts: ihre Bedeutung für das Internationale Privatrecht und die Rechtsvergleichung. *RabelsZ*, v. 67, p. 214-215, 2003.
[24] Quanto ao Mercosul, veja-se BADÁN, Didier Operti. Prólogo — Necessidad de un derecho internacional privado del Mercosur. In: ARROYO, Diego P. Fernández. *Derecho internacional privado de los Estados del Mercosur* — Argentina, Brasil, Paraguay, Uruguay. Buenos Aires: Zavalia, 2003. p. 26-27; JAYME, Erik. Direito internacional privado e integração: as Convenções Europeias. In: Casella e Araújo (Coord.), *Integração jurídica interamericana*, 1998, p. 115.
[25] Veja-se Fialho de Oliveira, *A interpretação pelo juiz nacional de convenções internacionais de direito uniforme*, 2009, cap. I: "O lugar do direito uniforme na coordenação de sistemas".

políticas ou técnicas para a aproximação de regras de direito materiais, a uniformização de regras de direito internacional privado e processo civil internacional podem ser muito úteis como medida transitória nas áreas do direito em que a harmonização de regras materiais deve aguardar.[26] Mecanismos que possibilitem uma regulamentação comum, respeitando-se sua cultura jurídica, como diretivas europeias, também podem ser vantajosos.

A diversidade de direitos não se presta, por si só, a justificar a necessidade de harmonização jurídica. Apenas a análise comparativa permite revelar se e como as divergências de direitos devem ser superadas.[27] Caso a resposta seja positiva, a escolha da forma e mecanismos, uniformização de regras de direito material ou de direito conflitual, elaboração de convenção internacional ou corpo de regras de direito não vinculante, também pode ser facilitada pelo resultado de estudos comparatistas.

As especificidades do direito uniforme e as consequências para sua formação

Como conjuntos de regras e princípios, diferenciam-se direitos nacionais autônomos e direito uniforme em diversos aspectos. Dois desses aspectos referem-se à linguagem (a, adiante) e à sistematicidade (b, adiante).

Dessas duas diferenças estruturais decorre que a técnica legislativa interna pode ser transposta apenas de forma limitada para o direito uniforme.[28] O direito comparado, por sua vez, apresenta-se como instrumento inarredável para sua formação.[29]

---

[26] Hay, Lando e Rotunda, "Conflict of laws as a technique for legal integration", 1986, p. 256.
[27] MICHAELS, Ralf. Rechtsvergleichung. In: Basedow, Hopt e Zimmermann (Ed.), *Handwörterbuch des Europäischen Privatrechts*, 2009, p. 1268.
[28] KROPHOLLER, Jan. *Internationales Einheitsrecht*: Allgemeine Lehren. Tübingen: JCB Mohr (Paul Siebeck), 1975. p. 243.
[29] Goode, Kronke e Mckendrick, *Transnational commercial law*, 2007, p. 155 e segs.

A ausência de linguagem supraestatal comum e a gramática do direito uniforme

Coisas diversas são expressas linguisticamente de modos distintos. Na poesia, na publicidade, na ciência, a forma da linguagem procura adequar-se a seu conteúdo e esse mesmo conteúdo é identificado e reconhecido pela linguagem empregada. No direito não é diferente. Como a exteriorização normativa tem a função de agir sobre o comportamento dos outros, também a linguagem jurídica tem forma específica em função de seu conteúdo.[30]

Em contextos puramente estatais, o processo legiferativo se inicia, processa-se e finaliza-se no idioma nacional.[31] Na redação das leis, o legislador se vale de palavras do vocabulário comum — elementos de fato, que podem adquirir sentido especial na respectiva lei[32] — e de elementos normativos — palavras jurídicas técnicas referentes a abstrações, que evitam esclarecimentos extensos,[33] ou valores.[34] No âmbito da integração de direitos, por outro lado, a produção de atos jurídicos normalmente se desenrola e culmina em mais de um idioma, pressupondo a colaboração de pessoas de diferentes nacionalidades, tradições e atitudes.[35] Assim, adicionalmente às dificuldades normais de tradução, há, aqui, a complicada questão das qualificações jurídicas para termos técnicos e a consideração de aspectos culturais.

A finalidade desses instrumentos é, dependendo de decisões políticas, harmonizar, uniformizar ou unificar direitos, com vistas à facilitação do

---

[30] Nesse sentido, DÖLLE, Hans. *Der Stil der Rechtssprache*. Tübingen: Mohr Siebeck, 1949. p. 11-13.

[31] Deve-se considerar que em países bi ou plurilíngues, onde a legislação é elaborada e publicada oficialmente em dois ou mais idiomas, como o Canadá e a Suíça, a competência linguística dos legisladores, juízes e demais operadores do direito é também mais ampla.

[32] Veja-se BYDLINSKI, Franz. *Juristische Methodenlehre und Rechtsbegriff*. Viena: Spring, 1991. p. 439.

[33] Karl LARENZ; Claus-Wilhelm CANARIS, *Methodenlehre der Rechtswissenschaft*. 3. ed. rev. Berlim: Springer, 1995. p. 141.

[34] Ernst A. KRAMER, *Juristische Methodenlehre*, Berna: Stämpfli, 2005. p. 52 e segs.

[35] David, "The legal systems of the world", 1971, p. 84.

trânsito jurídico internacional e ao incremento da segurança jurídica em relações transfronteiriças[36] e, no contexto de organizações internacionais de integração econômica, regulamentar, entre outros, aspectos relacionados ao livre comércio e a liberdades de circulação acordadas. Em seu pano de fundo, reúnem-se, conforme sua base, política ou científica, representantes de Estados ou especialistas pertencentes a diferentes sistemas socioeconômicos, jurídicos e políticos.[37] O objetivo das negociações diplomáticas ou dos grupos de trabalho é chegar ou a um denominador comum por meio de concessões mútuas ou a acordo sobre aquela que seja considerada a "melhor solução"[38] tendo em vista determinada questão jurídica. Por essas razões, instrumentos para a aproximação de direitos possuem linguagem e gramática próprias.

O desafio é que haja textos concordantes em diferentes idiomas[39] que prevejam as mesmas soluções e tenham a maior probabilidade de

---

[36] Entre outros, Zweigert e Kötz, *Einführung in die Rechtsvergleichung*, Tübingen, 1996, p. 24. Também ZITELMANN, Ernst. Aufgaben und Bedeutung der Rechtsvergleichung. Deutsche Juristen-Zeitung, v. V, p. 329-332, 1900. In: ZWEIGERT, Konrad; PUTTFARKEN, Hans-Jürgen. *Rechtsvergleichung*. Darmstadt: Wiss. Buchges, 1978. p. 15.

[37] Veja-se, por exemplo, o terceiro travessão do preâmbulo da Cisg: "Estimando que a adoção de regras uniformes aplicáveis aos contratos de venda internacional de mercadorias e compatíveis com os *diferentes sistemas sociais, econômicos e jurídicos* contribuirá para a eliminação dos obstáculos jurídicos às trocas internacionais e favorecerá o desenvolvimento do comércio internacional" (o grifo não consta do original).

[38] Veja-se a respeito, Örücü, "Developing comparative law", 2007, p. 56; VOGENAUER, Stefan. Interpretation of the Unidroit principles. In: SNIJDERS, Henk J.; VOGENAUER, Stefan (Ed.). *Content and meaning of national law in the context of transnational law*. Munique: Sellier, 2009. p. 160.

[39] Instrumentos para harmonização de direitos são usualmente elaborados em mais de um idioma. Sua plurilinguagem pode fornecer ajuda adicional para a determinação do sentido, uma vez que uma versão pode ajudar na compreensão de outra. A respeito, entre outros, David, "The legal systems of the world", 1971, p. 93. Como ressaltado por lord Diplock, em *Forthergill v. Monarch Airlines*, [1981] A.C. 251, [1980] 2 All E.R. 696, [1980] 2 Lloyd's Rep. 295, [1980] 3 W.L.R. 209: "o produto desse processo de preparação da lei é geralmente contido em textos expressos em diversas línguas diferentes, todas com igual autenticidade e que podem ser olhadas para esclarecer o sentido de qualquer uma delas". A plurilinguagem pode também, por outro lado, constituir dificuldade quando duas ou mais versões em diferentes idiomas se contradizem, sem que se tenha previsto qual deverá prevalecer. Em caso de divergências entre dois ou mais textos autênticos, pode-se aplicar as regras do art. 33 (3) e (4) da Convenção de Viena sobre o Direito dos Tratados, relativas à interpretação de tratados pluri-idiomáticos.

serem também entendidos da mesma forma por operadores do direito dos mais diversos sistemas jurídicos. Conforme René David, o problema é chegar ao uso de uma linguagem jurídica universal no direito uniforme, criando-a, se necessário.[40] Para se aproximar[41] de forma mais perfeita do cumprimento desse objetivo foram desenvolvidas algumas técnicas.

Via de regra, a escolha de termos não carregados de cores nacionais constitui importante mecanismo para viabilização de compromisso final sobre a redação de instrumentos que objetivam a integração normativa.[42]

Conceitos jurídicos de diferentes ordens jurídicas nacionais normalmente não coincidem, nem mesmo com a identidade de palavras ou expressões.[43] Assim, se palavras técnicas são usadas com frequência em normas de direito interno autônomo, em instrumentos para a aproximação de direitos, por outro lado, elas tendem a ser evitadas, justamente porque em muitos casos inexistem correspondentes em outras línguas ou são passíveis de interpretações divergentes nos diversos países. "Domicílio", "força maior", "boa-fé", "falta", "causa", "posse" e *trust* são exemplos de palavras deliberadamente excluídas de muitas convenções internacionais, porque se percebeu que, as usando, inconscientemente era feita referência

---

[40] David, "The legal systems of the world", 1971, p. 91. Bem antes disso, já em 1926, Frankenstein já havia suscitado a questão. FRANKENSTEIN, Ernst. *Internationales Privatrecht (Grenzrecht)*. Berlim: Grunewald, 1926. v. 1, p. 296 e segs.

[41] A almejada *identidade* de versões raramente se concretiza. Veja-se, entre outros, FLECHTNER, Harry M. The several texts of the Cisg in a decentralized system: observations on translations, reservations and other challenges to the uniformity principle in article 7(1). *Journal of Law & Commerce*, v. 17, p. 189 e segs., 1998; FERRARI, Franco. In: SCHWENZER, Ingeborg (Ed.). *Kommentar zum Einheitlichen UN-Kaufrecht* (Cisg): das Übereinkommen der Vereinten Nationen über Verträge über den internationalen Warenkauf — Cisg. 5. ed. Munique: Beck, 2008. Art. 7 Rn 14.

[42] Entre outros, David, "The legal systems of the world", 1971, p. 92; DIEDRICH, Frank. Maintaining uniformity in international uniform law via autonomous interpretation: software contracts and the Cisg. *Pace International Law Review*, v. 8, p. 305, 1996; MELIN, Patrick. *Gesetzesauslegung in den USA und in Deuschland*: eine Historische Entwicklung, moderne Methodendiskussion und die Auswirkungen von Divergenzen für das internationale Einheitskaufrecht (Cisg). Tübingen: Mohr Siebeck, 2005. p. 337.

[43] Veja-se, a respeito, Sacco, "Legal formants", 1991, p. 13 e segs.

a toda interpretação doutrinária e judicial desses conceitos, que varia de Estado para Estado.[44]

Para se formular normas de modo uniforme para juristas de tradições jurídicas distintas, deve-se, portanto, evitar o uso de categorias e termos que não sejam universalmente aplicáveis, caso contrário eles tenderiam a observar nesses termos abstratos ideias de seus próprios sistemas ou escolas doutrinárias.[45] Deve-se, assim, pelo olhar comparatista, ser capaz de identificar um problema jurídico por trás dos conceitos nacionais[46] e formulá-lo de forma que não apenas abranja os conceitos nacionais, mas seja também juridicamente precisa em termos uniformes/não nacionais.[47] O uso, por exemplo, de catálogo de definições de termos técnicos nos próprios instrumentos, de termos concretos[48] ou descritivos, é ferramenta importante para o acordo sobre regras destinadas à integração normativa.

Um exemplo do esforço para o emprego de conceitos neutros foi o trabalho para elaboração da Convenção de Viena sobre Compra e Venda Internacional de Mercadorias (Cisg), no qual os redatores retiraram palavras com conotações legais domésticas em favor de palavras comuns referentes a atos físicos. Por exemplo, em vez de marcar a transferência do risco pela perda da coisa a conceitos domésticos, como "propriedade" ou "título", a Convenção determina que o risco seja transferido quando os bens são "entregues para o primeiro transportador"; se o comprador deve retirar os bens, o risco é transferido quando o comprador "recebe" os bens (arts. 67 (1) e 69 (1) Cisg).[49] As convenções da Conferência da Haia adotam regularmente a expressão "residência habitual" em vez de

---

[44] David, "The legal systems of the world", 1971, p. 92.
[45] Assim, Sacco, "Legal formants", 1991, p. 28.
[46] Zweigert e Kötz, *Einführung in die Rechtsvergleichung*, 1996, p. 33. A respeito, entre outros, Royston Goode, Kronke e Mckendrick, *Transnational commercial law*, 2007, p. 167; Örücü, "Developing comparative law", 2007, p. 51; Michaels, "Rechtsvergleichung", 2009, p. 1266.
[47] Entre outros, Sacco, "Legal formants", 1991, p. 13; FERID, Murad. Methoden, Möglichkeiten und Grenzen der Privatrechtsvereinheitlichung. Impressão especial da *Zeitschrift für Rechtsvergleichung*, p. 212, 1962.
[48] Mesmo termos concretos são, no entanto, passíveis de ambiguidades.
[49] Nesse sentido, HONNOLD, John O. Uniform laws for international trade: early "care and feeding" for uniform growth. *International Trade and Business Law Journal*, v. 1, p. 3, 1995.

"domicílio", para exprimir a conexão com o domicílio em vez da nacionalidade.[50]

Há casos, entretanto, em que não se pode evitar o uso de determinados termos presentes em ordens jurídicas nacionais ou não se podem desenvolver novos conceitos. Nessas hipóteses, há que se ter presente que instrumentos destinados à aproximação jurídica não intencionam a vinculação com uma dada ordem jurídica, mas objetivam, em geral, a autonomia.[51] Por isso, a linguagem técnica aí empregada não coincide necessariamente com a do direito interno.[52] Apesar da identidade formal de redação, direito interno autônomo e convencional podem ser divergentes quanto ao conteúdo.[53]

Já em 1926, Ernst Frankenstein destacou que, diante da inexistência de linguagem supraestatal e da necessidade de fazer uso de uma das linguagens comuns existentes para redação de uma convenção internacional, a utilização da linguagem nesse contexto deveria ser compreendida de forma nova, *desvencilhando-se termos técnicos da moldura da linguagem em que estão contidos*, para a finalidade de estabelecer regras supraestatais. Esses termos, conforme ressalta, deveriam perder sua "cor local" e ser

---

[50] A respeito, VON OVERBECK, Alfred E. L'application par le juge interne des conventions de droit international privé. 132 *Recueil des Cours*, v. 132, p. 60, 1971.

[51] Entre outros, Kropholler, *Internationales Einheitsrecht*, 1975, p. 265; David, "The legal systems of the world", 1971, p. 99 e segs.

[52] GRUBER, Urs Peter. *Methoden des internationalen Einheitsrecht*. Tübingen: Mohr Siebeck, 2004, p. 126 e segs. O autor analisa as hipóteses de confusão entre linguagens comuns e técnica no direito uniforme. Pode ocorrer que: (i) palavras do vocabulário comum e palavras técnicas do direito nacional autônomo e do direito uniforme se confundam, como ocorre, por exemplo, com palavras do vocabulário comum que assumem sentido técnico no contexto das convenções; (ii) palavras do vocabulário técnico-jurídico nacional sejam interpretadas, no contexto convencional, em seu sentido comum; ou (iii) que o sentido técnico-jurídico, no direito autônomo nacional, não coincida com o sentido técnico-jurídico do direito nacional originário de convenção de direito uniforme.

[53] Entre outros, Von Overbeck, "L'application par le juge interne des conventions de droit international privé", 1971, p. 60; Gruber, *Methoden des internationalen Einheitsrecht*, 2004, p. 127; VOGENAUER, Stefan. Article 1.6 (interpretation and supplementation of the principles, Rn 7. In: VOGENAUER, Stefan; KLEINHEISTERKAMP, Jan (Ed.). *Commentary on the Unidroit Principles of International Commercial Contracts (Picc)*. Oxford: Oxford University Press, 2009.

interpretados em vista dos propósitos convencionais, mediante a comparação de seu significado nas diversas ordens jurídicas participantes. O sentido de expressões técnicas nesse contexto, assim, deve ser determinado apenas caso a caso.[54]

Em função da autonomia de instrumentos de direito uniforme com relação aos diversos direitos internos autônomos, pode-se afirmar, portanto, que eles têm linguagens e gramáticas próprias, independentes das dos direitos nacionais que serviram de base para sua elaboração. Pelo método funcional, o direito comparado permite o entendimento da questão da vida por trás das roupagens conceituais nacionais e a formulação de textos que terão mais chances de serem compreendidos de forma semelhante em diferentes jurisdições.

A ausência da noção de sistema

Normas de direito interno fazem parte de ordens jurídicas estatais, as quais se caracterizam pelo monopólio legislativo detido pelo Estado. O pressuposto da ordem jurídica interna é o de que se trata de conjunto unitário e coerente:[55] todos os problemas sociais devem ser passíveis de resolução pela interpretação e aplicação de suas regras e princípios[56] (*intra legem* ou *extra legem*, mas sempre *intra ius*). No contexto da aproximação internacional de direitos, por outro lado, inexiste centralização de poder e monopólio de criação legislativa.[57] Ela se caracteriza, por sua vez, pela

---

[54] Frankenstein, *Internationales Privatrecht (Grenzrecht)*, 1926, p. 295-296.
[55] Para a conceituação de ordem jurídica, veja-se, por exemplo, FIKENTSCHER, Wolfgang. *Methoden des Rechts in vergleichender Darstellung*, V. IV, Dogmatischer Teil, Tübingen: JCB Mohr, 1977, p. 176 e segs.
[56] David, "The legal systems of the world" 1972, p. 138.
[57] Trata-se aqui especificamente de atividades para a integração de direitos desempenhadas na esfera internacional. No caso de organizações internacionais de integração em que se estabeleceram órgãos supranacionais para legislação e interpretação do direito, existem peculiaridades que não podem ser generalizadas para o âmbito universal. Apesar de sua origem internacional (tais organizações são estabelecidas, afinal, por meio de tratados internacionais), a ordem jurídica supranacional, por afastar-se do caráter universalista do direito internacional, e por constituir sistema autônomo de direito, com órgãos emissores de normas, poder de coação e de decisão, pode ser inserida em categoria à parte de "ordem jurídica". Nesse sentido, entre outros, HOFFMANN-BECKING,

diversidade de organismos e instituições que a executam.[58] Seus instrumentos, igualmente, não objetivam a integração de todo o direito, mas sim a aproximação de direitos em áreas específicas,[59] e, mesmo assim, sem a pretensão de regular todas as questões aí abrangidas.[60] Não se pode falar, por essas razões, na esfera internacional, de ordem jurídica "do direito uniforme", ou de sistematicidade entre seus instrumentos, pois esses são usualmente independentes entre si.[61]

Assim, se no âmbito interno os legisladores se amparam durante o processo legislativo em um fundo normativo sobre o qual novas normas são produzidas, que é toda a ordem jurídica interna, no processo de criação de direito uniforme inexiste essa noção.[62] O estudo comparativo de ordens jurídicas constitui, por essa razão, fundamental ponto de partida para a produção de instrumentos para a aproximação jurídica.

A uniformização de áreas do direito não se torna realidade com a adoção de uma "lei ideal" abduzida do além, mas sim mediante a condução de processo que se desenrola a partir da análise comparativa das

---

Gerhard. *Normaufbau und Methode*: eine Untersuchung zur Rechtsprechung des Gerichtshofs der Europäischen Gemeinschaften. Tübingen: JCB Mohr (Paul Siebeck), 1973. p. 157; RIGAUX, François. *La loi des juges*. Paris: Odile Jacob, 1997. p. 20; SCHURIG, Klaus. Völkerrecht und IPR: Methodische Verschleifung oder strukturierte Interaktion. In: LEIBLE, Stefan; RUFFERT, Mathias. *Völkerrecht und IPR*, Jena: JWV, 2006. p. 61; MAYER, Pierre. Le phénomène de la coordination des ordres juridiques étatiques en droit privé. *Recueil des Cours*, v. 327, p. 77-79, 2007.
[58] Veja-se, a respeito, Vogenauer, "Interpretation of the Unidroit principles", 2009, p. 168.
[59] Mesmo no direito comunitário europeu, a legislação de atos comunitários ocorre segundo necessidades políticas pontuais. Uma concepção sistemática completa para legislação no âmbito privado inexiste até os dias atuais. Veja-se, a respeito, Basedow, Hopt e Zimmermann (Ed.), *Vorwort, Handwörterbuch des Europäischen Privatrechts*, 2009.
[60] Veja-se, por exemplo, a Cisg, que excluiu expressamente do seu âmbito material de aplicação (art. 4 (2)) questões relativas à validade do contrato internacional de compra e venda.
[61] Kropholler, *Internationales Einheitsrecht*, 1975, p. 271; Gruber, *Methoden des internationalen Einheitsrecht*, 2004, p. 150.
[62] É verdade, sim, que muitas vezes trabalhos realizados por organismos para criação de instrumentos para aproximação jurídica são utilizados para trabalhos de produção na mesma área por outros organismos. Resultados de trabalhos comparatistas anteriores são, assim, "aproveitados". Mas, no fundo, aqui é sempre a comparação o instrumento determinante. Sobre o empréstimo de trabalhos legislativos no processo de criação de normas para aproximação de direitos, veja-se Fialho de Oliveira, *Harmonização jurídica no direito internacional*, 2008, p. 35 e segs.

ordens jurídicas envolvidas.[63] Normalmente, o que é comum a todas as ordens jurídicas é adotado na obra legislativa uniforme, o que é divergente é neutralizado mediante a adoção na lei uniforme da melhor solução entre as existentes ou, ainda, se adota uma nova solução, melhor e mais praticável do que aquelas existentes,[64] identificada pela comparação.[65] A determinação das identidades e divergências, consonâncias e dissonâncias entre as ordens jurídicas e a avaliação da solução mais adequada e que produzirá melhores resultados só poderão ser efetuadas mediante trabalhos comparatistas prévios.[66]

Na ausência de sistematicidade no direito internacional uniforme, o direito comparado se presta a fornecer valioso material para o embasamento de decisões durante a produção de instrumentos de direito uniforme.

*O papel do direito comparado
na criação de conceitos comuns*

A criação de conceitos jurídicos no âmbito do direito uniforme também envolve estudos prévios abrangentes de direito comparado para que se possam abstrair novos conceitos no nível supranacional.[67] Veja-se, nesse

---

[63] Também a respeito, Goode, Kronke e Mckendrick, *Transnational commercial law*, 2007, p. 155.

[64] A relação entre normas jurídicas e problemas que visam regular possibilita a identificação do melhor direito, para nesta base criar direito uniforme. Nesse sentido, Michaels, "Rechtsvergleichung", 2009, p. 1266.

[65] Essa modalidade é referida por Robert e Usunier, "Du bon usage du droit compare", 2004, p. 236, como "hibridação". O direito comparado é efetivamente também instrumento de análise crítica e aperfeiçoamento do próprio direito. Veja-se, a respeito, WATT, Horatia Muir. La fonction subversive du droit comparé. *RIDC*, n. 3, p. 503, 2000.

[66] Zweigert e Kötz, *Einführung in die Rechtsvergleichung*, 1996, p. 23-24. Semelhante, Zitelmann, "Aufgaben und Bedeutung der Rechtsvergleichung", 1978, p. 15-16; LEPAULLE, Pierre. The function of comparative law: with a critique of sociological jurisprudence. *Harvard Law Review*, v. 35, 1921/22. In: Zweigert e Puttfarken, *Rechtsvergleichung*, 1978, p. 81; Mialot e Ehongo, "De l'intégration normative à géometrie et à géographie variables", 2004, p. 33-34; Robert e Usunier, "Du bon usage du droit compare", 2004, p. 228-229; Örücü, "Developing comparative law", 2007, p. 55-56.

[67] Kropholler, *Internationales Einheitsrecht*, 1975, p. 247.

sentido, o item a, acima, a respeito da ausência de linguagem supraestatal comum e a gramática do direito uniforme.

Lost in translation:
o papel do direito comparado na tradução

Não se pode evitar totalmente a utilização no direito uniforme de conceitos normativos do direito nacional, de forma que se torna impossível a tradução sem conhecimentos de direito comparado. A conexão mais óbvia entre direito comparado e linguagem é o fato de diferentes textos jurídicos de diferentes sistemas serem expressos em diferentes linguagens. Tanto na escolha dos conceitos como na tradução são essenciais conhecimentos comparatistas.[68] O direito comparado permite que: "direito, linguagem e cultura desmembrem-se em morfemas culturais, linguísticos e jurídicos".[69]

Uma das maiores dificuldades do direito comparado é traduzir expressões linguísticas que denotam conceitos jurídicos, pois pode ocorrer que dois termos correspondam e sejam traduzíveis, mas que não reflitam a mesma regra operativa. Por outro lado, pode ocorrer que as regras operativas de dois sistemas sejam afinal mais semelhantes do que a linguagem em que são expressas. Para solucionar problemas quando há discordância entre conceitos, deve-se adotar termo amplo que abranja conceitos de ordens jurídicas distintas.[70] Para isso é fundamental a compreensão profunda dos diferentes institutos presentes em diferentes ordens jurídicas que servem para regular os mesmos problemas práticos existentes na sociedade, ou seja, institutos que desempenhem a mesma função,[71] para

---

[68] Ibid., p. 257.
[69] Sacco, "Legal formants", 1991, p. 388. De forma semelhante, Örücü, "Developing comparative law", 2007, p. 45.
[70] Veja-se, a respeito, Sacco, "Legal formants", 1991, p. 10-13; Ferid, "Methoden, Möglichkeiten und Grenzen der Privatrechtsvereinheitlichung", 1962, p. 212.
[71] Veja-se a respeito, Zweigert e Kötz, *Einführung in die Rechtsvergleichung*, 1996, p. 33; também a respeito, Michaels, "Rechtsvergleichung", 2009, p. 1266; Örücü, "Developing comparative law", 2007, p. 51.

que se possa escolher ou elaborar expressão que melhor explique o sentido de uma regulamentação legal por trás de sua conceituação jurídica em diferentes sistemas.

O direito comparado na aplicação do direito uniforme

Já em meados dos anos 1950 perguntava-se Konrad Zweigert, uma das maiores referências do direito comparado, se não haveria uma nova característica estrutural do mundo que demandaria uma ampliação do método de interpretação e integração de lacunas do direito *para além do âmbito nacional*, para o qual, até então, a interpretação jurídica teria predominantemente tendido.[72] Para defender e justificar o direito comparado como mecanismo para a interpretação do direito nacional autônomo, Zweigert se vale de argumentos gerais, como o alargamento de horizontes[73] pelas pesquisas comparatistas e a eliminação de constrições nacionais, e de argumentos técnicos. Quanto a esses últimos, pondera: se os legisladores se valem, para a criação legislativa, da observação de trabalhos legislativos estrangeiros, especialmente obras de codificação das últimas décadas — o que permitiria, inclusive, denominá-los de "comparatistas ecléticos"[74] —, a comparação deveria ser método diretamente aplicável à interpretação e ao preenchimento de lacunas.[75] Assim, pelo fato de o método comparatista

---

[72] ZWEIGERT, Konrad. Rechtsvergleichung als universale Interpretationsmethode. *RabelsZ*, v. 15, p. 7, 1949-50.
[73] A respeito, veja-se CONSTANTINESCO, Léontin-Jean. *Rechtsvergleichung*. Colônia: Heymann, 1971. p. 22.
[74] Também em Zweigert e Kötz, *Einführung in die Rechtsvergleichung*, 1996, p. 17.
[75] Zweigert, "Rechtsvergleichung als universale Interpretationsmethode", 1949-1950, p. 9. Para embasar seu argumento, Zweigert se refere ao conhecido art. 1, 2 do Código Civil suíço (1907) que determina que, em caso de lacunas, deve o juiz integrá-las conforme o costume, e, na ausência dele, conforme *a regra que adotaria caso ele próprio fosse legislador*. Se o legislador se vale precipuamente da comparação como instrumento para criação legislativa, também o juiz deveria se valer do método comparatista para integrar lacunas jurídicas. Entre interpretação e integração de lacunas há, por sua vez, apenas uma diferença de grau. Afinal de contas, já a simples constatação de uma lacuna depende de uma interpretação prévia.

ser elemento essencialmente integrante da técnica legislativa moderna,[76] deveria, pelo mesmo motivo, constituir também critério de aplicação do direito dela resultante.[77]

A multiplicação de instrumentos de direito uniforme torna novamente necessária e atual a reflexão de Zweigert a respeito do alargamento do método para interpretação e aplicação do direito.[78] Se já no âmbito exclusivamente nacional poder-se-ia defender o direito comparado como método de interpretação universal, no caso de empreitadas de aproximação jurídica, *i.e.*, integração normativa, marcadas fundamentalmente pela internacionalidade, justifica-se, ainda com maior razão, a superação do provincialismo jurídico e o olhar para além das fronteiras nacionais como mecanismos auxiliares à heurística jurídica.[79]

As especificidades do direito uniforme e as consequências para a sua interpretação

O perigo de inefetividade de instrumentos para aproximação jurídica na fase de sua aplicação se dá em virtude da inexistência, no plano internacional, de tribunal competente para decidir de forma hierarquicamente superior e vinculante litígios internacionais decorrentes de relações entre

---

[76] Veja-se, a respeito, entre outros, Zweigert e Kötz, *Einführung in die Rechtsvergleichung*, 1996, p. 14 e segs.

[77] Conforme Zitelmann, "Aufgaben und Bedeutung der Rechtsvergleichung", 1978, p. 11, o direito comparado tem significado nas três áreas das atividades jurídicas: aplicação do direito (*praxis*), pesquisa jurídica (ciência) e formação do direito (legislação). A respeito, também, entre outros, ÖRÜCÜ, Esin. Comparative law in practice: the courts and the legislator. In: Örücü e Nelken (Ed.), *Comparative law*, 2007, p. 411 e segs.; Michaels, "Rechtsvergleichung", 2009, p. 1266.

[78] Também as estruturas jurídicas no mundo são influenciadas pelos processos que alteram a estrutura e a face do mundo, tornando-o copernicano. Entre esses processos, destaca-se a contínua integração do mundo, que cria uma rede de direito internacional, e a ampliação das molduras políticas. Veja-se, nesse sentido, Constantinesco, *Rechtsvergleichung*, 1971, p. 55 e segs. Semelhante, SCHNITZER, Adolf F. *De la diversité et de l'unification du droit*: aspects juridiques et sociologiques. Basileia, 1946. p. 108.

[79] Zweigert e Kötz, *Einführung in die Rechtsvergleichung*, 1996, p. 19-20; David, "The legal systems of the world", 1971, p. 101.

particulares. As dificuldades que surgem para o estabelecimento de uniformidade na interpretação e na aplicação desses mecanismos decorrem, assim, de que a competência para sua interpretação é compartilhada entre multiplicidade de juízes de primeira e segunda instância de formações e tradições jurídicas diferentes, sem existência de ente dotado de poder jurisdicional que lhes seja hierarquicamente superior.

A observância de método diferenciado tanto para sua interpretação quanto para a integração de suas lacunas é, nesse sentido, elemento essencial para viabilizar a uniformidade normativa na fase de sua aplicação prática. Não fosse assim, a uniformidade objetivada e acordada seria facilmente destruída pela referência a noções próprias das ordens jurídicas singulares.

Autonomia, uniformidade e internacionalidade

Os instrumentos mais recentes de harmonização jurídica contêm, em sua maior parte, cláusula de "interpretação", cujo conteúdo pouco varia de um para outro. Diversos exemplos são conhecidos, e o mais frequentemente referido é o art. 7 (1) Cisg, que dispõe: "Para interpretação da presente convenção, serão levados em consideração seu caráter internacional e a necessidade de promover a uniformidade de sua aplicação, bem como assegurar o respeito da boa-fé no comércio internacional".

A Convenção de Roma (art. 18), a Convenção sobre Acordos de Eleição de Foro (art. 23), as convenções Unidroit sobre Agência no Comércio Internacional (art. 6 (1)), Factoring Internacional (art. 4 (1)), Leasing Internacional (art. 6 (1)), as convenções Uncitral sobre Cessão de Créditos no Comércio Internacional (art. 7(1)), Uso de Comunicação Eletrônica no Comércio Internacional (art. 5 (1)), as Regras de Rotterdam (art. 2) e a Convenção Interamericana sobre a lei aplicável a contratos internacionais (Cidip V — art. 4), por exemplo, todas contêm regras a respeito da consideração do caráter internacional da convenção e da necessidade de promoção da uniformidade em sua aplicação. Além dessas convenções internacionais, também os Princípios Unidroit dos Contratos Comerciais Internacionais (*Unidroit Principles of*

International Commercial Contracts) contêm diretrizes amplas de interpretação no mesmo sentido, declaradamente inspiradas no art. 7 Cisg.[80]

O art. 7 (1) Cisg e seus correspondentes não contêm regras específicas para interpretação, mas informam diretrizes que devem orientar a interpretação de documentos de direito uniforme. Essas são autonomia, internacionalidade e uniformidade.[81]

Por *autonomia* quer-se dizer: instrumentos uniformizadores de direitos devem ser interpretados por eles próprios, evitando-se a referência a noções e a conceitos de uma determinada ordem jurídica específica. Pelo fato de o texto convencional ser construído em função da conjugação de interesses e visões de representantes de diversas ordens jurídicas,[82] mesmo quando os signos linguísticos nele contidos equivalem a expressões utilizadas no foro, nada assegura que sua significação refira-se ou assemelhe-se à desse último.[83] A intenção não é que correspondam a esse ou aquele termo nacional, mas que representem compromisso entre os sistemas. Tal compromisso deve ser considerado na interpretação.[84] Uma vez contidos em instrumentos de aproximação jurídica, os termos e as expressões nele utilizados assumem significado especial em seu contexto, e não mais atraem necessariamente o significado originário.[85] Existe

---

[80] Vogenauer, "Interpretation of the Unidroit principles", 2009, p. 174.
[81] Veja-se comentário a respeito por FERRARI, Franco. In: Schwenzer (Ed.), SCHLECHTRIEM/SCHWENZER, *Kommentar zum Einheitlichen UN-Kaufrecht*, 2008, Art. 7 Rn 4, 25-27; semelhante, FERRARI, Franco. In: SCHMIDT, Karsten (Ed.). *Münchener Kommentar zum Handelsgesetzbuch*, v. VI. Munique: Beck, 2007. Art. 7 Cisg, Rn 3, 14; FERRARI, Franco. In: SCHMIDT, Karsten (Ed.). *Münchener Kommentar zum Handelsgesetzbuch*. Gesamtwerk. In: 7 Bänden und einem Ergänzungsband: Münchener Kommentar zum Handelsgestzbuch 5. §§ 343-372. Munique: Beck, 2009. Art. 4 FactÜ Rn 3.
[82] Com relação a Cisg, veja-se FERRARI, Franco. Recent developments: Cisg — specific topics of the Cisg in the light of the judicial application and scholarly writing. *15 Journal of Law & Commerce*, v. 15, p. 10-11, 1995-1996; o mesmo autor em Schwenzer (Ed.), SCHLECHTRIEM/SCHWENZER, 2008. Präambel, Rn 7; Diedrich, "Maintaining uniformity in international uniform law via autonomous interpretation", 1996, p. 310; BRIÈRE, Carine. *Les conflits de conventions internationales en droit privé*. Paris: LGDJ, 2001. p. 105.
[83] Entre outros, Frankenstein, *Internationales Privatrecht (Grenzrecht)*, 1926, p. 295; David, "The legal systems of the world", 1971, p. 101.
[84] Franco Ferrari, em Schwenzer (Ed.), SCHLECHTRIEM/SCHWENZER, *Kommentar zum Einheitlichen UN-Kaufrecht*, 2008, Präambel, Rn 7.
[85] GARDINER, Richard K. *Treaty interpretation*. Nova York: Oxford University, 2008. p. 32. Há exceções, como o art. 74 Cisg. Veja-se explicação adiante.

relação de independência e não de subordinação entre noções contidas em instrumentos uniformes e noções nacionais[86] (veja-se item a, acima).

A diretriz da *internacionalidade* demanda que se leve em conta, na aplicação de normas de direito uniforme, seu aspecto internacional. Deve-se ter em mente que seu resultado seja não apenas juridicamente correto e socialmente adequado, mas também *internacionalmente aceitável*[87] (internacional regional ou universalmente, conforme seu escopo), uma vez que tais instrumentos tocam ao diálogo internacional.

A diretriz da *uniformidade* pretende que se interpretem e se apliquem as normas uniformes de forma funcionalmente uniforme nas diferentes jurisdições. Conforme Jacob Dolinger, a "uniformidade da interpretação recomendada nestes diplomas internacionais dirige-se principalmente aos tribunais, *instando-os a chegar a uma decisão que se harmonize com a que seria proferida pelas cortes de outro país*, visando a atingir a meta da convergência internacional dos julgados".[88]

O direito comparado como mecanismo para favorecer as diretrizes de autonomia, internacionalidade e uniformidade

Como se pode garantir que determinado termo seja interpretado de forma autônoma, sem referência ao direito interno? Como se pode ob-

---

[86] Há que se ressaltar ainda que determinados conceitos não devem ser interpretados autonomamente, mas sim *nacionalmente*. A obrigação de interpretação autônoma, assim, não é absoluta, para todos os termos convencionais. Veja-se, por exemplo, Ferrari. In: Schwenzer (Ed.), SCHLECHTRIEM/SCHWENZER, *Kommentar zum Einheitlichen UN-Kaufrecht*, 2008, Art. 7 Rn 12.

[87] Kropholler, *Internationales Einheitsrecht*, 1975, p. 240; GEBAUER, Martin. Uniform law, general principles and autonomous interpretation. *Uniform Law Review*, v. 5, new series, p. 692, 2000; Gruber, *Methoden des internationalen Einheitsrechts*, 2004, p. 71; STAUDINGER, Julius von; MAGNUS, Ulrich. Kommentar zum Bürgerlichen Gesetzbuch, Cisg. Berlim: De Gruyter, 2005. Art 7, Rn 20; MünchKommHGB/Ferrari Cisg Art. 7 Rn 14; Ferrari. In: Schwenzer (Ed.), SCHLECHTRIEM/SCHWENZER, *Kommentar zum Einheitlichen UN-Kaufrecht*, 2008, Art. 7 Rn 16; MünchKommHGB/Ferrari FactÜ Art. 4 Rn 15.

[88] DOLINGER, Jacob. *Direito internacional privado* — parte especial — contratos e obrigações no direito internacional privado, Rio de Janeiro: Renovar, 2007. p. 113 (grifo adicionado).

servar o caráter internacional de um instrumento uniforme e promover a uniformidade de sua aplicação? A resposta para essas duas perguntas é simples: sem a consideração da base formante do direito uniforme e sem a consideração do entendimento a seu respeito em outros sistemas jurídicos não se pode garantir sua uniformidade de aplicação e, portanto, sua efetividade.

Nesses casos, podem-se aplicar os cânones interpretativos de costume (gramatical, histórico, teleológico, sistemático); deve-se, no entanto, *alargá-los pelo método do direito comparado*.[89] No direito internacional uniforme, portanto, o direito comparado é mais do que mera fonte de conhecimento: trata-se de critério de aplicação integrado à sua metodologia.[90] Ele é complementar e serve ao critério teleológico.[91]

Objetos da comparação para interpretação podem ser o direito interno autônomo dos Estados-parte da convenção e a doutrina e a jurisprudência estrangeiras.[92]

---

[89] REINHART, Gert. Zur einheitlichen Auslegung vereinheitlichter IPR-Normen nach Art. 36 EGBGB. *RIW*, p. 447, 1994.

[90] Nesse sentido, veja-se RABEL, Ernst. Das Problem der Qualifikation. *Zeitschrift für ausländisches und internationales Privatrecht*, p. 287, 1931; Zweigert, "Rechtsvergleichung als universale Interpretationsmethode", 1949-1950, p. 5-21; Kramer, "Uniforme Interpretation von Einheitsprivatrecht", 1996, p. 138; Gruber, *Methoden des internationalen Einheitsrechts*, 2004, p. 75; DOLINGER, Jacob. *Direito internacional privado (parte geral)*. Rio de Janeiro: Renovar, 2005. p. 42 e segs.

[91] Kropholler, *Internationales Einheitsrecht*, 1975, p. 278; Bydlinski, *Juristische Methodenlehre und Rechtsbegriff*, 1991, p. 461 e segs.

[92] Cunhou-se o termo *jurisconsultorium* ou *jurisconsultus* global para denominar o conjunto de decisões judiciais, arbitrais e internacionais, bem como doutrina estrangeira, que deveriam ser levados em consideração para interpretação de determinadas convenções. Sobre esse termo, veja-se, entre outros, ROGERS, Vikki; KRITZER, Albert. A uniform international sales law terminology. In: SCHWENZER, Ingeborg; HAGER, Günter (Ed.). *Festschrift für Peter Schlechtriem zum 70. Geburtstag*, Tübingen: Mohr Siebeck, 2003. p. 223-253; ANDERSEN, Camilla Baasch. *Uniform application of the international sales law*: understanding uniformity, the global jurisconsultorium and examination and notification provisions of the Cisg. Alphen aan den Rijn: Kluwer Law International, 2007. p. 3 e segs. Tendo em conta a consideração da *praxis* sobre a Cisg em diferentes Estados não apenas como permitida, mas necessária para a promoção do direito uniforme, mas não a qualificando como "verdadeiro direito comparado" ("*echte Rechtsvergleichung*"), Ferrari. In: Schwenzer (Ed.), SCHLECHTRIEM/SCHWENZER, *Kommentar zum Einheitlichen UN-Kaufrecht*, 2008, Art. 7 Rn 40.

A comparação com referência aos direitos internos autônomos (a base formante)

O(s) direito(s) do(s) Estado(s) que serviu(ram) de matéria-prima para redação de determinado instrumento uniforme pode(m) ser útil(eis) para sua interpretação. Nesse sentido, tais instrumentos, universais ou regionais, devem ser interpretados, na medida do possível, considerando esse âmbito universal ou regional e os direitos nacionais correspondentes. A análise comparativa desses últimos pode auxiliar na determinação do conteúdo "autônomo" da regra, desvinculado de uma determinada ordem particular, mas elaborado em função dos direitos dos Estados participantes da convenção.[93]

Outra hipótese é o empréstimo, no instrumento uniformizador de direitos, de termos e conceitos de determinada tradição jurídica específica. Se foi utilizada expressão da linguagem jurídica nacional, deve-se decidir, então, na interpretação, se o referido conceito nacional deve ter alguma influência no direito uniforme. Em alguns casos, determinados termos foram propositadamente retirados de uma dada ordem jurídica.[94] Nesses casos excepcionais, em que isso é comprovado de forma inequívoca, por exemplo, pelos trabalhos preparatórios, é legítima a referência à ordem

---

[93] Kropholler, *Internationales Einheitsrecht*, 1975, p. 279-280, diferencia quatro tipos de normas para as quais o escopo da interpretação comparatista varia. O primeiro tipo são normas em que há coincidência de disposições entre as ordens jurídicas. A finalidade da interpretação comparatista aqui é determinar o limite do consenso, sem que a interpretação seja vinculada ao mínimo comum. O segundo tipo diz respeito a normas que não tiveram como modelo qualquer regra de direito interno autônomo. O escopo dessas normas muitas vezes é esclarecido pela comparação das soluções propostas por diversos sistemas jurídicos. O terceiro tipo seriam normas em que, diante da divergência entre ordens jurídicas nacionais, optou-se pela solução adotada em uma delas. Nesses casos, a norma deve ser interpretada considerando-se a ordem jurídica da qual é originária. O quarto tipo são normas que representam compromisso entre diversas posições nacionais, adotando elementos de mais de uma ordem jurídica. Tais regras demandariam comparação correspondente, que, de acordo com o problema, poderia se concentrar em diferentes direitos.

[94] Fundamentalmente, Kropholler, *Internationales Einheitsrecht*, 1975, p. 278 e segs. Ainda, STAUDINGER/MAGNUS (2005), Art 7 Rn 13; Ferrari. In: Schwenzer (Ed.), SCHLECHTRIEM/SCHWENZER, *Kommentar zum Einheitlichen UN-Kaufrecht*, 2008, Art. 7 Rn 10.

jurídica nacional originária.[95] Esse é o caso, por exemplo, do art. 74 Cisg, que diz respeito à "previsibilidade", inspirado na "*contemplation rule*" das jurisprudências inglesa e americana.[96]

Doutrina estrangeira

Embora a doutrina não seja mais considerada fonte direta do direito e não haja obrigatoriedade de dar efeito aos seus ensinamentos,[97] ela é importante e não deve ser desconsiderada no estudo das fontes do direito. Ela fornece, de um lado, informação sobre a lei[98] e pode, de outro lado, deter destacado valor persuasivo ao guiar os tribunais ao interpretar ou desenvolver o direito.[99]

Para a interpretação do direito uniforme, a doutrina estrangeira deve ser consultada para verificação do tratamento dogmático do assunto nas diversas ordens jurídicas.[100] Seu valor é meramente persuasivo, mas ela pode também contribuir para a uniformidade de aplicação do direito uniforme, especialmente quando não limitada à sua descrição à luz do próprio ordenamento jurídico.[101]

---

[95] Veja-se também, a respeito, Watt, "Globalization and comparative law", 2008, p. 606.
[96] Sobre a Cisg e o exemplo do art. 74, Kramer, "Uniforme Interpretation von Einheitsprivatrecht", 1996, p. 142; no mesmo sentido, STAUDINGER/MAGNUS (2005), Art 7 Rn 13 e Art 74 Rn 5; HUBER, Peter; MULLIS, Alastair. *The Cisg*: a new textbook for students and practicioners. Munique: Sellier, 2007. p. 271; MünchKommHGB/Mankowski Cisg Art. 74 Rn 1-3.
[97] Ocorreu de certas obras não poderem mais ser distinguíveis, se seriam meras coletâneas privadas ou se teriam sua autoridade aceita ou confirmada pelo poder soberano. Exemplos são os diversos *coutumiers* na França e o Espelho da Saxônia na Alemanha. Também a autoridade das "*Siete Partidas*" na Espanha não era discutida pelos juízes, mesmo antes de lhes ter sido dada força de lei com o Ordenamento de Alcalá em 1348. David, "The legal systems of the world", 1971, p. 142 e segs.
[98] David, "The legal systems of the world", 1972, p. 143 e segs., 181 e segs.
[99] Ibid., p. 143 e segs.; ESSER, Josef. Im welchem Ausmaß bilden Rechtsprechung und Lehre Rechtsquellen? *ZVglRw*, v. 75, p. 67-88, 1976.
[100] Veja-se, por exemplo, WITZ, Claude. *Les premières applications jurisprudentielles du droit uniforme de la vente internationale (Convention des Nations Unies du 11 avril 1980)*, Paris: LGDJ, 1995. p. 113; ULMER, Peter. "om deutschen zum europäischen Privatrecht? *JZ*, p. 1-8, 2002.
[101] Ferrari. In: Schwenzer (Ed.), SCHLECHTRIEM/SCHWENZER, *Kommentar zum Einheitlichen UN-Kaufrecht*, 2008, Art. 7 Rn 9.

Jurisprudência estrangeira

A análise comparativa de decisões judiciais estrangeiras para interpretação e aplicação de regras de direito uniforme constitui tema à parte.[102] De fato, diante do elemento da voluntariedade de compartilhamento de regras uniformes em determinadas áreas do direito, reconhece-se a coerência do compartilhamento também de seus modos de conhecimento e aplicação, para se alcançar resultados semelhantes.[103] Se os tribunais nacionais desconhecem, ou não levam em consideração, a jurisprudência de tribunais estrangeiros, a uniformidade do texto normativo é fortemente ameaçada em sua aplicação prática.

Nesse sentido, é fundamental o papel desempenhado pela consideração de decisões proferidas por tribunais de outros Estados acerca da interpretação de instrumentos de direito uniforme,[104] como convenções internacio-

---

[102] Entre outros, Gruber, *Methoden des internationalen Einheitsrechts*, 2004, p. 329; Andersen, *Uniform application of the international sales law*, 2007, p. 49.

[103] Para análise do tema de forma abrangente, veja-se Fialho de Oliveira, *Interpretação pelo juiz nacional de convenções internacionais de direito uniforme*, 2009, especialmente o cap. 3, "Precedentes judiciais e sua autoridade no direito uniforme".

[104] Nesse sentido, AUBIN, Bernard. Die Rechtsvergleichende Interpretation Autonom-Internen Rechts in der deutschen Rechtsprechung. *RabelsZ*, v. 34, p. 458-459, 1970; Kropholler, *Internationales Einheitsrecht*, 1975, p. 280; DROBNIG, Ulrich. Rechtsvergleichung in der deutschen Rechtsprechung. *RabelsZ*, v. 50, p. 614 e segs., 1986; COOK, Susanne. The need for uniform interpretation of the 1980 United Nations Convention on contracts for the international sales of goods. *University of Pittsburgh Law Review*, v. 50, esp. p. 199, 226, 1988-1989; MAGNUS, Ulrich. Währungsfragen im Eiheitlichen Kaufrecht: Zugleich ein Beitrag zu seiner Lückenfüllung und Auslegung. *RabelsZ*, v. 53, p. 124, 1989; MANSEL, Heinz-Peter. Rechtsvergleichung und europäische Rechtseinheit. *JZ*, v. 46, p. 531, 1991; FERRARI, Franco. Uniform Interpretation of the 1980 uniform sales law. *Georgia Journal of International and Comparative Law*, v. 24, p. 24 e segs., 1994-1995; Idem. Applying the Cisg in a truly uniform manner: *Tribunale di Vigevano* (Italy), 12 July 2000. *Uniform Law Review*, v. 1, n.s., p. 203-215, 2001; Diedrich, "Maintaining uniformity in international uniform law via autonomous interpretation", 1996, p. 312, 322 e segs.; WITZ, Claude. A raw nerve in disputes relating to the Vienna Sales Convention: the reasonable time for the buyer to give notice of a Lack of Conformity. *ICC Bulletin*, v. 11, p. 16, 2000; BERGER, Klaus Peter. Auf dem Weg zu einem europäischen Gemeinrecht der Methode. *ZeuP*, p. 20, 2001; VOGENAUER, Stefan. *Die Auslegung von Gesetzen in England und auf dem Kontinent*. Tübingen: Mohr Siebeck, 2001. v. I, p. 43; FLECHTNER, Harry M. Recovering attorneys' fees as damages under the U.N. Sales Convention: a case study on the new international commercial practice and the role of case law in Cisg jurisprudence, with Comments on *Zapata Hermanos Sucesores, S.A. v. Hearthside Baking Co. Northwestern Journal of International Law and Business*, v. 22, p. 140, 2001-2002; Rogers e Kritzer, "A uniform international sales law terminology", 2003, p. 226 e segs.; Gruber, *Methoden des internationalen Einheitsrechts*, 2004,

nais uniformizadoras de direitos ou Princípios Unidroit. A comparação de resultados de casos já decididos pelos tribunais de outros Estados fornece informações sobre a forma como a lei foi aplicada, tornando a uniformidade mais viável. Além da doutrina, tribunais de diversos Estados já reconheceram e reconhecem cada vez mais a necessidade de consideração da prática judiciária estrangeira[105] e internacional[106] nessas circunstâncias.

p. 329 e segs.; STAUDINGER/MAGNUS (2005), Art 7 Rn 21; Melin, *Gesetzesauslegung in den USA und in Deutschland*, 2005, p. 387 e segs.; Andersen, *Uniform application of the international sales law*, 2007, passim, esp. p. 47; MünchKommHGB/Ruhwedel MÜ Einleitung Rn 54; sobre a aplicação da Convenção de Roma, Reinhart, "Zur einheitlichen Auslegung vereinheitlichter IPR-Normen nach Art. 36 EGBGB", 1994, p. 447.

[105] Exemplos de casos, sobretudo a respeito da Cisg, em que decisões estrangeiras foram consideradas para tomada de decisão: (i) Alemanha: (a) BGH 2/5/1990, IPRax (1991), p. 256; (b) BGH, decisão de 30/6/2004, VIII ZR 321/03. Cisg-online Nr. 847; RIW (2004), p. 788; (c) BGH, decisão de 2/3/2005, Cisg-online Nr. 999; (d) BGH, decisão de 30/6/2004, Cisg-online Nr. 847; (e) LG Trier, decisão de 8/1/2004, IHR (2004), p. 116; (f) LG Mannheim, decisão de 16/2/2004, IHR (2006), p. 107; (g) OLG Karlsruhe, decisão de 20/7/2004, Cisg-online Nr. 858; (h) LG Neubrandenburg, decisão de 3/8/2005, Cisg-online Nr. 1190; (i) OLG Karlsruhe, decisão de 8/2/2006, Cisg-online Nr. 1328; (ii) Estados Unidos da América: (a) *Air France v. Saks*, 470 U.S. 392, 404 (1985), afirmando que, para a definição do termo "acidente" como usado na Convenção de Varsóvia, as decisões dos demais signatários gozam de considerável importância ("*entitled to considerable weight*"); (b) *MCC Marble Ceramic v. Ceramica Nuova D´agostino*, S.P.A., 144 F. 3d, 1384 (11th Cir. 1998), ressaltando a necessidade de pesquisa de jurisprudência estrangeira para decisão de caso relacionado com a Cisg e louvando a iniciativa da Pace University (Nova York) no que toca à publicação de decisões da Cisg; (c) *Barbara Berry, S.A. de C.V. v. Ken M. Spooner Farms, Inc*, U.S. Dist. Ct. (W.D.Wash.), decisão de 13/4/2006, Cisg-online Nr. 1354; (d) *Chicago Prime Packers, Inc. v. Northam Food Trading Co., et al.*, U.S. Dist. Ct. (N.D.Ill., E.D.), decisão de 21/5/2004; (d) *Amco Ukrservice et al. V. American Meter Company*, U.S. Dist. Ct. (E.D.Pa.), decisão de 29/3/2004, Cisg-online 1174; (e) *Usinor Industeel v. Leeco Steel Products, Inc.*, U.S. Dist. Ct. (N.D.Ill), decisão de 28/3/2002, Cisg-online Nr. 696; (f) *St. Paul Guardian Insurance Company et. al. v. Neuromed Medical Systems & Support et al.*, U.S. Dist. Ct. (S.D.N.Y), decisão de 16/3/2002, Cisg-online Nr. 615; (g) *Medical Marketing v. Internazionale Medico Scientifica*, U.S. Dist. Ct. (E.D.La), decisão de 17/5/1999, Cisg-online Nr. 387; (iii) *Inglaterra*: (a) *Corocraft vs Pan American* [1969] All E.R. 88; (b) *Fothergill v. Monarch Airlines Ltd.*, [1981] A.C. 251, [1980] 3 W.L.R. 209; (iv) Itália: (a) Tribunale di Cuneo, decisão de 31/1/1996, Cisg-online Nr. 268; (b) Tribunale di Pavia, decisão de 29/12/1999, Cisg-online Nr. 678; (c) Tribunale di Vigevano, decisão de 12/7/2000, Cisg-online Nr. 493; (d) Tribunale di Padova, decisão de 25/2/2004, Cisg-online Nr. 819; (e) Tribunale di Padova, decisão de 31/3/2004, Cisg-online Nr. 823; (f) Tribunale di Padova, decisão de 11/1/2005, Cisg-online Nr. 967; (g) Tribunale di Padova, decisão de 10/1/2006, Cisg-online Nr. 1157.

[106] Por exemplo, BGH, decisão de 30/6/2004, VIII ZR 321/03, Cisg-online Nr. 847; RIW (2004), p. 788.

Integração normativa

Em função da valorização teleológica dos propósitos de instrumentos de direito uniforme, de estabelecer regras que vigorem da mesma forma em diversos sistemas jurídicos, o estudo comparado da jurisprudência[107] revela-se método fundamental do direito uniforme. Sem essa "visão além das fronteiras", a uniformidade prática, para além da uniformidade textual, não pode ser garantida.[108] A pesquisa de decisões estrangeiras a respeito de um determinado corpo de regras uniformes é, portanto, dever do juiz,[109] com o qual podem (e deveriam) as partes colaborar.[110]

Na medida em que uma matéria é analisada de forma que os tribunais de outro Estado considerem persuasiva, tal análise deve ser considerada pelo órgão judicante. Consultar decisões estrangeiras para beneficiar-se de sua argumentação é importante técnica para garantia da efetividade de instrumentos de aproximação de direitos.[111]

Certamente a consideração de argumentos comparatistas significa para o juiz um incremento da carga de trabalho, mas em diversas áreas as pesquisas de direito comparado alcançaram um nível em que o acesso a material estrangeiro foi significativamente facilitado.[112] Pode-se destacar, por exemplo, a coletânea de decisões judiciais e arbitrais, Clout (*Case*

---

[107] Conforme RADBRUCH, Gustav. Über die Methode der Rechtsvergleichung. *Monatschrift für Kriminalpsychologie und Strafrechtsreform*, v. 2, p. 422-425, 1905-1906. In: Zweigert e Puttfarken, *Rechtsvergleichung*, 1978, p. 55, objeto do direito comparado são os direitos da forma como aplicados na prática ou como deveriam ser aplicados na prática conforme interpretação dogmática correta. Ainda, Örücü, *The Enigma of comparative law*, 2004, p. 47-48.

[108] Kropholler, *Internationales Einheitsrecht*, 1975, p. 280.

[109] Franco Ferrari, MünchKommHGB/Ferrari FactÜ Art. 4 Rn 16; Helga Jesser-Huß a respeito da CMR, MünchKommHGB/Jesser-Huß CMR Einleitung Rn 22; Vogenauer, "Article 1.6 (interpretation and supplementation of the principles", 2009. Veja-se ainda, de forma semelhante, Flechtner, "Recovering attorneys' fees as damages under the U.N. Sales Convention", 2001-2002, p. 141; Ferrari, Applying the Cisg in a truly uniform manner", 2001, p. 204, 206.

[110] Nesse sentido, Reinhart, "Zur einheitlichen Auslegung vereinheitlichter IPR-Normen nach Art. 36 EGBGB", 1994, p. 450; BGH 118, 164.

[111] Pode-se destacar julgamento no caso *James Buchanan & Co. Ltd. v. Babco Forwarding & Shipping (UK) Ltd.* [1978] A.C. 141, 152: "Se está sob consideração uma convenção internacional e se houve outras decisões sobre elas, deve-se considerá-las. Devem-se considerar decisões estrangeiras e tentar segui-las, a não ser que elas façam pouco caso do nosso direito".

[112] Entre outros, Zweigert e Kötz, *Einführung in die Rechtsvergleichung*, 1996, p. 19; Goode, Kronke e Mckendrick, *Transnational commercial law*, 2007, p. 159.

Law on Uncitral Texts), publicada e disseminada pela própria Uncitral, sobre as convenções celebradas em seu contexto, disponibilizada nos seis idiomas da ONU e acessível eletronicamente em www.uncitral.org.[113] A maior parte das decisões publicadas no Clout relaciona-se com a Cisg e com a Lei Modelo sobre Arbitragem Comercial Internacional (1985), mas a intenção é que decisões sobre outros documentos Uncitral sejam colocadas à disposição no sistema à medida que sejam proferidas.[114] O sistema Clout não inclui jurisprudência sobre a Convenção de Nova York, concluída antes do estabelecimento da Uncitral. Coletânea de casos sobre essa convenção é publicada nos anuários do *International Council for Commercial Arbitration* (www.arbitration-icca.org). No âmbito do Mercosul, foi aprovada recentemente a instituição de Base de Dados Jurisprudenciais do Mercosul (BDJM) por Decisão do Conselho do Mercado Comum nº 8/2007. O objetivo da BDJM é oferecer ferramenta para divulgação e aplicação uniforme do acervo normativo do Mercosul pelos tribunais dos Estados-parte. Para essa finalidade, a base de dados contém compilação não exaustiva de decisões proferidas pelos tribunais dos Estados-parte nas quais são debatidas, interpretadas ou aplicadas as fontes jurídicas do Mercosul (com tradução para espanhol ou português, conforme o caso), incluindo-se aí as convenções internacionais em matéria de conflito de leis, de 1991 a 2007.[115]

A dupla importância do direito comparado para a efetividade do direito uniforme: da formação à aplicação

No contexto de alteração de paradigmas quanto aos sistemas nacionais por influência de diversos fatores, muitos deles relacionados com a globalização,

---

[113] Veja-se Report of the United Nations Commission on International Trade Law on the work of its twenty-first session, 11-22 April 1988, Uncitral YB XIX (1988), p. 98 e segs.
[114] Veja-se THE Uncitral guide: basic facts about the United Nations Commission on International Trade Law. Viena: United Nation Publications, 2007. p. 18.
[115] Disponível em: <www.mercosur.org.uy/t_ligaenmarco.jsp?title=off&contentid=1382&site=1&channel=secretaria>. Acesso em: 28 abr. 2010.

Integração normativa

surgem novos desafios para o direito comparado. Especificamente no que se refere aos novos instrumentos normativos para a regulação transnacional, pode-se afirmar que o direito comparado tem relevante papel para a eficácia do direito uniforme, tanto para sua formação quanto para sua aplicação.

Quanto à *formação* do direito uniforme, o direito comparado permite formular solução mais adaptada às ordens jurídicas que serão integradas e mais respeitosas de sua pluralidade.[116] Ele possibilita a produção de normas mais efetivas, na medida em que favorece a compreensão da amplitude das divergências e a identificação da solução mais apropriada para as ordens jurídicas que serão integradas. Para que a lei seja efetiva, ela deve ser significativa no contexto em que será aplicada, para que os indivíduos sintam-se incentivados a usá-la e exigir das instituições que a executem e a desenvolvam. Para que isso ocorra, deve existir uma demanda desse direito. Caso contrário ele não será utilizado na prática e será nada mais do que letra morta.[117] A efetividade da norma comum deve ser medida com o alcance dos objetivos por ela perseguidos.[118] Assim, por auxiliar no aprimoramento do conteúdo de normas transnacionais, o direito comparado desempenha importante papel para contribuir para a eficácia e o sucesso da aproximação de direitos, em diferentes graus.

Para a *aplicação* do direito uniforme, o direito comparado revela-se mais do que mera fonte de conhecimento, mas critério verdadeiramente integrante de sua metodologia. A única forma de que as finalidades para as quais instrumentos de direito uniforme foram criados sejam atingidas é a consideração de seu entendimento, como direito vigente ("*living law*"),[119] nas demais ordens jurídicas. Para isso, deve-se considerar a base formante do direito uniforme e consultar a doutrina e jurisprudência estrangeira a seu respeito. Somente assim a uniformidade textual pode-se concretizar na prática.

---

[116] Robert e Usunier, "Du bon usage du droit compare", 2004, p. 239 e segs.
[117] Veja-se Berkowitz, Pistor e Richard, "Economic development, legality, and the transplant effect", 2003, p. 166-167.
[118] Robert e Usunier, "Du bon usage du droit compare", 2004, p. 251.
[119] Veja-se Örücü, *The enigma of comparative law*, 2004, p. 48. Veja-se, ainda, a importante doutrina dos "formantes" de Sacco, "Legal formants", 1991, p. 343 e segs.

Para René David, o principal obstáculo para a unificação internacional do direito é a rotina. De acordo com ele, as pessoas estariam habituadas a determinados modos de pensar e a certas regras, e teriam medo de qualquer mudança que ataque sua tranquilidade de espírito e exija a alteração de seu padrão de comportamento. Para superar esse obstáculo, ele argumenta que é necessária conscientização de que os tempos mudaram e que o conservadorismo rotineiro é fonte de fraqueza e decadência. Especialmente no contexto das relações jurídicas internacionais, os métodos que se tornaram famosos no século XIX deveriam ser considerados falidos.[120]

Não se pode negar que o sucesso da harmonização internacional de direitos depende, e muito, de interesses políticos, mas a profissão jurídica e os estudos acadêmicos também são meios de promoção da unidade jurídica, independentemente da integração política. É nas universidades que o treinamento científico e profissional ocorre. Lawrence Friedman e Gunter Teubner sugerem que um currículo universitário que inclua disciplinas como sociologia, história e filosofia do direito, bem como a relação entre direito e economia e sociologia da profissão jurídica, embora não baste para superar todos os obstáculos para a integração jurídica, auxiliaria a tornar a profissão mais flexível, menos *old-fashioned* em seu modo de pensar e menos provinciana.[121]

Destacar a relevância prática do direito comparado, de "intermediário entre os sistemas jurídicos dos povos",[122] diante de seus novos desafios, especialmente de contribuir para a eficácia da regulação transnacional uniforme, certamente pode contribuir para a melhoria do funcionamento institucional da sociedade internacional.

Referências

ANDERSEN, Camilla Baasch. *Uniform application of the international sales law*: understanding uniformity, the global jurisconsultorium and examination and

---

[120] David, "The legal systems of the world", 1971, p. 33.
[121] FRIEDMAN, Lawrence; TEUBNER, Gunther. Legal education and legal integration: European hopes and American experience. In: Cappelletti et al. (Ed.), *Integration through law*, 1986, p. 380.
[122] Rabel, "Das Problem der Qualifikation", 1931, p. 288.

notification provisions of the Cisg. Alphen aan den Rijn: Kluwer Law International, 2007.

AUBIN, Bernard. Die Rechtsvergleichende Interpretation Autonom-Internen Rechts in der deutschen Rechtsprechung. *RabelsZ*, v. 34, p. 458-480, 1970.

BADÁN, Didier Operti. Prólogo — Necessidad de un derecho internacional privado del Mercosur. In: ARROYO, Diego P. Fernández. *Derecho internacional privado de los Estados del Mercosur — Argentina, Brasil, Paraguay, Uruguay*. Buenos Aires: Zavalia, 2003.

BAPTISTA, Luiz Olavo. O projeto de princípio para contratos comerciais internacionais da Unidroit, aspectos de direito internacional privado. *Revista Trimestral de Jurisprudência dos Estados*, v. 131, p. 15-27, 1994.

BASEDOW, Jürgen. Transjurisdictional codification. *Tulane Law Review*, v. 83, p. 973-998, 2008-2009.

_____; HOPT, Klaus; ZIMMERMANN, Reinhard. In: _____; _____; _____ (Ed.). *Vorwort, Handwörterbuch des Europäischen Privatrechts*, v. I Absclussprüfer — Kartellverfahrensrecht. Tübingen: Mohr Siebeck, 2009.

BERGER, Klaus Peter. Auf dem Weg zu einem europäischen Gemeinrecht der Methode. *ZeuP*, p. 4-29, 2001.

BERKOWITZ, Daniel; PISTOR, Katharina; RICHARD, Jean-Francois, Economic development, legality, and the transplant effect. *European Economic Review*, v. 47, p. 165-195, 2003.

BRIÈRE, Carine. *Les conflits de conventions internationales en droit privé*. Paris: LGDJ, 2001.

BYDLINSKI, Franz. *Juristische Methodenlehre und Rechtsbegriff*. Viena: Spring, 1991.

CACHARD, Olivier. *Droit du commerce international*. Paris: LGDJ, 2008.

CASELLA, Paulo Borba. Modalidades de harmonização, unificação e uniformização do direito. In: CASELLA, Paulo Borba; ARAÚJO, Nádia de (Coord.). *Integração jurídica interamericana, as Convenções Interamericanas de Direito Internacional Privado (Cidips) e o direito brasileiro*. São Paulo: LTr, 1988.

CONSTANTINESCO, Léontin-Jean. *Rechtsvergleichung*. Colônia: Heymann, 1971.

COOK, Susanne. The need for uniform interpretation of the 1980 United Nations Convention on contracts for the international sales of goods. *University of Pittsburgh Law* Review, v. 50, p. 197-226, 1988-1989.

COTTERRELL, Roger. Is it so bad to be different? Comparative law and the appreciation of diversity. In: ÖRÜCÜ, Esin; NELKEN, David (Ed.). *Comparative law*: a handbook. Portland: Hart, 2007. p. 133-154.

DALHUISEN, Jan H. *Dalhuisen on transnational and comparative commercial, financial and trade law*. Oxford: Hart, 2007.

DAVID, René. The legal systems of the world — their comparison and unification, Capítulo 5, The international unification of private law. In: _____ (Ed.). *International encyclopedia of comparative law*. Nova York: International Association of Legal Science; Oceana, 1971.

_____. The legal systems of the world: their comparison and unification, v. 2, cap. 3, Sources of law. In: _____ (Ed.). *International encyclopedia of comparative law*. Nova York: International Association of Legal Science; Oceana, 1972. p. 140-211.

_____; BRIERLEY, John E. C. *Major legal systems in the world today*: an introduction to the comparative study of law. Londres: Stevens, 1985.

_____; JAUFFRET-SPINOSI, Camille. *Les grands systèmes de droit contemporains*. Paris: Dalloz, 1992.

DELMAS-MARTY, Mireille. *Trois défis pour un droit mondial*. Paris: Seuil, 1998.

DIEDRICH, Frank. Maintaining uniformity in international uniform law via autonomous interpretation: software contracts and the Cisg. 8 *Pace International Law* Review, v. 8, p. 303-338, 1996.

DOLINGER, Jacob. *Direito internacional privado (parte geral)*. Rio de Janeiro: Renovar, 2005.

_____. *Direito internacional privado — parte especial —* contratos e obrigações no direito internacional privado. Rio de Janeiro: Renovar, 2007.

DÖLLE, Hans. *Der Stil der Rechtssprache, Recht und Staat in Geschichte und Gegenwart*: eine Sammlung von Vortragen und schriften aus dem Gebiet der gesamten Staatswissenschaften 138/139. Tübingen: Mohr Siebeck, 1949.

DROBNIG, Ulrich. Rechtsvergleichung in der deutschen Rechtsprechung. *RabelsZ*, v. 50, p. 610-630, 1986.

ESSER, Josef. Im welchem Ausmaß bilden Rechtsprechung und Lehre Rechtsquellen? *ZVglRw*, v. 75, p. 67-88, 1976.

FARIA, Werter Rotuno. Métodos de harmonização aplicáveis no Mercosul e incorporação de normas correspondentes nas ordens jurídicas internas. In: BASSO, Maristela (Org.). *Mercosul*: seus efeitos jurídicos, econômicos e políticos nos Estados-membros. Porto Alegre: Livraria do Advogado, 1995.

FERID, Murad. Methoden, Möglichkeiten und Grenzen der Privatrechtsvereinheitlichung. Impressão especial da *Zeitschrift für Rechtsvergleichung*, 1962. p. 193-213.

FERRARI, Franco. Uniform interpretation of the 1980 uniform sales law. *Georgia Journal of International and Comparative Law*, v. 24, p. 183-228, 1994-1995.

_____. Recent developments: Cisg — specific topics of the Cisg in the light of the judicial application and scholarly writing. *Journal of Law & Commerce*, v. 15, p. 1-126, 1995-1996.

_____. Applying the Cisg in a truly uniform manner: *Tribunale di Vigevano* (Italy), 12 July 2000. *Uniform Law Review*, v. 1, n.s., p. 203-215, 2001.

_____. In: SCHMIDT, Karsten (Ed.). *Münchener Kommentar zum Handelsgesetzbuch*, v. VI. Munique: Beck, 2007. Art. 7 Cisg, Rn 3, 14.

_____. In: SCHWENZER, Ingeborg (Ed.). *Kommentar zum Einheitlichen UN-Kaufrecht* (Cisg): das Übereinkommen der Vereinten Nationen über Verträge über den internationalen Warenkauf – Cisg. 5. ed. Munique: Beck, 2008. Art. 7 Rn 4, 25-27, Art. 7 Rn 14.

_____. Einheitsrecht. In: BASEDOW, Jürgen; HOPT, Klaus; ZIMMERMANN, Reinhard (Ed.). *Handwörterbuch des Europäischen Privatrechts*, v. I, Absclussprüfer — Kartellverfahrensrecht, Tübingen: Mohr Siebeck, 2009, p. 376-380.

_____. In: SCHMIDT, Karsten (Ed.). *Münchener Kommentar zum Handelsgesetzbuch*. Gesamtwerk. In: 7 Bänden und einem Ergänzungsband: Münchener Kommentar zum Handelsgestzbuch 5. §§ 343-372. Munique: Beck, 2009. Art. 4 FactÜ Rn 3.

FIALHO DE OLIVEIRA, Renata. *Harmonização jurídica no direito internacional.* São Paulo: Quartier Latin, 2008.

_____. *Interpretação pelo juiz nacional de convenções internacionais de direito uniforme.* Tese (doutorado) — Faculdade de Direito, USP, São Paulo, 2009.

FIKENTSCHER, Wolfgang. *Methoden des Rechts in vergleichender Darstellung*, V. IV, Dogmatischer Teil. Tübingen: JCB Mohr, 1977.

FLECHTNER, Harry M. The several texts of the Cisg in a decentralized system: observations on translations, reservations and other challenges to the uniformity principle in article 7(1). *Journal of Law & Commerce*, v. 17, p. 187-217, 1998.

_____. Recovering attorneys' fees as damages under the U.N. Sales Convention: a case study on the New International Commercial Practice and the role of case law in Cisg jurisprudence, with comments on *Zapata Hermanos Sucesores, S.A. v. Hearthside Baking Co. Northwestern Journal of International Law and Business*, v. 22, p. 121-159, 2001-2002.

FRANKENSTEIN, Ernst. *Internationales Privatrecht (Grenzrecht)*. Berlim: Grunewald, 1926. v. 1.

FRIEDMAN, Lawrence; TEUBNER, Gunther. Legal education and legal integration: European hopes and American experience. In: CAPPELLETTI, Mauro et al. (Ed.). *Integration through law*, v. 1, Methods, tools and institutions, livro 3, Forces and potential for a European identity. Berlim: De Gruyter, 1986. p. 345-380.

GARDINER, Richard K. *Treaty interpretation*. Nova York: Oxford University Press, 2008.

GARRO, Alejandro M. Gap-filling role of the Unidroit Principles in International Sales Law. *Tulane Law Review*, v. 69, p. 1149-1190, 1994-1995.

GEBAUER, Martin. Uniform law, general principles and autonomous interpretation. *Uniform Law Review*, v. 5, n.s., p. 683-705, 2000.

GLENN, Patrick. Harmony of laws in the Americas. *Inter-American Law Review*, v. 34, p. 223-246, 2003.

_____. *Legal traditions of the world*. Oxford: Oxford University Press, 2004.

_____. Comparative legal families and comparative legal traditions. In: REIMANN, Mathias; ZIMMERMANN, Reinhard. *The Oxford handbook of comparative law*. Oxford: Oxford University Press, 2008. p. 421-440.

GOODE, Royston et al. *Transnational commercial law*: texts, cases, and materials. Oxford: Oxford University Press, 2007.

GORDLEY, James. Comparative law and legal history. In: REIMANN, Mathias; ZIMMERMANN, Reinhard. *The Oxford handbook of comparative law*. Oxford: Oxford University Press, 2008. p. 753-773.

GRUBER, Urs Peter. *Methoden des internationalen Einheitsrecht*. Tübingen: Mohr Siebeck, 2004.

HAY, Peter; LANDO, Ole; ROTUNDA, Ronald D. Conflict of laws as a technique for legal integration. In: CAPPELLETTI, Mauro et al. (Ed.). *Integration through law*, v. 1, Methods, tools and institutions, livro 3, Forces and potential for a European identity. Berlim: De Gruyter, 1986. p. 161-258.

HOFFMANN-BECKING, Gerhard. *Normaufbau und Methode*: eine Untersuchung zur Rechtsprechung des Gerichtshofs der Europäischen Gemeinschaften. Tübingen: JCB Mohr (Paul Siebeck), 1973.

HONNOLD, John O. Uniform laws for international trade: early 'care and feeding' for uniform growth. 1 *International Trade and Business Law Journal*, v. 1, p. 1-10, 1995.

HUBER, Peter; MULLIS, Alastair. *The Cisg*: a new textbook for students and practicioners. Munique: Sellier, 2007.

JAYME, Erik. Direito internacional privado e integração: as Convenções Europeias. In: CASELLA, Paulo Borba et al. (Coord.). *Integração jurídica interamericana*: as Convenções Interamericanas de Direito Internacional Privado (Cidips) e o direito brasileiro. São Paulo: LTr, 1998. p. 106-116.

_____. Die kulturelle Dimension des Rechts: ihre Bedeutung für das Internationale Privatrecht und die Rechtsvergleichung. *RabelsZ*, v. 67, p. 211-230, 2003.

KRAMER, Ernst A. Uniforme Interpretation von Einheitsprivatrecht: mit besonderer Berücksichtigung von Art 7 UNKR. *J.B.*, p. 137-151, 1996.

_____. *Juristische Methodenlehre*. Berna: Stämpfli, 2005.

KROPHOLLER, Jan. *Internationales Einheitsrecht*: Allgemeine Lehren. Tübingen: JCB Mohr (Paul Siebeck), 1975.

LARENZ, Karl; CANARIS, Claus-Wilhelm. *Methodenlehre der Rechtswissenschaft*. 3. ed. rev. Berlin: Springer, 1995.

LEPAULLE, Pierre. The function of comparative law: with a critique of sociological jurisprudence. *Harvard Law Review*, v. 35, 1921-1922. In: ZWEIGERT, Konrad; PUTTFARKEN, Hans-Jürgen. *Rechtsvergleichung*. Darmstadt: Wiss. Buchges, 1978. p. 63-84.

MAGNUS, Ulrich. Währungsfragen im Eiheitlichen Kaufrecht: Zugleich ein Beitrag zu seiner Lückenfüllung und Auslegung. *RabelsZ*, v. 53, p. 116-143, 1989.

MANSEL, Heinz-Peter. Rechtsvergleichung und europäische Rechtseinheit. *JZ*, v. 46, p. 529-534, 1991.

MAYER, Pierre. Le phénomène de la coordination des ordres juridiques étatiques en droit privé. *Recueil des Cours*, v. 327, p. 9-378, 2007.

MELIN, Patrick. *Gesetzesauslegung in den USA und in Deutschland*: eine Historische Entwicklung, moderne Methodendiskussion und die Auswirkungen von Divergenzen für das internationale Einheitskaufrecht (Cisg). Tübingen: Mohr Siebeck, 2005.

MENSKI, Werner. *Comparative law in a global context*. Cambridge: Cambridge University Press, 2006.

MIALOT, Camille; EHONGO, Paul Dima. De l'intégration normative à géometrie et à géographie variables. In: DELMAS-MARTY, Mireille (Dir.). *Critique de l'intégration normative*. Paris: PUF, 2004. p. 25-36.

MICHAELS, Ralf. Rechtsvergleichung. In: BASEDOW, Jürgen; HOPT, Klaus; ZIMMERMANN, Reinhard (Ed.). *Handwörterbuch des Europäischen Privatrechts*, v. II, Kau-Z, Tübingen: Mohr Siebeck, 2009. p. 1265-1269.

MUNDAY, Roderick. Accounting for an encounter. In: LEGRAND, Pierre; MUNDAY, Roderick (Ed.). *Comparative legal studies*: traditions and transitions. Cambridge: Cambridge University Press, 2003. p. 3-28.

ÖRÜCÜ, Esin. *Critical comparative law*: considering paradoxes for legal systems in transition. Deventer: Kluwer, 1999.

_____. *The enigma of comparative law*: variations on a theme for the twenty-first century. Leiden: Martinus Nijhoff, 2004.

_____. Developing comparative law. In: _____; NELKEN, David (Ed.). *Comparative law*: a handbook. Oxford: Hart, 2007. p. 43-65.

_____. A general view of "legal families" and of "mixing systems". In: _____; NELKEN, David (Ed.). *Comparative law*: a handbook. Oxford: Hart, 2007. p. 169-187.

_____. Comparative law in practice: the courts and the legislator. In: _____; NELKEN, David (Ed.). *Comparative law*: a handbook. Oxford: Hart, 2007. p. 411-434.

PABST, Haroldo. *Mercosul*: direito da Integração. Rio de Janeiro: Forense, 1997.

RABEL, Ernst. Das Problem der Qualifikation. *Zeitschrift für ausländisches und internationales Privatrecht*, v. 5, p. 241-288, 1931.

RADBRUCH, Gustav. Über die Methode der Rechtsvergleichung, *Monatschrift für Kriminalpsychologie und Strafrechtsreform*, v. 2, p. 422-425, 1905-1906. In: ZWEIGERT, Konrad; PUTTFARKEN, Hans-Jürgen. *Rechtsvergleichung*. Darmstadt: Wiss. Buchges, 1978. p. 52-56.

REINHART, Gert. Zur einheitlichen Auslegung vereinheitlichter IPR-Normen nach Art. 36 EGBGB. *RIW*, cad. 6, p. 445-452, 1994.

RIGAUX, François. *La loi des juges*. Paris: Odile Jacob, 1997.

ROBERT, Véronique; USUNIER, Laurence. Du bon usage du droit comparé. In: DELMAS-MARTY, Mireille (Dir.). *Critique de l'intégration normative*. Paris: PUF, 2004. p. 227-255.

ROGERS, Vikki M.; KRITZER, Albert H. A uniform international sales law terminology. In: SCHWENZER, Ingeborg; HAGER, Günter (Ed.). *Festschrift für Peter Schlechtriem zum 70. Geburtstag*. Tübingen: Mohr Siebeck, 2003. p. 223-253.

SACCO, Rodolfo. Legal formants: a dynamic approach to comparative law (installment I of II). *American Journal of Comparative Law*, v. 39, p. 1-34, 1991.

_____. Legal formants: a dynamic approach to comparative law (installment II of II). *American Journal of Comparative Law*, v. 39, p. 343-401, 1991.

SCHLECHTRIEM, Peter (Autor); SCHWENZER, Ingeborg (Ed.). *Kommentar zum Einheitlichen UN-Kaufrecht (Cisg)*: das Übereinkommen der Vereinten Nationen über Verträge über den internationalen Warenkauf — Cisg. 5. ed. Munique: Beck, 2008.

SCHMIDT, Karsten (Ed.). *Münchener Kommentar zum Handelsgesetzbuch*. Munique: Beck, 2007. v. VI.

_____. *Münchener Kommentar zum Handelsgesetzbuch. Gesamtwerk*. In 7 Bänden und einem Ergänzungsband: Münchener Kommentar zum Handelsgestzbuch 5. §§ 343-372. Munique: Beck, 2009.

SCHNITZER, Adolf. *De la diversité et de l'unification du droit*: aspects juridiques et sociologiques. Basileia: Recht & Gesellschaft, 1946.

SCHURIG, Klaus. Völkerrecht und IPR: Methodische Verschleifung oder strukturierte Interaktion In: LEIBLE, Stefan; RUFFERT, Mathias. *Völkerrecht und IPR*. Jena: JWV, 2006. p. 55-70.

SCHWENZER, Ingeborg et al. (Ed.). SCHLECHTRIEM/SCHWENZER. *Kommentar zum Einheitlichen UN-Kaufrecht*. Munique: Beck, 2008.

SOUSA SANTOS, Boaventura de. *Towards a new legal common sense*: law, science and politics in the paradigmatic transition. Nova York: Routledge, 1995.

TEUBNER, Gunther. "Global Bukowina": legal pluralism in the world society. In: _____ (Ed.). *Global law without a State*. Aldershot: Dartmouth, 1997.

THE Uncitral guide: basic facts about the United Nations Commission on International Trade Law. Viena: United Nation, 2007.

ULMER, Peter. Vom deutschen zum europäischen Privatrecht. *JZ*, v. 47, cad. 1, p. 1-8, 1992.

VOGENAUER, Stefan. *Die Auslegung von Gesetzen in England und auf dem Kontinent*. Tübingen: Mohr Siebeck, 2001. v. I.

_____. Article 1.6 (Interpretation and supplementation of the principles. In: _____; KLEINHEISTERKAMP, Jan (Ed.). *Commentary on the Unidroit Principles of International Commercial Contracts (Picc)*. Oxford: Oxford University Press, 2009. p. 140-201.

_____. Interpretation of the Unidroit principles. In: SNIJDERS, Henk J.; _____ (Ed.). *Content and meaning of national law in the context of transnational law*. Munique: Sellier, 2009.

VON OVERBECK, Alfred E. L'application par le juge interne des conventions de droit international privé. *Recueil des Cours*, v. 132, p. 1-106, 1971.

WATT, Horatia Muir. La fonction subversive du droit comparé. *RIDC*, n. 3, p. 503, 2000.

_____. Globalization and comparative law. In: REIMANN, Mathias; ZIMMERMANN, Reinhard. *The Oxford handbook of comparative law*. Oxford: Oxford University Press, 2008. p. 579-607.

WITZ, Claude. *Les premières applications jurisprudentielles du droit uniforme de la vente internationale (Convention des Nations Unies du 11 avril 1980)*. Paris: LGDJ, 1995.

_____. A raw nerve in disputes relating to the Vienna Sales Convention: the reasonable time for the buyer to give notice of a Lack of Conformity. *ICC International Court of Arbitration Bulletin*, v. 11, p. 15-21, 2000.

ZITELMANN, Ernst. Aufgaben und Bedeutung der Rechtsvergleichung. *Deutsche Juristen-Zeitung*, v. V, p. 329-332, 1900. In: ZWEIGERT, Konrad; PUT-

TFARKEN, Hans-Jürgen. *Rechtsvergleichung*. Darmstadt: Wiss. Buchges, 1978. p. 11-17.

ZWEIGERT, Konrad. Rechtsvergleichung als universale Interpretationsmethode. *RabelsZ*, v. 15, p. 5-21, 1949-1950.

_____; KÖTZ, Hein. *Einführung in die Rechtsvergleichung*. 6. ed. Tübingen: JCB Mohr (Paul Siebeck), 1996.

Une culture de droit mixte face à la mondialisation : de l'impact de la multiplicité des langues et des traditions juridiques en droit québécois*

Jean-François Gaudreault-DesBiens**

Introduction

En France comme ailleurs, l'idée de réformer un champ du droit d'une importance aussi cruciale que celui du droit des contrats soulève inévitablement des questions quasi existentielles. La réforme ne doit-elle consister qu'en une simple actualisation du régime juridique en vigueur ou offre-t-elle au contraire l'occasion d'en revoir certaines des logiques sous-jacentes? Se pose alors la question d'identifier, surtout dans le dernier cas, les sources d'inspiration d'une telle réforme. Y a-t-il lieu de demeurer à l'intérieur des paramètres classiques propres à la tradition dans laquelle le régime juridique en cause s'inscrit ou convient-il de porter le regard

---

* Ce texte reprend, à quelques détails près, celui d'une communication présentée lors du colloque *La culture civiliste : obstacle ou atout pour faire des affaires?*, 30 novembre et 1er décembre 2009, Lyon. Pour en faciliter la lecture, j'ai volontairement refusé de l'alourdir par une multitude de notes infrapaginales.
** Professeur de la Faculté de Droit de l'Université de Montréal.

au-delà de cette tradition pour, peut-être, y trouver des solutions mieux adaptées aux nouvelles réalités socio-économiques?

Cette dernière question renvoie bien sûr à celle de l'opportunité et de la faisabilité des greffes juridiques, sujet épineux et tentaculaire s'il en est. Que mes lecteurs se rassurent, je n'ai pas l'intention de me pencher ici sur l'épistémologie de la greffe juridique. Je m'intéresserai plutôt à un phénomène qui précède la greffe comme telle et qui tient à l'attrait que peut provoquer une solution juridique particulière, souvent étrangère, dans le cadre d'un processus de réforme du droit en vigueur. De manière plus précise encore, j'examinerai, en me servant du débat sur la concurrence des systèmes et traditions juridiques qu'ont relancé les rapports *Doing Business* de la Banque mondiale[1], les représentations qui peuvent être à la source d'un tel attrait et proposerai quelques réflexions sur les pièges que recèle la représentation des cultures juridiques. Je me pencherai, dans cette foulée, sur le cas particulier de la culture juridique québécoise.

Au-delà des archétypes

Je voudrais d'abord faire un premier constat : les débats récents sur la concurrence des traditions de *common law* et romano-germanique se sont largement fondés sur des images archétypales de ces traditions. Ainsi, les

---

[1] World Bank, *Doing Business in 2004 : Understanding Regulation*, Washington et Oxford, The World Bank, International Finance Corporation et Oxford University Press, 2003. Le rapport 2005 n'ajoute rien à la thèse soutenue dans celui de 2004. Il s'attache en effet à mesurer certains des indicateurs identifiés dans ce dernier. Voir : World Bank, *Doing Business in 2005 : Removing Obstacles to Growth*, Washington et Oxford, The World Bank, International Finance Corporation et Oxford University Press, 2004. Il en va de même du rapport 2006, qui se penche quant à lui sur l'influence du droit formel sur la création d'emplois. Voir : World Bank, *Doing Business in 2006 : Creating Jobs*, Washington et Oxford, The World Bank, International Finance Corporation et Oxford University Press, 2005. Quant à lui, le rapport 2007 s'intéresse aux types de réformes envisageables pour accroître la performance d'un État et à l'impact des considérations relatives au contexte de chaque État sur le succès des réformes en question. Voir : World Bank, *Doing Business in 2007 : How to Reform*, Washington et Oxford, The World Bank, International Finance Corporation et Oxford University Press, 2006. Les rapports 2008 et 2009 poursuivent dans la même veine.

rapports *Doing Business* ont repris à leur compte un archétype positif de la *common law* et un autre, négatif celui-là, de la tradition romaniste, et plus particulièrement de sa branche française, en se fondant entre autres sur un récit des origines de l'une et l'autre de ces traditions[2]. Les réactions, notamment en France, n'ont pas été en reste, prenant souvent l'allure d'une défense identitaire du droit civil comme tel ou de la manière française de faire du droit civil[3].

Les rapports *Doing Business* reproduisent certes une image figée du droit tel qu'il se fait et se vit dans les États se rattachant à la branche française de la tradition civiliste. Plusieurs auteurs, dont l'Association Henri-Capitant ou moi-même dans mon ouvrage *Les solitudes du bijuridisme*, ont assez clairement montré les limites de la méthodologie sous-jacente à ces rapports, en révélant l'arbitraire des critères de comparaison retenus, la conception livresque du droit qui y est adoptée et l'exclusion de toute considération relative à la justice distributive de la définition d'efficience économique qui y est privilégiée[4].

Mais ces rapports ne sortent pas de nulle part. Ils se fondent en effet sur un influent courant d'analyse économique des institutions et des normes juridiques – le mouvement des *Legal Origins* ou de la *New Comparative Economics* – dont les travaux, s'ils souffrent des mêmes tares méthodologiques et épistémologiques que les rapports *Doing Business* qu'ils ont inspirés, sont tout de même un peu plus nuancés que ces derniers dans leur évaluation du système juridique français. De fait, les travaux de LLSV (pour La Porta, Lopez-de-Silanes, Schleifer et Vishny)

---

[2] Pour une analyse de ce récit, voir: J.-F. Gaudreault-DesBiens, *Les solitudes du bijuridisme canadien. Essai sur les rapports de pouvoir entre les traditions juridiques et la résilience des atavismes identitaires*, Montréal, Éditions Thémis, 2007. Le présent texte emprunte très largement au chapitre quatrième de cet ouvrage et à l'appareil de notes infrapaginales qui l'accompagne. Les lecteurs souhaitant en savoir plus sont y invités à le consulter.
[3] Pour une analyse de la réaction française, voir H. Muir Watt, « Les réactions françaises à 'Doing Business' », dans : J.-F. Gaudreault-DesBiens, Ejan Mackaay, B. Moore et S. Rousseau (dir.), *Convergence, concurrence et harmonisation des systèmes juridiques*, Montréal, Éditions Thémis, 2009, p. 67.
[4] J'analyse en détail la nature et les sources de la critique économiste formulée à l'encontre de la tradition romaniste dans J.-F. Gaudreault-DesBiens, « La critique économiste de la tradition romano-germanique », [2010] *Revue trimestrielle de droit civil*, 683.

reconnaissent que le système juridique romano-germanique peut, dans le contexte français, s'avérer relativement efficient au regard des variables économico-financières qu'ils privilégient afin de mesurer son efficience (la protection des investisseurs, la règlementation minimale de l'économie, etc.). Là où, cependant, le bât blesse, c'est quant aux possibilités de greffer ce système dans des contextes autres que français. Tout en admettant que les systèmes civilistes fonctionnent adéquatement là où existent déjà des régimes démocratiques, LLSV mettent en doute la viabilité des greffes civilistes réalisées dans des États ne correspondant pas à ce modèle, ce qui est du reste le cas de nombreux pays en développement : « Relative to the efficient choice for a developing country's IPF [Institutional Possibility Frontier][5], transplantation leads to excessive intervention and regulation, and relatively more so in civil than in common law countries. This problem is most severe in civil law countries, which end up being especially over-regulated relative to efficiency »[6]. La plupart de leurs travaux cherchent donc à valider cette conclusion en se référant à un échantillon constitué de plusieurs États de droit civil et de *common law*.

Selon ces auteurs, compte tenu notamment du dirigisme étatique, de l'absence d'un véritable pouvoir judiciaire indépendant et de l'hostilité à l'économie de marché qui caractériseraient le système français, sa transplantation hors de France, en tout ou en partie, serait vouée à l'échec à moins que les garde-fous qui permettent d'en endiguer les faiblesses en France se retrouvent dans les États où il est greffé. Or, de tels garde-fous n'existent pas (ou bien peu) dans plusieurs États auxquels la France a légué son droit, et tout particulièrement dans plusieurs anciennes colonies de ce pays. On peut le regretter, certes, mais c'est ainsi.

Une question qui se pose toutefois est de savoir si c'est vraiment le système *juridique* français qui est en cause. On peut par exemple se de-

---

[5] Cet indicateur est défini comme suit : « The IPF reflects the institutional possibilities of the society, i.e. how much disorder can be reduced with an incremental increase in the power of the state. » Voir : S. Djankov, E. Glaeser, R. La Porta, F. Lopez-de-Silanes et A. Shleifer, « The New Comparative Economics », (2003) 31 *Journal of Comparative Economics*, 595 à la page 599.
[6] *Id.*, à la page 611.

mander si ce n'est pas plutôt l'échec politique et culturel du projet colonial français qui expliquerait les ratés, notamment économiques, de plusieurs États de tradition juridique française, variable à laquelle s'ajouteraient des facteurs endogènes à la culture politique postcoloniale des États en cause? Je n'entends pas répondre à cette question. Je voudrais en revanche attirer l'attention sur le danger que pose, en toute hypothèse, l'assimilation aveugle de tous les États partageant une filiation quelconque avec le système juridique français. Entre la Belgique, la Hollande, l'Espagne ou l'Italie, d'une part, et le Burkina Faso, la Colombie ou l'Algérie, d'autre part, il y a beaucoup de différences, et qui n'ont souvent rien à voir avec le système juridique de ces pays. Bref, la diversité peut être fort considérable à l'intérieur d'une même famille juridique et des vecteurs de diversité tout à fait autres que juridiques peuvent influer sur la performance économique des États et, plus largement, sur leurs modes de gouvernance. Sur ceux-là, les rapports *Doing Business* font entièrement l'impasse.

Le Québec comme lieu de métissage juridique

Ce qui m'amène à parler du Québec, rejeton métissé de la tradition juridique française. Si l'on se reporte une fois de plus aux rapports *Doing Business*, on observe que le Québec, en tant qu'entité fédérée du Canada, n'y fait pas l'objet d'un traitement spécial malgré le lien qui l'unit à la tradition civiliste française. La situation n'est pas différente dans les travaux des économistes LLSV. Autrement dit, le Québec y est traité comme une partie indifférenciée d'une juridiction présentée comme appartenant à la tradition de *common law*. Le Québec n'est qu'en effet partiellement de tradition civiliste et son droit ne s'exprime pas qu'en français. On ne saurait trop le dire, malgré les mutilations que l'on a parfois voulu imposer à l'identité juridique québécoise en réduisant sa spécificité au droit civil.

Bien sûr, c'est son appartenance civiliste qui distingue d'emblée le droit de cette province de celui de ses voisines nord-américaines. En revanche, si l'on élargit l'examen au-delà du Canada et des États-Unis – et il me paraît important de le faire – c'est sa mixité qui fait vraiment l'originalité du droit québécois. En effet, il n'y a rien, en soi, de très original à avoir un ordre juridique entièrement inscrit ou bien dans la tradition civiliste ou bien dans celle de *common law*. En revanche, l'inscription d'un même ordre juridique dans plus d'une tradition à la fois tend à engendrer des configurations institutionnelles inédites et influer sur la manière dont sont conceptualisées et pratiquées les traditions interagissant dans le cadre d'un tel ordre.

Mais de quoi parle-t-on au juste lorsque l'on se réfère au concept de mixité juridique? Et quelles en sont les manifestations les plus marquantes au Québec?

Tout d'abord, le concept de mixité se réfère à un ordre juridique sur le territoire duquel aucune tradition ne se trouve jamais en situation monopolistique. À l'inverse, les concepts de bijuridisme ou de multijuridisme (comme au Canada ou dans l'Union européenne) connotent plutôt l'idée d'une coexistence de traditions juridiques s'exprimant par le truchement de systèmes nationaux, coexistence avant tout organisée sur le mode du parallélisme plutôt que sur celui de l'interaction. Ainsi, au Canada et en faisant abstraction du cas du Québec pris isolément, les traditions civilistes et de *common law* n'interagissent vraiment directement que sous l'empire du droit fédéral et, encore, à des conditions très particulières notamment liées à la compétence constitutionnelle de principe que détiennent les provinces sur le droit privé[7]. Dans cette optique, le droit fédéral ne se référera à la tradition civiliste comme *jus commune* que dans ses rapports avec le droit privé du Québec, tout comme il se référera à la *common law* comme *jus commune* en droit privé dans ses relations avec les autres ordres juridiques provinciaux[8], ce qui sous-tend une territorialisation des relations avec ces traditions. Ce serait par exemple le cas en droit de la faillite, champ de compétence fédérale, mais qui s'appuie inévitablement sur des concepts – les droits des biens, les contrats, les sûretés – qui

---

[7] *Loi constitutionnelle de 1867*, L.R.C. 1985, app. II, n° 5, art. 92(13).
[8] *Loi d'harmonisation n° 1 du droit fédéral avec le droit civil*, L.C. 2001, c. 4; *Loi d'harmonisation n° 2 du droit fédéral avec le droit civil*, L.C. 2004, c. 25.

relèvent, eux, de la compétence provinciale. À l'inverse, le droit fédéral dit « dissocié », c'est-à-dire celui dont la mise en œuvre ne dépend pas *a priori* de régimes juridiques provinciaux préexistants – par exemple le droit de la concurrence –, pourra emprunter à diverses influences, de droit civil, certes, mais surtout de *common law* compte tenu de l'ancrage prédominant du Canada, en tant qu'ancienne colonie britannique, dans cette tradition juridique.

Comme on le voit, si le bijuridisme ou le multijuridisme renvoient certes à une condition de pluralisme juridique, ce pluralisme est avant tout institutionnel et structurel. La mixité, quant à elle, peut comporter des dimensions institutionnelles et structurelles, mais le pluralisme dont elle est porteuse va au-delà de ces seules dimensions : comme nous le verrons, ce pluralisme est aussi interne aux juristes eux-mêmes. En ce sens, il est culturel.

Cela dit, parlons un peu de cette terre de droit mixte que constitue le Québec et au sein de laquelle se retrouve une composante civiliste fort valorisée. Cette mixité découle de deux facteurs cruciaux. Le premier est que le droit privé du Québec est primordialement d'origine française, encore que certaines matières de droit privé relèvent de la compétence fédérale, lesquelles, tel qu'évoqué, peuvent ou non être dissociées du substrat privatiste provincial. Le second facteur est que le droit public, y incluant plusieurs champs qui relèvent du droit réglementaire, y est primordialement d'origine anglaise ou a subi une profonde influence anglo-américaine.

De ce lien avec les deux grandes traditions juridiques occidentales découlent des conséquences quant à la configuration que prend le droit applicable dans certains grands champs. En voici quelques-unes. Tout d'abord, malgré des influences françaises, son droit processuel est à bien des égards inspiré de normes anglaises[9]. Ensuite, son droit des affaires, du moins dans sa partie réglementaire (sociétés par actions et valeurs mobilières) se rapproche du modèle anglo-américain même si sa toile de fond

---

[9] Voir là-dessus : L.-M. Augagneur, « De la preuve et des systèmes judiciaires en France et au Québec », (2003) 63 *Revue du Barreau* 401.

est constituée de concepts civilistes. Enfin, l'organisation judiciaire du Québec, les attributions inhérentes de ses tribunaux, la conceptualisation de leur indépendance, le rôle qu'y jouent les juges et le droit prétorien, le modèle contradictoire ou accusatoire, ainsi que le style des jugements, s'inscrivent d'emblée dans la tradition de *common law*.

Sur le plan de la pratique du droit, il faut également noter que l'organisation et le mode de fonctionnement des cabinets offrant des services juridiques reflètent dans une large mesure ce qui se fait ailleurs en Amérique du Nord. En outre, et cela a même des conséquences normatives, l'anglais y est langue de droit civil tout comme le français y est langue de *common law*.

L'appartenance civiliste du Québec s'articule donc avant tout autour d'un noyau dur privatiste dont l'essentiel se trouve dans le Code civil, lequel constitue le *jus commune* par rapport aux lois s'y rapportant ou y dérogeant, du style de rédaction des lois et d'un certain rapport aux sources du droit, notamment au droit légiféré. Cela est bien sûr considérable, mais cela ne fait pas du Québec un État fédéré civiliste « pur », encore moins un État représentatif du « modèle civiliste » que les rapports *Doing Business* et LLSV estiment moins performant que celui de *common law*. En fait, le droit du Québec est marqué par le métissage, métissage qui s'exprime dans les *normes*, la *méthode*, les *modes d'expression* de la pensée juridique et la *géométrie variable de l'identité* des juristes individuels.

Quant aux *normes*, il suffira pour illustrer ce métissage de quelques exemples tirés du Code civil du Québec, mais que, dans certains cas, l'on retrouvait déjà dans son prédécesseur, le Code civil du Bas-Canada. Le premier de ces exemples est la liberté testamentaire absolue consacrée au Québec, comme dans les États de *common law*, et l'absence corollaire de réserve héréditaire. Le second tient à l'absence de personnalité morale de la société contractuelle de personnes, malgré la reconnaissance de nombreux attributs de la personnalité juridique. La troisième et la quatrième illustrations se trouvent dans la reconnaissance de la licéité de la fiducie à titre onéreux et des hypothèques mobilières. Enfin, le Code civil contient des normes « de droit public », intéressant de manière spécifique l'État et ses préposés.

Dans plusieurs de ces cas, les « emprunts » à la *common law* ne découlent pas tant d'une infatuation pour la « meilleure règle » envisagée dans l'abstrait, mais plutôt du constat de la nécessité que le droit québécois ne nuise pas à la compétitivité de l'économie de la province ou accroisse cette compétitivité et ce, dans un contexte nord-américain où existent des normes visant à promouvoir des politiques économique x, y ou z. Toutefois, la greffe dans le Code civil du Québec d'institutions telles que la fiducie à titre onéreux ou les hypothèques mobilières témoignent non seulement d'une volonté législative d'offrir aux Québécois des outils juridiques souples comparables à ceux des juridictions voisines de *common law*, mais aussi d'un souci de « civilisation » de ces institutions, se traduisant par la volonté de réaliser un arrimage authentique entre ces institutions et l'économie générale du Code civil. Autrement dit, il est ici question d'une « indigénisation » de concepts inspirés de la *common law*, qui, une fois cette indigénisation complétée, ne peuvent plus être traités comme des concepts de *common law*[10]. En outre, c'est ce même souci d'arrimage qui a justifié l'élimination de concepts de *common law*, telle la « consideration », qui était tenue pour synonyme de « cause » dans la version anglaise du Code civil du Bas-Canada, ce qu'elle n'est pas si l'on examine la nature et la fonction de la cause, en droit civil, et celles de la « consideration », en *common law*.

Le métissage du droit québécois est aussi *méthodologique* et épistémologique. Il affecte par exemple la théorie des sources. Ainsi, nul ne prétend plus, me semble-t-il, que le juge « civiliste » québécois n'est pas un producteur en bonne et due forme de droit! Cela dit, la géographie du métissage du droit *civil* au Québec est variée : certaines régions de ce droit sont plus métissées que d'autres. Le droit des contrats, par exemple, ne l'est guère, ce qui facilite considérablement les échanges à ce sujet entre les civilistes québécois et leurs collègues français.

---

[10] Comme exemple de décision judiciaire où une fine analyse de droit comparé entre le droit civil et la *common law* permet d'éviter la confusion entre le « trust » de droit prétorien en *common law* et la fiducie alimentaire consacrée à l'article 571 C.c.Q., voir le jugement rédigé par l'Honorable Nicholas Kasirer pour une Cour d'appel unanime dans : *Droit de la famille – 093071*, 2009 QCCA 2460.

Que les institutions, les normes et la méthode soient métissées, c'est déjà beaucoup. Mais ce métissage a une dimension *culturelle* plus profonde encore. Ainsi, les *modes d'expression* de la pensée juridique se distinguent à la fois de ceux traditionnellement associés à la tradition romaniste et de ceux traditionnellement associés à la tradition de *common law*. J'ai déjà évoqué le style des jugements qui, autant dans des affaires de droit civil « pur » que de droit public, reprennent le modèle discursif de la *common law*, avec des motifs élaborés, des opinions multiples, convergentes ou dissidentes. Ce type de variation par rapport à la tradition d'attache primordiale se retrouve aussi dans l'expression du droit public, mais plutôt en doctrine cette fois. En effet, des observateurs ont déjà noté l'originalité formelle de la présentation de ce droit par rapport à celui qui émane des provinces de *common law* alors que le matériau de base, en l'occurrence les normes de droit positif, y est à peu près le même[11]. La présence d'une communauté de normes n'emporte cependant pas que l'angle à partir duquel on les saisit soit exactement semblable. Il est en effet difficile de ne pas déceler une certaine influence civiliste dans la manière dont le droit public est appréhendé et conceptualisé au Québec, particulièrement par les juristes universitaires. La doctrine publiciste québécoise écrite en français est de fait probablement plus abstraite, plus fondée sur l'identification de principes et généralement moins casuiste que sa contrepartie hors Québec. Si pareille approche peut légitimement paraître étrange lorsque appréhendée à partir d'une conception orthodoxe de la *common law*, elle reflète vraisemblablement une intériorisation de la méthode civiliste qui, sans être complètement réfractaire à la factualité, tend néanmoins à aller du général, le principe, vers le particulier – d'abord la règle et ensuite les faits – ou, si l'on préfère, les faits *sous* la règle. Il n'est pas non plus exclu que ce mode de saisie et d'organisation du droit public trahisse l'influence d'une variante de l'« effet de Code ». On sait en effet que, dans un Code, les règles formelles participent à l'expression de principes généraux qui s'inscrivent eux-mêmes dans un projet de société plus global que le Code

---

[11] R. Leckey, « Territoriality in Canadian Administrative Law », (2004) 54 *University of Toronto Law Journal*, 327.

contribue autant à refléter qu'à mettre en oeuvre. Peut-être cela explique-t-il en partie l'importance que tant de publicistes francophones accordent à la théorisation du phénomène étatique. Quoi qu'il en soit, l'accent mis sur l'identification de propositions formulées comme des principes plutôt que comme des règles, ne saurait étonner en ce que cette pratique évoque le rôle attribué aux principes généraux du droit dans la tradition civiliste[12].

Autant les normes comme telles que les modes d'expression de la pensée juridique se déclinent par ailleurs dans deux langues, et ce, aussi bien à l'échelle juridique québécoise « mixte » qu'à l'échelle canadienne « bijuridique » : le droit civil en français, bien sûr, mais aussi en anglais; la *common law* en anglais, certes, mais aussi en français. Mais ce que l'on observe, en bout de ligne, est l'émergence, au sein du droit mixte québécois, de ce qui ressemble fort, d'une part, à un « droit civil *canadien* », pour reprendre l'expression du professeur Crépeau[13], c'est-à-dire un droit civil québécois inextricablement ancré dans un dialogue avec la *common law* compte tenu de son inscription dans l'ordre juridique canadien englobant et, du fait de ce dialogue recherché ou imposé – c'est selon – profondément *sui generis*, et, d'autre part, à une *common law québécoise*, elle aussi en constant dialogue avec le droit civil, influencée par lui et également *sui generis*. Les liens de l'un et de l'autre avec leurs traditions respectives demeurent et peuvent sans problème s'épanouir, mais ni l'un ni l'autre ne peuvent se représenter comme des objets juridiques « purs ».

Voyons enfin les *juristes*, envisagés ici individuellement. Les rapports *Doing Business*, de même que la réaction qu'ils ont provoquée, ont placé

---

[12] J'ai soutenu ailleurs qu'en ce qui concernait l'activité juridictionnelle de la Cour suprême du Canada, tribunal général d'appel canadien statuant autant en droit civil qu'en *common law*, l'on pouvait parfois déceler une influence civiliste dans la manière de recourir à des principes généraux et de concevoir la juridicité des normes, et ce, même dans des champs relevant *a priori* entièrement de la tradition de *common law*, comme le droit constitutionnel. Voir : J.-F. Gaudreault-DesBiens, « Underlying Principles and the Migration of Reasoning Templates : A Trans-Systemic Reading of the *Quebec Secession Reference* », dans : S. Choudhry (dir.), *The Migration of Constitutional Ideas*, Cambridge, Cambridge University Press, 2006, p. 178.
[13] Voir : P.-A. Crépeau, *La réforme du droit civil canadien. Une certaine conception de la recodification 1965-1977*, Montréal, Éditions Thémis, 2003.

dos à dos la *common law* et le droit civil, mais ont aussi révélé la résilience du lien entre droit et nationalisme, bref entre droit et idéologie nationalitaire. Or, il est possible que pour des individus s'inscrivant d'emblée, volontairement ou non, dans une culture juridique unique ou *se représentant* comme inscrits dans pareille culture, une telle réaction idéologique soit inévitable. Après tout, comme le disait Wittgenstein, « les limites de mon langage signifient les limites de mon propre monde. »[14] Mais tous les juristes n'ont pas qu'une seule identité juridique; tous n'inscrivent pas non plus leur réflexion dans une épistémè monolithique. Tel est souvent le cas des juristes « métis » du Québec, dont le profil est à géométrie variable.

Signalons d'abord la présence d'une constante : sur le plan des potentialités, tous les juristes québécois sont à un moment ou l'autre conviés à faire l'expérience de la décentration, ce qui renvoie à la nécessaire distance qui doit être prise par rapport à soi-même et à ses schèmes de référence. Concrètement, cette décentration se manifeste lorsque le juriste doit, selon les questions, passer d'une déduction civiliste de type classique à une induction à la manière de la *common law*, changer de théorie des sources, ou appréhender un problème juridique en se référant aux deux traditions si celui-ci soulève à la fois des questions de droit privé et de droit public.

Dans ce sens, les juristes métissés du Québec, contrairement à ceux d'États où le droit est homogène, n'ont d'autre choix que de développer une « conscience de la fissure ». Cette conscience de la fissure, c'est d'abord la conscience de l'incomplétude de leurs appartenances juridiques et, ensuite, celle de l'inévitable interpénétration de ces appartenances. C'est la conscience de la présence en soi d'une altérité juridique fondamentale qui garantit que plusieurs juristes québécois vivent, à une étape ou à une autre de leur carrière, un moment rimbaldien où ils doivent admettre, bon gré, mal gré, que « je est un autre » et que, même en restant dans un « je » entièrement ancré dans une tradition précise, la présence d'un autre système de significations, voire d'une autre langue, interpelle la formulation des problématiques. Même en demeurant parfaitement cons-

---

[14] L. Wittgenstein, *Tractatus logico-philosophicus*, suivi de Investigations philosophiques, Paris, Gallimard, 1961, p. 86, §5.6.

cient des différences conceptuelles et méthodologiques séparant les deux traditions, le seul fait de puiser à l'une et à l'autre rend presque illusoire l'idée d'adopter une approche « pure » face à elles.

Cela ne signifie pas que ces deux traditions ressortent abâtardies de ce processus; cela signifie simplement que se déroule en chaque juriste québécois une négociation qui le mènera à conclure que, toutes choses étant égales, il se sent plus à l'aise avec la méthode de *common law* qu'avec celle de droit civil, ou inversement, sans cependant pouvoir faire l'impasse ni sur l'une ni sur l'autre. L'identification prédominante d'un juriste avec une tradition particulière dépendra en pareil contexte de plusieurs facteurs, allant de sa formation juridique initiale à son champ d'expertise particulier, de la nature du sujet qu'il appréhende, notamment en rapport avec la source de la règle en cause, en passant par l'influence de ses pairs. Rien, au surplus, n'exclut qu'elle varie en fonction des évolutions de sa carrière.

La mixité de l'ordre juridique québécois rend donc souvent inévitable, dans la pratique, une interaction culturelle entre deux traditions et deux langues, laquelle est en retour susceptible d'accroître la fréquence des influences de l'une sur l'autre et de forcer les juristes à se livrer à des exercices de comparaison devenus nécessaires dans l'optique de mieux saisir les conséquences de ces influences. Bref, l'identité des juristes québécois se conçoit fondamentalement en termes d'hétéronomie plutôt que d'autonomie.

Je ne veux toutefois pas idéaliser cette « conscience de la fissure », qu'il convient en effet de replacer dans le contexte socio-juridique particulier du Québec, lequel induit parfois les juristes à chercher à tout prix à colmater la fissure en question. Or, ce contexte en est un où la spécificité juridique québécoise en contexte canadien tient précisément à son lien de filiation avec la tradition romaniste. Il n'est donc pas étonnant que l'on ait eu historiquement tendance à protéger ce lien, de l'*Acte de Québec* de 1774 jusqu'à aujourd'hui. L'impératif de préservation de cette spécificité explique aussi les croisades pour l'expurgation du droit civil québécois des concepts de *common law* qui y avaient été intégrés à une certaine époque, et ce, au mépris de sa cohérence interne et de son économie générale. Si, le cas échéant, le droit a pu servir de support à un processus d'identification et d'affirmation « nationale », des rationalités internes au droit pouvaient néanmoins justifier le souci particulier manifesté à l'égard du droit civil. En revanche, on ne peut manquer d'être frappé par cette espèce de paradoxe qui fait que malgré que le droit québécois soit au moins autant de *common law* qu'il est de droit civil, et malgré que l'identité des juristes de cette province reflète cette mixité, on n'en a, dans l'espace symbolique, que pour le droit civil, et surtout pour le droit civil en français. Pensons par exemple à la clause de la défunte entente de Charlottetown qui associait notamment la spécificité du Québec à sa tradition de droit civil. Toute bienvenue que cette reconnaissance formelle eût pu être à certains égards, elle n'en était pas moins singulièrement réductrice de la complexité de l'identité juridique québécoise et, surtout, de l'expérience quotidienne des juristes du Québec depuis l'*Acte de Québec* de 1774. On aurait tout aussi bien pu décrire la spécificité de cette province, dans sa dimension juridique, comme découlant de sa double filiation de *common law* et de droit civil et, partant, comme procédant de la mixité de l'ordre juridique qu'elle forme. Pourtant, un certain nationalisme juridique, historiquement compréhensible mais à bien des égards auto-aliénant, a mené à exprimer cette spécificité en fonction de la distinction que le Québec donne extérieurement à voir au Canada de *common law* plutôt qu'en fonction de ce qui fait peut-être sa véritable originalité à l'échelle de la planète, même si celle-ci cadre moins bien dans les schèmes de référence fondés sur les « types purs », schèmes que favorise, bien sûr, le nationalisme politique et juridique pratiqué depuis des lunes au Québec.

Conclusion

Cette brève présentation a montré, je crois, que le droit du Québec donne lieu à d'authentiques métissages juridiques – n'ayons pas peur des paradoxes – où le droit civil se fait comme s'il s'agissait de la *common law* et où cette tradition se décline parfois comme s'il s'agissait de droit civil, le tout dans un ensemble bijuridique canadien. D'où l'irréductibilité épistémique et historique du juriste québécois à l'une ou à l'autre et le caractère autonome et *sui generis* du droit mixte comme tradition juridique.

Cela étant, le juriste québécois n'a pas à se présenter en modèle : il est ce qu'il est en raison d'une conjoncture historique particulière et de son ancrage dans géographie juridique qui le force à faire et à refaire des choix autant stratégiques et pragmatiques que romantiques et identitaires. En revanche, force est de constater que le pluralisme interne (même restreint au droit étatique) qui caractérise son identité juridique le rend peut-être plus immédiatement à même d'évoluer dans un contexte mondial où le pluralisme normatif est la règle et le monisme, l'exception. Cela l'outille peut être aussi un peu mieux que d'autres, du moins *a priori*, lorsqu'il s'agit d'inscrire le droit dans ses contextes sociaux et économiques. En effet, la « conscience de la fissure » *risque* d'être à la source, chez le juriste québécois, non seulement d'une conception du droit plus flexible que celle de ses collègues monojuridiques, mais aussi d'une conception de la science juridique – influence de la pensée juridique américaine aidant – plus ouverte sur les savoirs externes (économie, philosophie, science politique) et de leur pertinence dans la réflexion en droit et sur le droit. Ainsi, plusieurs juristes québécois étaient depuis longtemps au fait des travaux des économistes de la mouvance *Legal Origins* à la source des rapports *Doing Business*, d'où peut-être un étonnement moins vif face au discours simpliste tenu dans ces rapports. J'ajouterai enfin sur ce plan que si les rapports *Doing Business* pouvaient avoir provoqué chez les juristes romanistes une prise de conscience par rapport aux limites de la doctrine de type kelsénien, formellement imperméable aux savoirs externes, il faudrait alors conclure que nous avons besoin de plus, et non de moins, de « crises » à la *Doing Business*.

O transjudicialismo e as cortes brasileiras: sinalizações dogmáticas e preocupações zetéticas

*André Lipp Pinto Basto Lupi**

O transjudicialismo...

O termo "transjudicialismo" pouco figura nas obras da doutrina brasileira. Surgido, ao que parece, nos Estados Unidos, teve ampla repercussão a partir de artigo de Anne-Marie Slaughter, "Uma tipologia da comunicação transjudicial".[1] Nesse trabalho, a autora explora as possibilidades de comunicação entre cortes de sistemas jurídicos diferentes e de recepção das experiências de outras jurisdições.

A comunicação transjudicial ultrapassa fronteiras nacionais e nela não há coordenação intergovernamental, nos moldes do direito internacional público. Os protagonistas do transjudicialismo não fazem direito puramente nacional, na medida em que complementam e até modificam normativas nacionais com fulcro em referências jurisprudenciais estrangeiras ou internacionais. Contudo, seus atores não são privados, sequer não governamentais. São juízes, autoridades públicas constituídas. Seus objetivos, no mais das vezes, respondem primariamente à própria posi-

---
* Universidade do Vale do Itajaí (Univali).
[1] SLAUGHTER, Anne-Marie. A tipology of transjudicial communication. *University of Richmond Law Review*, v. 29, p. 99-139, 1994-1995.

ção do Judiciário em face dos demais poderes do Estado, e atende a fins domésticos. Os reflexos para o direito internacional, por mais relevantes que sejam, são mais colaterais do que intencionais.

O fenômeno traz consigo algo de inovador. Tem as sementes de um diálogo multicultural. Talvez carregue em seu seio também algo do passado, resquícios de postura imperialista ou de violência simbólica incutida na primazia conferida a exemplos oriundos de nações mais poderosas. Essas são as preocupações zetéticas que serão levantadas adiante. Antes, porém, o artigo apresenta a situação no Brasil e os fundamentos dogmáticos que podem viabilizar o incremento dessa atividade ou fenômeno na jurisprudência brasileira.

Tudo ocorre no âmbito discursivo, pois são as práticas de fundamentação das decisões que interessam. A fim de caracterizá-las, convém reproduzir sinteticamente a tipologia criada por Slaughter.

As variáveis consideradas pela autora para classificar a interação discursiva entre tribunais foram duas. Primeiro, analisa-se o pertencimento da corte de recepção ao mesmo sistema judiciário da corte emissora do precedente citado.[2] A esse critério responde a classificação da comunicação em horizontal, entre tribunais de igual estatura, como as cortes supremas de dois Estados soberanos, e vertical, quando verificada a subordinação hierárquica da corte emissora do precedente à corte receptora. No plano internacional, isso remete às noções de supranacionalidade e efeito direto, ainda raras no contexto geral e restritas à experiência europeia. As vias tradicionais de cooperação judiciária internacional, como a carta rogatória e a homologação de sentença estrangeira, indicam outro ponto de contato emergente em relações horizontais. Todavia, interessam pouco a este artigo, porquanto refogem ao âmbito estritamente argumentativo, incidindo em situações de colaboração direta e institucionalizada entre os Estados.

O segundo critério apontado é o da forma da interlocução. Interessa neste passo determinar se há preocupação com a reação da corte envolvida na comunicação transjudicial, como no caso das submissões de questões

---

[2] Ibid., p. 106-112.

prejudiciais ao Tribunal de Justiça europeu por cortes nacionais, baseadas no art. 177 do Tratado de Maastricht. Outra situação relevante, denominada "de diálogo misto", é a projeção da jurisprudência nacional sobre um determinado assunto — o direito fundamental à inviolabilidade do domicílio, por exemplo —, a tribunais de outros Estados, pela via de sua incorporação à jurisprudência de um tribunal supranacional, tal qual a Corte Europeia de Direitos Humanos (Cedh). Novamente, trata-se de uma riqueza de relações restrita à integração europeia. Assim, o mais ordinário da comunicação transjudicial dar-se-á na forma de monólogos, consistentes em empréstimos constitucionais e na utilização da experiência estrangeira ou internacional como ilustrações úteis ao convencimento acerca da correção da decisão. Nesta situação, os juízes valem-se de tais referências sem preocupação com a reação da corte que as emitiu. Os *exempla* são incorporados ao discurso de fundamentação, porém sem esperar por repercussão da própria decisão na jurisprudência da corte originadora do precedente citado.

Como condições para a ocorrência desse fenômeno, são apontadas a autonomia do Judiciário frente ao governo, a confiança no papel da argumentação e a percepção da identidade da missão do julgador, inobstante sua localização. Essa missão comum depende de quatro pressupostos elementares: 1) obediência à *rule of law*; 2) a importância da referência a normas, em sentido lato; 3) busca de coerência no conjunto das decisões ou justificação da dissidência; 4) clareza lógica e consistência da argumentação.[3]

Ressalta do trabalho impressão amplamente favorável a esse movimento de comunicação entre cortes, marcada pelas seguintes vantagens: reforço da autoridade de tribunais internacionais; deliberação coletiva sobre problemas comuns; proveito de experiências de outros; informação fácil sobre interpretação de obrigações comuns; atenção à reciprocidade no cumprimento de obrigações internacionais.[4] É justamente essa postulação que permite tratar não apenas de comunicação transjudicial como um fenômeno detectado

---

[3] Ibid., p. 112-114; 122-129.
[4] Ibid., p. 101, 114-122 e passim.

empiricamente, mas também como um movimento intelectual que defende sua ampliação. Daí a menção ao termo "transjudicialismo".

...E as cortes brasileiras

O nome (transjudicialismo) pode ainda não ser conhecido na academia nacional, mas a prática já pode ser detectada na atuação das cortes brasileiras. Em percuciente pesquisa, Luiz Magno Pinto Basto Júnior levantou 123 acórdãos do Supremo Tribunal Federal (STF) em que há menção a dados de direito comparado (legislação ou decisões jurisprudenciais), somando aproximadamente 700 referências desse gênero. Boa parte dessas decisões envolve direitos fundamentais.[5]

A essa mensuração devem ser aduzidas as notas tomadas do direito internacional, particularmente relevantes em casos de imunidade de jurisdição do Estado estrangeiro, em que constam provas do costume internacional, de interpretação de tratados multilaterais e promessas de reciprocidade em matéria de extradição.

Os tribunais brasileiros admitem apenas a comunicação horizontal. Embora o Brasil aceite a jurisdição de vários tribunais internacionais, a saber, Corte Interamericana de Direitos Humanos (CIDH),[6] Tribunal Penal Internacional (TPI),[7] Tribunal Internacional do Mar,[8] Corte Internacional

---

[5] BASTOS JR., Luiz Magno Pinto; BUNN, Alini. *Abertura e diálogo entre as cortes constitucionais*: identificação dos padrões de utilização pelo STF do argumento de direito comparado. Relatório Final de Pesquisa do Governo do Estado de Santa Catarina (Art. 170). Florianópolis, 2009. Mimeo.
[6] Tanto a Comissão quanto a Corte foram criadas pela Convenção Americana sobre Direitos Humanos (Pacto de São José da Costa Rica), de 1969. Disponível em: <www.oas.org>. O Brasil promulgou o Pacto em 6/11/1992, pelo Decreto 678. Disponível em: <www.planalto.gov.br>. Todos os documentos da internet citados neste trabalho foram acessados e conferidos em: 10 abr. 2009.
[7] A ratificação brasileira do Estatuto de Roma foi depositada em 20 de junho de 2002, segundo informação do site do tribunal: <www.icc-cpi.int/Menus/ASP/states+parties/Latin+American+and+Caribbean+States/Brazil.htm>.
[8] O Brasil ratificou a Convenção das Nações Unidas sobre Direito do Mar em 22 de dezembro de 1988, conforme informação do site: <www.un.org/Depts/los/reference_files/chronologi-

de Justiça (CIJ),[9] a submissão a procedimentos quase-judiciais de solução de controvérsias, como o Órgão de Solução de Controvérsias da Organização Mundial do Comércio (OMC),[10] e também arbitrais, a exemplo do Tribunal Arbitral do Mercosul, não há subordinação do Judiciário pátrio a cortes internacionais. Dessarte, as decisões de tais organismos não se incorporam necessariamente no ordenamento interno, tampouco são dotadas de tamanha autoridade que impeçam julgamentos contrários pelas cortes do país.

Para reforçar essa observação, pode-se apresentar a situação de maior verticalização entre todas as citadas, a do sistema interamericano de direitos humanos. Com efeito, as decisões da Comissão e da Corte têm interferido em políticas públicas nacionais e inclusive em deliberações judiciais. Tais fatos podem sugerir que a Corte Interamericana esteja de algum modo integrada ao sistema judicial nacional. Porém, a operação concreta do sistema evidencia que essa ponderação não procede. Embora possa decidir contra ações das autoridades públicas brasileiras de qualquer esfera de poder, as ordens da Corte Interamericana são executadas diretamente pelo Poder Executivo. E esta é a experiência havida na única condenação sofrida pelo Brasil na Corte Interamericana, no caso Damião Ximenes Lopes.[11] O Brasil cumpriu-a pela expedição de decreto do presidente da República, ordenando a indenização definida.[12] A reparação moral devida

---

cal_lists_of_ratifications.htm#The%20United%20Nations%20Convention%20on%20the%20Law%20of%20the%20Sea>.

[9] Todos os membros da ONU são partes do Estatuto da CIJ. O Brasil reconheceu a jurisdição compulsória em 1948, por um prazo de cinco anos. Prescrito em 1953, não houve renovação. DECLARATION of Brazil recognizing as compulsory the jurisdiction of the Court, in conformity with article 36, paragraph 2, of the Statute of the International Court of Justice. *United Nations Treaty Series*, v. 15, n. 237, p. 221-223, 1948.

[10] O Entendimento sobre Solução de Controvérsias faz parte dos anexos do Acordo Constitutivo da OMC, internalizado no país. BRASIL. Decreto nº 1.355, de 30 de dezembro de 1994. Promulga a ata final que incorpora os resultados da rodada Uruguai de negociações comerciais multilaterais do Gatt. *Diário Oficial da União*, 31 dez. 1994.

[11] CORTE INTERAMERICANA DE DIREITOS HUMANOS. *Caso Ximenes Lopes vs. Brasil*. Mérito, Reparações e Custas. Série C nº 149. Sentença de 4 de julho de 2006.

[12] BRASIL. Decreto nº 6.185, de 13 de agosto de 2007. Autoriza a Secretaria Especial dos Direitos Humanos da Presidência da República a dar cumprimento à sentença exarada pela Corte Interamericana de Direitos Humanos. *Diário Oficial da União*, 14 ago. 2007.

e a promoção das adaptações necessárias no sistema de tratamento de doenças mentais também ficaram a cargo do Poder Executivo. É certo que circula no Congresso Nacional Projeto de Lei tendente a viabilizar a execução pela via judicial, dando força de título executivo às sentenças da Corte e às ordens da Comissão.[13] Também não se olvida aqui do art. 68 do Pacto de São José, que confere executoriedade aos dispositivos das sentenças da Corte que contenham condenações pecuniárias.[14] Todavia, para os demais tipos de obrigações não há regulamentação que autorize a execução judicial.

Numa avaliação subjetiva, é possível sustentar que há ambiguidade na atitude dos juristas brasileiros — não somente juízes — em relação ao estrangeiro e ao internacional. Por um lado, a referência ao elemento alienígena confere sofisticação e erudição bem aceitas no meio acadêmico e entre os especialistas de forma geral. De outra parte, concepções de resistência à menor afetação à soberania nacional subjazem a muitas decisões.

Conforme sustentado em outro trabalho, o Brasil alinha-se ao dualismo, mais do que ao monismo. Nenhum dos dois rótulos, porém, dá conta de explicar adequadamente a complexidade das interações entre o ordenamento jurídico brasileiro e o internacional. Provavelmente por isso, são muitas as vozes pelo abandono dessas velhas ideias. Antes, porém, de abdicar do seu uso, convém explicar que a proximidade do Brasil ao dualismo está marcada por alguns postulados bem claros oriundos da jurisprudência do STF, como a separação do momento de vigência inicial do tratado no âmbito interno, iniciada com a promulgação do decreto presidencial, do marco inicial de vigência internacional, normalmente contado a partir da entrega do instrumento de ratificação à outra parte ou ao depositário do tratado. A separação é estrita, ao ponto de um tratado ratificado e não promulgado não poder receber aplicação pelo Judiciário.

---

[13] CÂMARA DOS DEPUTADOS. Projeto de Lei nº 667/04. Disponível em: <www.camara.gov.br>.

[14] Esta é a redação do art. 68.2: "A parte da sentença que determinar indenização compensatória poderá ser executada no país respectivo pelo processo interno vigente para a execução de sentenças contra o Estado".

Outro postulado importante liga-se ao tema do *status* hierárquico do tratado na ordem interna. Embora haja uma variação *ratione materiae* que admite exceções quantitativa e qualitativamente relevantes, o peso do tratado na ordem hierárquica dos tipos normativos do ordenamento nacional será sempre definido com referência ao próprio direito interno. Ainda que o tratado prevaleça sobre norma interna, isso somente ocorre porque alguma regra ou princípio do próprio direito interno autoriza conferir-lhe essa primazia. Não obstante, o Brasil não pode ser considerado um ortodoxo seguidor da doutrina dualista. Certas normas prescindem de procedimento interno de incorporação, sendo detectadas diretamente pelos tribunais, sem intermediários, tornando-as diretamente aplicáveis, como sói acontecer nos litígios sobre a imunidade do Estado estrangeiro, baseados em normas consuetudinárias.[15] Além disso, a extinção da obrigação do Brasil no plano internacional, seja por denúncia, falta de reciprocidade (*exceptio non adimplenti contractus*) ou distrato, tem efeitos imediatos no ordenamento interno, independente de revogação expressa da norma interna que dá força de lei nacional ao tratado.[16]

Em síntese, há crescente atenção às experiências de outros sistemas jurídicos, sobretudo no campo do direito constitucional. O Judiciário brasileiro não foge dessa tendência, embora premissas de um modelo mais fechado ainda perambulem pelas páginas do Diário da Justiça. Entre elas, destacam-se: a rejeição ao efeito direto de normas internacionais no ordenamento interno, inclusive de decisões de cortes internacionais reconhecidas pelo Brasil; a possibilidade de alteração de tratados por lei ordinária posterior; a interpretação restritiva da vigência dos tratados internacionais. Apesar de tais restrições, persistem vias abertas à integração, constituídas por sinalizações dogmáticas que serão apontadas na sequência.

---

[15] STF. Apelação Cível nº 9696, de São Paulo. Tribunal Pleno. Relator min. Sydney Sanches. Julgamento de 31de maio de 1989. *DJ*, 12 out. 1990. p. 11045.

[16] LUPI, André L. P. B. *O Brasil é dualista?* Anotações sobre a vigência das normas internacionais no ordenamento interno brasileiro. 2008. Mimeo; LUPI, André L. P. B. La aplicación del derecho internacional por los tribunales brasileros. In: VELASQUEZ RAMIREZ, Ricardo; BOBADILLA REYES, Humberto (Org.). *Justicia constitucional, derecho supranacional e integración en el derecho latinoamericano*. Lima: Grisjley, 2007. v. 1, p. 309-332.

Sinalizações dogmáticas

Neste tópico, serão debatidas as formas de comunicação transjudicial admitidas pelo direito brasileiro, tendo em consideração, como ponto de partida, a prática concreta dos tribunais superiores.

Ultrapassada a discussão sobre mecanismos formais que implicam institucionalizar a interação entre os Estados, representada pelo embate entre monistas e dualistas, pode-se avançar para outras formas de interação mais sutis e discretas, inseridas no campo argumentativo e sem apoio na rigidez das hierarquias piramidais que sustenta aquele antigo debate.

Neste passo, possibilidades de participação das cortes brasileiras num processo mais ativo de comunicação transjudicial serão aventadas a partir da aplicação de dois princípios do direito internacional: o princípio da integração sistêmica e o princípio da interpretação consistente.

O nome dado ao princípio da integração sistêmica encontra-se em recente relatório da Comissão de Direito Internacional (CDI) das Nações Unidas, sobre a fragmentação do Direito Internacional.[17] Nele, o relator, Martti Koskenniemi, aponta para a importância de dar-se maior atenção ao princípio geral de interpretação constante do artigo 31.3.c da Convenção de Viena sobre Direito dos Tratados,[18] cujo texto é o seguinte:

> Artigo 31. Regra geral de interpretação.
> 1º Um tratado deve ser interpretado de boa-fé, de conformidade com o sentido comum que deve ser atribuído aos termos do tratado em seu contexto e à luz de seu objeto e finalidade. [...]
> 3º Será levado em conta, juntamente com o contexto:

---

[17] INTERNATIONAL LAW COMMISSION. *Fragmentation of international law*: difficulties arising from the diversification and expansion of international law. A/CN.4/L.682. 13 Apr. 2006. Disponível em: <www.un.org>; para um comentário do relatório, ver: CASTANHEIRA, Fernando Henrique. Entre unidade e fragmentação: perspectivas sobre os processos de expansão e especialização no direito internacional contemporâneo. In: MENEZES, Wagner (Org.). *Estudos de direito internacional*. Curitiba: Juruá, 2007. v. X, p. 104-112.

[18] CONVENÇÃO DE VIENA sobre Direito dos Tratados de 1969. In: SALIBA, Aziz Tuffi. *Legislação de direito internacional*. São Paulo: Rideel, 2006. p. 808-829.

a) qualquer acordo posterior ajustado entre as partes concernente à interpretação do tratado ou à aplicação de suas disposições;
b) qualquer prática posterior na aplicação do tratado pela qual fique estabelecido o acordo das partes relativo à sua interpretação;
c) qualquer regra pertinente de Direito Internacional aplicável nas relações entre as partes.

O artigo prevê, portanto, que não apenas as referências normativas contidas *dentro* do tratado, mas também outras, *externas* a ele, como a prática posterior e "qualquer regra pertinente de Direito Internacional", sejam utilizadas para atribuir sentido às expressões nele contidas. Por isso Jean-Marc Sorel vale-se, com razão, da expressão "contexto externo".[19]

O fato de ser a última das normas insculpidas no artigo não significa que seja recurso subsidiário de interpretação. O "contexto externo" deve ser *sempre* levado em consideração, pois a própria CDI, ao comentar o projeto de artigos que resultou na Convenção de 1969, disse que o art. 31 agrupava várias regras de interpretação comumente aceitas, sem entre elas estabelecer hierarquia, porque sua aplicação requer uma única operação combinada (*a single combined operation*).[20]

Sua aplicação ao direito interno, contudo, tem efeitos ainda mais profundos. É que o juiz nacional frequentemente depara-se com o desafio de incorporar norma convencional ao direito interno, devendo "traduzi-la" para sua própria cultura jurídica e, logo, seu "léxico" jurídico. Em outras palavras, quer-se destacar a necessidade de o juiz encontrar significados no texto do tratado, consciente que os redatores desse texto, não obstante a presença provável de um ou mais compatriotas seus, escolheram seus termos a partir de um contexto próprio de significação, o do direito internacional.

---

[19] SOREL, Jean-Marc. Article 31 — Convention de 1969. In: CORTEN, Olivier; KLEIN, Pierre (Dir.). *Les Conventions de Vienne sur le droit des traités*: commentaire article par article. Bruxelas: Bruylant, 2006. p. 1317-1324; ver, ainda: LUPI, André L. P. B. Qual contexto? Uma análise dos critérios de interpretação segundo a Convenção de Viena sobre Direito dos Tratados. In: MENEZES, Wagner (Org.). *Estudos de direito internacional*: anais do V Congresso Brasileiro de Direito Internacional. Curitiba: Juruá, 2007. v. IX, p. 172-180.
[20] ILC. Draft articles on the Law of Treaties with commentaries. In: ILC. *Yearbook*. 1966. v. II, p. 220.

Como aliás já afirmamos noutro trabalho, "Com isto, reconhece-se o caráter sempre intertextual dos procedimentos interpretativos, porém enfatiza-se um círculo de referências próximas do texto; é uma intertextualidade baseada na *comunhão de origem*".[21]

A Convenção ainda não está ratificada pelo Brasil,[22] mas seus artigos sobre interpretação são aceitos de maneira inequívoca como reveladores do costume.[23] Enquanto norma consuetudinária, são obrigatórios para o país. Não obstante, a norma de interpretação contém alternativas, não sendo o contexto, especialmente o contexto externo, a única fonte de referências significantes para a tarefa.

Outro princípio interpretativo, cuja incidência parece mais contundente, também sinaliza para a abertura à comunicação transjudicial. Trata-se do princípio da interpretação consistente, vigente e aplicado no

---

[21] PINTO BASTOS JR., Luiz Magno; LUPI, André L. P. B. A interpretação da norma jurídica internacional em conformidade com seu contexto: uma proposta para a aplicação do Direito Internacional pelos tribunais brasileiros. *Anais do Conpedi*, Brasília, 2008.

[22] Sobre a opinião do Congresso Nacional e sua oposição aos arts. 25 e 66 da CVDT, vide CÂMARA DOS DEPUTADOS. Comissão de Relações Exteriores. Parecer às emendas de Plenário EMP 1/1993. *Diário da Câmara*, 28 out. 1995. p. 3410-3411. A Câmara aprovou o Projeto de Decreto Legislativo em maio de 2009, mantendo as ressalvas aos dispositivos mencionados.

[23] MINISTÉRIO DAS RELAÇÕES EXTERIORES. Mensagem nº 116/1992. Submete à consideração do Congresso Nacional o texto da Convenção de Viena sobre o Direito dos Tratados, concluída em 23 de maio de 1969. *Diário da Câmara*, 8 dez. 1995. p. 8401-8402. Na mensagem, assinada pelo ministro Celso Lafer, a Convenção é descrita como "o repositório mais completo e orgânico das normas geralmente consagradas nesta matéria, e ponto de referência natural no tratamento do assunto, *mesmo para os Estados que dela não são partes*" (grifo meu). O Brasil a invoca em litígios internacionais: WORLD TRADE ORGANIZATION. *European communities*: customs classification of frozen boneless chicken cuts. Report of the Appellate Body (WT/DS269/AB/R). 12/9/2005. Ver, também, LUPI, André L. P. B. *Soberania, OMC e Mercosul*. São Paulo: Aduaneiras, 2001. p. 178-196. A jurisprudência de diversas cortes assegura o *status* consuetudinário do art. 31 da Convenção de Viena: WORLD TRADE ORGANIZATION. *United States*: standards for reformuled and conventional gasoline. Appellation Body Report (WT/DS2/AB/R. 29/4/1996). p. 18-20; INTERNATIONAL COURT OF JUSTICE. *Kasikili/Sedudu Island*. Reports 1999, p. 1.045, § 49; MERCOSUL. *Laudo do Tribunal Arbitral Ad Hoc* constituído para decidir sobre a reclamação feita pela República Federativa do Brasil à República Argentina, sobre a "aplicação de medidas de salvaguarda sobre produtos têxteis (Res. 861/99) do Ministério de Economia e Obras e Serviços Públicos". Colônia, 10 mar. 2000. p. 13.

direito europeu, mas também válido para o direito internacional geral.[24] Vários países reconhecem-no em sua jurisprudência.[25] Isso é reconhecido pelo Comitê de Direitos Econômicos, Sociais e Culturais da ONU que descreve o princípio em termos muito claros:

> Aceita-se em geral que o direito interno deva ser interpretado tanto quanto possível num modo que se conforme às obrigações internacionais do Estado. Logo, quando um decisor nacional depara-se com uma escolha entre uma interpretação do direito interno que levaria o Estado a uma situação de violação do Pacto e outra que permitiria o cumprimento do Pacto pelo Estado, deve, pelo Direito Internacional, escolher esta última.[26]

Seu conteúdo poderia ser definido como a obrigação de preferir a interpretação mais consistente com o direito internacional, quando mais de um sentido puder ser dado à norma interna. Ao contrário do princípio da integração sistêmica, aqui se tem critério para solução de antinomias surgidas no processo hermenêutico. Não é um guia para todos os casos, mas uma orientação quando vislumbrado conflito entre norma de direito interno e direito internacional. Suponha-se a existência de dois dispositivos, um previsto num tratado internacional, diga-se *I*, e outro em diploma nacional, *N*. Se entre eles houver oposição, em função da interpretação

---

[24] BETLEM, Gerrit; NOLLKAEMPER, André. Giving effect to public international law and European community law before domestic courts. A comparative analysis of the practice of consistent interpretation. *European Journal of International Law*, v. 14, n. 3, p. 569-589, 2003.
[25] Entre esses países podem ser citados Holanda, Austrália, Israel, Reino Unido (ibid., p. 575), Estados Unidos e Alemanha (SCHREUER, Christoph. The interpretation of treaties by domestic courts. *British Year Book of International Law*, v. 45, 1971. p. 265-267).
[26] COMMITTEE ON ECONOMIC, SOCIAL AND CULTURAL RIGHTS. *The domestic application of the Covenant*. E/C.12/1998/24, General comment 9. 3 Dec. 1998. Disponível em: <http://www.unhchr.ch>. Acesso em: maio 2009. No original: "15. *It is generally accepted that domestic law should be interpreted as far as possible in a way which conforms to a State's international legal obligations. Thus, when a domestic decision maker is faced with a choice between an interpretation of domestic law that would place the State in breach of the Covenant and one that would enable the State to comply with the Covenant, international law requires the choice of the latter. Guarantees of equality and non-discrimination should be interpreted, to the greatest extent possible, in ways which facilitate the full protection of economic, social and cultural rights*".

N', mas for possível também compreender o diploma nacional no sentido *N"*, não conflitante com *I*, este deverá ser o sentido aplicável. Neste caso, o princípio da interpretação consistente atua para afastar o conflito. Havendo opção disponível para o intérprete, ele tem de escolher o sentido conciliável com a norma internacional.

Um exemplo da própria jurisprudência brasileira que, todavia, não cita o princípio da interpretação consistente, está no voto do ministro Rezek em célebre acórdão sobre a prisão do depositário infiel. Ao discutir o conflito entre a norma internacional que proibia a prisão por dívidas — única exceção feita ao devedor de alimentos — e as normas internas brasileiras que permitem a do depositário infiel, Rezek sustentou que a interpretação mais correta era aquela que afastava o conflito entre a Constituição e os tratados. Entre duas opções, uma que anula um dispositivo infraconstitucional e outra que o harmoniza com a Constituição, deve prevalecer a segunda,[27] mormente se com isso se evita um ilícito internacional.[28] Segundo o ministro, a Constituição não instituía a prisão do depositário infiel, apenas reconhecia sua possibilidade, desde que regulamentada pelo legislador infraconstitucional. Ora, esse legislador decidiu afastar a prisão ao aprovar o Pacto. Interpretada desta forma a Constituição, não há conflito com o Pacto. O conflito ficou relegado à oposição entre a legislação ordinária e o tratado. No caso específico do depositário infiel, este raciocínio conduziria a proibir a sua prisão, sem afirmar a prevalência hierárquica dos tratados de direitos humanos sobre a legislação ordinária.[29]

Do que foi dito resta demonstrado que existem previsões normativas e princípios gerais de interpretação aplicáveis pelos tribunais brasileiros que estão aptos a embasar o fortalecimento da comunicação transjudicial. Resta agora valorar essa possibilidade.

---

[27] STF. Habeas Corpus n. 74.383-8-MG. Segunda Turma. Relator para o acórdão min. Marco Aurélio de Mello. *Diário da Justiça*, 27 jun. 1997, voto do min. Rezek, fls. 647.
[28] STF. *HC 74.383-MG*, fls. 648-649.
[29] Tivesse prevalecido essa posição, não obstante sua consistência com o direito internacional, não se evitaria que o legislador ordinário afastasse a garantia do Pacto para instituir novamente, por lei posterior, hipótese de prisão do depositário infiel.

Preocupações zetéticas: impactos sobre as culturas jurídicas

A intenção deste tópico é problematizar as consequências desse fenômeno descrito nos parágrafos anteriores. Seus expositores mais assíduos são também defensores de seu papel para a maior assimilação da justiça à ordem internacional, para a constitucionalização das relações internacionais.

Slaughter, emblematicamente, sustenta que os vínculos da interação mais direta entre os tribunais de diferentes sistemas jurídicos podem "emular a forma e o conteúdo de um governo mundial sem de fato transcender ou deslocar os Estados-nação".[30]

Mas será o transjudicialismo inteiramente positivo, mesmo para países que não se enquadram no conceito de grandes potências, como o Brasil? E quais os impactos sobre as culturas jurídicas não predominantes no âmbito internacional? Conheçamos, pois, as principais críticas.

Karen Knop chama atenção para o fato de que os jusinternacionalistas tendem a ver os juízes nacionais como meros aplicadores de um direito supostamente claro, livre de interpretações e adaptações. Esse modelo é por ela designado de "vertical", pois nele a lógica é binária: vinculante ou não vinculante, tudo ou nada; e assevera: "Associada a esta visão de simplesmente aplicar ou não aplicar o Direito Internacional está a afirmação de que o Direito Internacional parecerá o mesmo em todos os lugares".[31] Na constelação de ideias que conforma esse modelo também pode figurar a assertiva frequente de que o direito internacional é mal aplicado no direito interno porque os juízes nacionais não o conhecem

---

[30] Slaughter, A tipology of transjudicial communication, 1995, p. 136. No original: "*The fruits of such interaction could be envisioned as networks of institutions, or of institutionalized relations, that would emulate the form and the substance of a world government, without in fact transcending or displacing nation-states*".

[31] KNOP, Karen. *Here and there*: international law in domestic courts. New York University Journal of International Law & Politics, v. 32, 1999-2000. p. 503. No original: "*Associated with this on/off view of the application of international law is the assumption that international law will look much the same everywhere*".

adequadamente.[32] É uma afirmação que *pode* esconder por detrás da qualificação da "má aplicação" o repúdio à aplicação diferente do que soava mais apropriado ao jusinternacionalista em sua leitura permeada por preconcepções familiares apenas ao direito internacional. Como o juiz nacional não aplica da mesma forma que ele aplicaria, qualifica-a de equivocada. Isso parece tolher a liberdade de apreciação do julgador, repetindo arcaica visão hermenêutica vigente sob a escola da exegese e epigrafada na frase de Montesquieu, que disse serem os juízes meros repetidores da linguagem do legislador.[33]

Ao contrário, a autora reivindica precisamente uma tradução da norma internacional para a comunidade interna. Encarando dessa forma, o "ideal não será nem totalmente internacional, nem nacional, mas um híbrido que expressa relação entre os dois".[34] A crítica de Knop é, portanto, ao postulado de uniformização do direito internacional. Essa objeção conduz a outra, que apresentamos a seguir.

Knop argumenta ainda que o transjudicialismo pode ser criticado por eliminar o filtro criado pelos Estados para não sofrer imposições diretas de movimentos políticos operados no plano externo, sobre os quais podem haver efeitos colaterais da política de poder das grandes potências. Afinal, o modelo vertical, mesmo parecendo arcaico e ligado a uma concepção de rigidez das estruturas hierárquicas do direito, dá impressão de melhor permitir controlar os resultados do *hard power*, uma vez que os juízes podem negar aplicação ao direito internacional baseados em considerações como a deferência ao Executivo ou ofensa à ordem pública interna.

---

[32] INTERNATIONAL LAW ASSOCIATION. *Third report of the Committee on International Law in National Courts*. Taipei Conference (68th), 1998. p. 659-683.

[33] Os juízes eram, nas palavras de Montesquieu, "a boca que pronuncia as sentenças da lei, seres inanimados que não podem moderar nem sua força, nem seu rigor". MONTESQUIEU, Charles Louis de Secondat. *O espírito das leis*. Trad. Fernando Henrique Cardoso e Leôncio Martins Rodrigues. Brasília: UnB, 1982. Livro décimo primeiro, cap. VI, p. 193. O encolhimento da atividade judicial torna-se um ideal para os governos republicanos, nos quais "é da natureza da constituição que os juízes observem literalmente a lei". O contraste é claro, pois nos governos despóticos "não existe lei: a regra é o próprio juiz" (ibid., livro sexto, cap. III, p. 110).

[34] Knop, "Here and there", 1999-2000, p. 506. No original: "*The ideal is thus neither wholly international nor wholly national, but a hybrid that expressed the relationship between then*".

A autora ainda traz outras críticas que diretamente apontam o risco da "americanização" ("estadunização") do direito internacional. A predominância do inglês como língua de referência nas relações internacionais carrega consigo a carga cultural do direito estadunidense.[35] Sintoma disso é o progressivo apelo, mesmo em países de direito romano-germânico, à fonte jurisprudencial: decisões das cortes superiores ganham maior efeito e repercussão e a prática judicial dá crescente importância aos precedentes.

Considerações finais

As críticas feitas ao transjudicialismo alertam para consequências desse fenômeno transnacional. Não obstante, não parecem ser suficientes para desconsiderá-lo como estratégia discursiva de interesse para a defesa de valores como estado de direito, democracia e direitos humanos. Benvenisti, em recente artigo, demonstra, por exemplo, como o diálogo transjudicial viabilizou a revisão dos atos do Poder Executivo de Estados potentes envolvidos em polêmicas sobre a dicotomia entre segurança e direitos de liberdade no cenário pós 11 de setembro de 2001. Fortalecidos pelas experiências de outros Estados, em que juízes superaram os obstáculos da revisão judicial de atos qualificados como discricionários pela administração, tribunais desafiaram a autonomia do Executivo para tolher direitos em nome da segurança nacional.[36] Na subcontinente indiano, as referências cruzadas de precedentes das cortes superiores da Índia, Paquistão, Sri Lanka e Bangladesh deram a todos munições argumentativas para reforçar as débeis normas de proteção ambiental contidas nos respectivos ordenamentos internos. Faltando desenvolvimento legislativo para delimitar o alcance da proteção ambiental, a corte indiana, por exemplo, embrenhou-se em forte ativismo judicial, recorrendo a julgados da CIDH

---

[35] CARVALHO, Evandro Menezes de. *Organização Mundial do Comércio*: cultura jurídica, tradução e interpretação. Curitiba: Juruá, 2006.
[36] BENVINISTI, Eyal. Reclayming democracy: the strategic uses of foreign and international law by national courts. *American Journal of International Law*, v. 102, n. 2, p. 253-258, abr. 2008.

e da congênere europeia, bem como a decisões das Filipinas, Colômbia e África do Sul, para afirmar o direito ao meio ambiente sadio como direito humano e disso extrair consequências inovadoras para o direito indiano.[37] Com apoio em situações como estas, Benvinisti sustenta:

> [...] para tribunais da maioria dos países democráticos — mesmo que não para as cortes estadunidenses no atual momento — referências ao direito estrangeiro e internacional tornaram-se um instrumento efetivo para conferir poder aos processos domésticos nacionais, ao protegê-los de pressões econômicas, políticas e até jurídicas.[38]

De certa forma, isto desfaz a impressão de uma aplicação imperialista, uniformizadora do direito internacional. Mostra que os juízes encontram espaço nos argumentos viabilizados pelo diálogo transjudicial para justamente através dele mediarem sua relação com os poderes Executivo e Legislativo de seus países, assumindo responsabilidade pela consistência da posição de seu país com os compromissos internacionais. Também parece, à primeira vista, reforçar o código específico do direito diante dos desafios desintegradores das pressões econômicas e políticas. Obviamente, não está afastada por completo a influência ainda mais pujante dos grandes poderes atuantes nas relações internacionais e que moldam práticas governamentais ao redor do mundo. Mas, dando razão a Knop, deve-se fazer do diálogo transjudicial não uma forma de uniformização, mas de filtragem, de mediação de tais pressões sobre o ordenamento interno, concedendo liberdade ao intérprete nacional para traduzir a norma ao seu próprio sistema jurídico.

---

[37] Ibid., p. 258-262.
[38] Ibid., p. 241. No original: *"for courts in most democratic countries — even if not for U.S. courts at present — referring to foreign and international law has become an effective instrument for empowering the domestic democratic processes by shielding them from external economic, political, and even legal pressures"*.

Referências

BASTOS JR., Luiz Magno Pinto. Limits and possibilities of the use of foreign materials by courts, in constitutional adjudication: redefining the role of comparativism in theories of constitutional interpretation. In: WORLD CONGRESS OF THE INTERNATIONAL ASSOCIATION OF CONSTITUTIONAL LAW, VII, 2007, Atenas, Grécia. Disponível em: <www.enelsyn.gr/>.

_____; BUNN, Alini. *Abertura e diálogo entre as cortes constitucionais*: identificação dos padrões de utilização pelo STF do argumento de direito comparado. Relatório final de pesquisa do governo do estado de Santa Catarina (art. 170). Florianópolis, 2009. Mimeo.

_____; LUPI, André L. P. B. A interpretação da norma jurídica internacional em conformidade com seu contexto: uma proposta para a aplicação do direito internacional pelos tribunais brasileiros. *Anais do Conpedi*, Brasília, 2008.

BENVINISTI, Eyal. Reclayming democracy: the strategic uses of foreign and international law by national courts. *American Journal of International Law*, v. 102, n. 2, p. 241-274, abr. 2008.

BETLEM, Gerrit; NOLLKAEMPER, André. Giving effect to public International Law and European community law before domestic courts. A comparative analysis of the practice of consistent interpretation. *European Journal of International Law*, v. 14, n. 3, p. 569-589, 2003.

BRASIL. Decreto nº 1.355, de 30 de dezembro de 1994. Promulga a ata final que incorpora os resultados da rodada Uruguai de negociações comerciais multilaterais do Gatt. *Diário Oficial da União*, 31 dez. 1994.

_____. Decreto nº 6.185, de 13 de agosto de 2007. Autoriza a Secretaria Especial dos Direitos Humanos da Presidência da República a dar cumprimento à sentença exarada pela Corte Interamericana de Direitos Humanos. *Diário Oficial da União*, 14 ago. 2007.

CÂMARA DOS DEPUTADOS. Comissão de Relações Exteriores. Parecer às emendas de Plenário EMP 1/1993. *Diário da Câmara*, 28 out. 1995.

_____. Projeto de Lei nº 4.667/04. Disponível em: <www.camara.gov.br>.

CARVALHO, Evandro Menezes de. *Organização Mundial do Comércio*: cultura jurídica, tradução e interpretação. Curitiba: Juruá, 2006.

CASTANHEIRA, Fernando Henrique. Entre unidade e fragmentação: perspectivas sobre os processos de expansão e especialização no direito internacional contemporâneo. In: MENEZES, Wagner (Org.). *Estudos de direito internacional*. Curitiba: Juruá, 2007. v. X, p. 104-112.

COMMITTEE ON ECONOMIC, SOCIAL AND CULTURAL RIGHTS. *The domestic application of the Covenant*. E/C.12/1998/24, General comment 9. 3 dez. 1998. Disponível em: <www.unhchr.ch>. Acesso em: maio 2009.

CORTE INTERAMERICANA DE DIREITOS HUMANOS. *Caso Ximenes Lopes vs. Brasil*. Mérito, Reparações e Custas. Série C nº 149. Sentença de 4 de julho de 2006.

CORTEN, Olivier; KLEIN, Pierre (Dir.). *Les Conventions de Vienne sur le droit des traités*: commentaire article par article. Bruxelas: Bruylant, 2006.

COUR INTERNATIONALE DE JUSTICE. *Conséquences juridiques pour les états de la présence continue de l'Afrique du Sud en Namibie (Sud-Ouest Africain) nonobstant la Résolution 276 (1970) du Conseil de sécurité*. Avis consultatif du 21 juin 1971. p. 31.

DECLARATION of Brazil recognizing as compulsory the jurisdiction of the Court, in conformity with article 36, paragraph 2, of the Statute of the International Court of Justice. *United Nations Treaty Series*, v. 15, n. 237, p. 221-223, 1948.

ENGELBERG, Esther. *Contratos internacionais do comércio*. 2. ed. São Paulo: Atlas, 1997.

HERMIDA, Julian. A proposal toward redifining the application of international law in the domestic arena. *Singapore Journal of International & Comparative Law*, n. 7, p. 489-510, 2003.

INTERNATIONAL COURT OF JUSTICE. *Kasikili/Sedudu Island*. Reports 1999.

INTERNATIONAL LAW ASSOCIATION. *Third report of the Committee on International Law in National Courts*. Taipei Conference (68th), 1998, p. 659-683.

INTERNATIONAL LAW COMMISSION. Draft articles on the law of treaties with commentaries. In: ILC. *Yearbook*. 1966. v. II, p. 220.

_____. *Fragmentation of international law*: difficulties arising from the diversification and expansion of international law. A/CN.4/L.682. 13 abr. 2006. Disponível em: <www.un.org>.

KNOP, Karen. Here and there: international law in domestic courts. *New York University Journal of International Law & Politics*, v. 32, p. 501-535, 1999-2000.

LUPI, A. A aplicação dos tratados de direitos humanos no Brasil a partir da Emenda Constitucional nº 45. *Revista dos Tribunais*, v. 847, p.11-24, 2006.

_____. *Soberania, OMC e Mercosul*. São Paulo: Aduaneiras, 2001.

_____. La aplicación del derecho internacional por los tribunales brasileños. In: VELASQUEZ RAMIREZ, Ricardo; BOBADILLA REYES, Humberto (Org.). *Justicia constitucional, derecho supranacional e integración en el derecho latinoamericano*. Lima: Grisjley, 2007. v. 1, p. 309-332.

_____. *Os métodos no direito internacional*. São Paulo: Lex, 2007.

_____. Qual contexto? Uma análise dos critérios de interpretação segundo a Convenção de Viena sobre Direito dos Tratados. In: MENEZES, Wagner (Org.). *Estudos de direito internacional*: anais do V Congresso Brasileiro de Direito Internacional. Curitiba: Juruá, 2007. v. IX, p. 172-180.

_____. *O Brasil é dualista?* Anotações sobre a vigência das normas internacionais no ordenamento interno brasileiro. 2008. Mimeo.

MAGALHÃES, José Carlos de. *O Supremo Tribunal Federal e o direito internacional*: uma análise crítica. Porto Alegre: Livraria do Advogado, 2000.

MERCOSUL. *Laudo do Tribunal Arbitral Ad Hoc* constituído para decidir sobre a reclamação feita pela República Federativa do Brasil à República Argentina, sobre a "aplicação de medidas de salvaguarda sobre produtos têxteis (Res. 861/99) do Ministério de Economia e Obras e Serviços Públicos". Colônia, 10 mar. 2000. p. 13.

MINISTÉRIO DAS RELAÇÕES EXTERIORES. Mensagem nº 116/1992. Submete à consideração do Congresso Nacional o texto da Convenção de Viena sobre o Direito dos Tratados, concluída em 23 de maio de 1969. *Diário da Câmara*, 8 dez. 1995. p. 8401-8402.

NOLLKAEMPER, André. Internationally wrongful acts in domestic courts. *American Journal of International Law*, v. 101, n. 4, p. 759-799, out. 2007.

SCHREUER, Christoph. The interpretation of treaties by domestic courts. *British Year Book of International Law*, v. 45, p. 255-297, 1971.

SLAUGHTER, Anne-Marie. A tipology of transjudicial communication. *University of Richmond Law Review*, v. 29, p. 99-139, 1994-1995.

SOREL, Jean-Marc. Article 31 — Convention de 1969. In: CORTEN, Olivier; KLEIN, Pierre (Dir.). *Les Conventions de Vienne sur le droit des traités*: commentaire article par article. Bruxelas: Bruylant, 2006. p. 1317-1324.

SUPREMO TRIBUNAL FEDERAL. Apelação Cível nº 9696, de São Paulo. Tribunal Pleno. Relator min. Sydney Sanches. Julgamento de 31 de maio de 1989. *DJ*, 12 out. 1990. p. 11045.

TRIEPEL, H. Les rapports entre le droit interne et le droit international. *Recueil de Cours de l'Académie de Droit International*, La Haye, 1923. t. 1, p. 87.

WORLD TRADE ORGANIZATION. *United States*: standards for reformuled and conventional gasoline. Appellation Body Report (WT/DS2/AB/R). 29/4/1996.

_____. *European communities*: customs classification of frozen boneless chicken cuts. Report of the Appellate Body (WT/DS269/AB/R). 12/9/2005.

_____. *Brazil*: measures affecting imports of retreaded tyres. Report of the Appellate Body (WT/DS332/AB/R). 3/12/2007.